TATTOO
DESIGN
BOOK

タトゥーデザインブック

【龍・ドラゴン編】

TATTOO DESIGN BOOK

タトゥーデザインブック
【龍・ドラゴン編】

CONTENTS

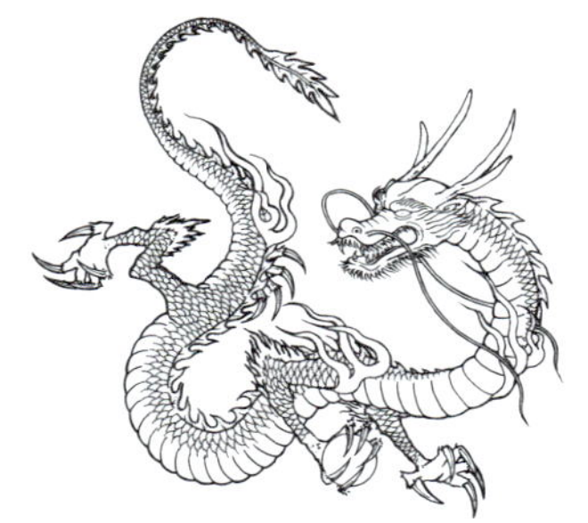

【東洋の龍】

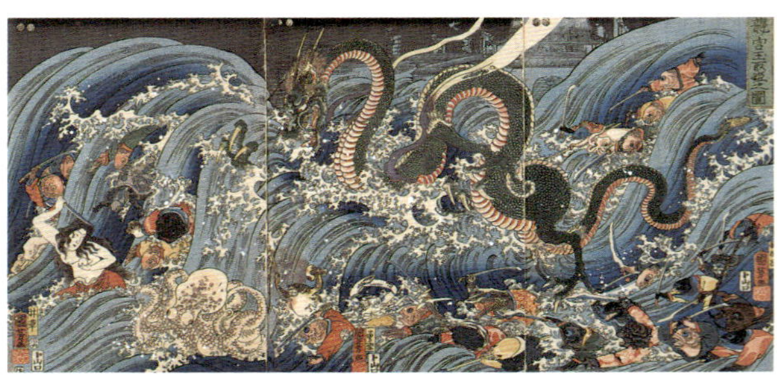

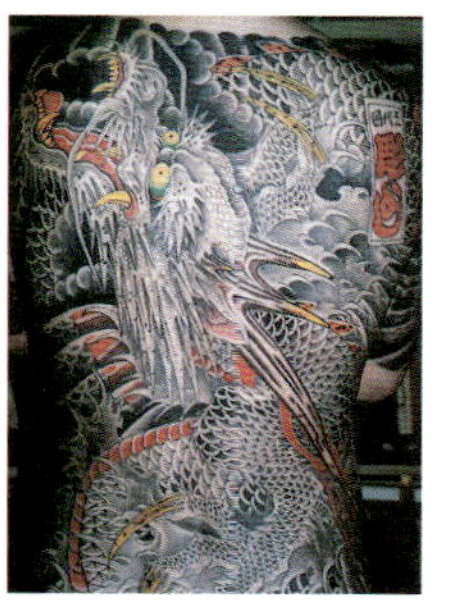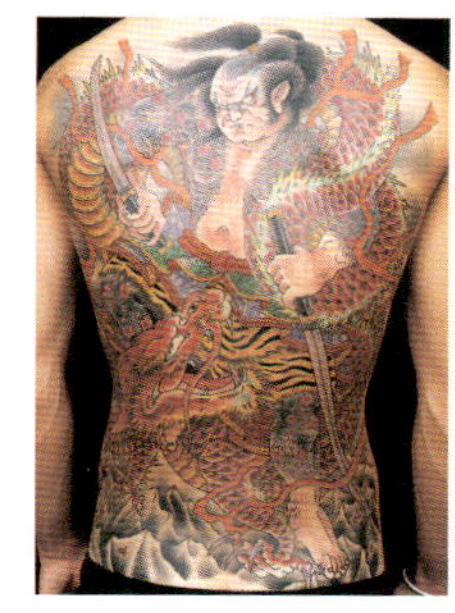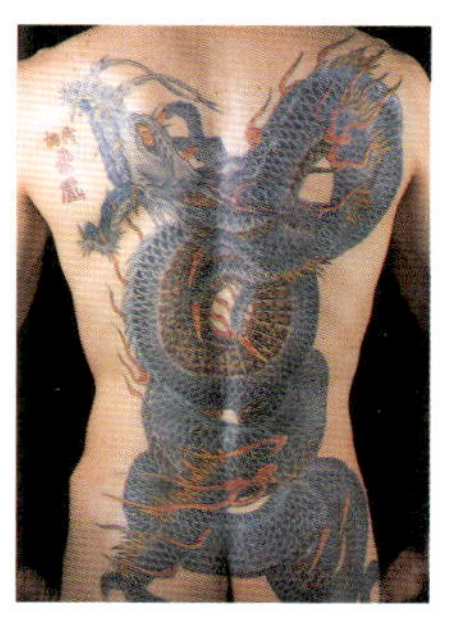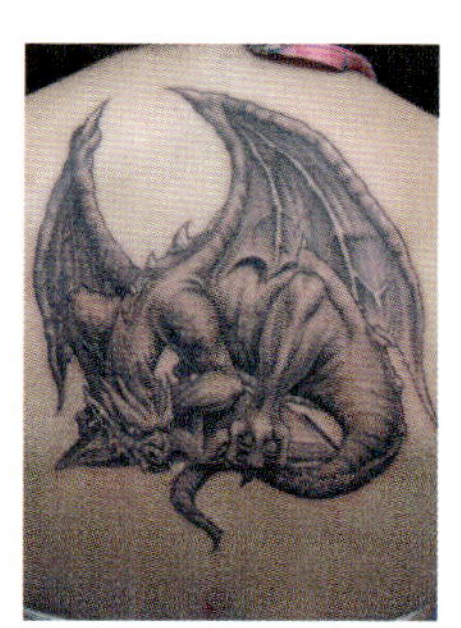

【古代中国】

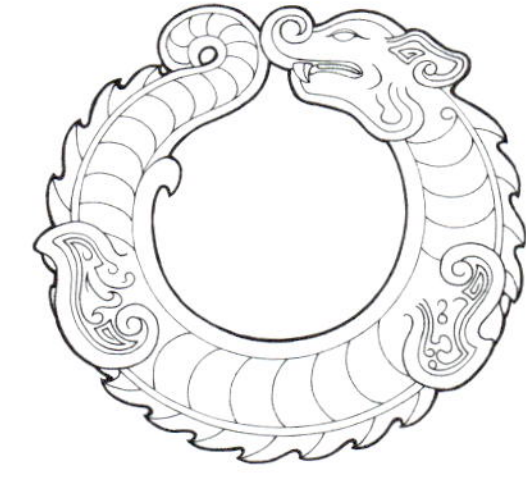

【世界の龍】

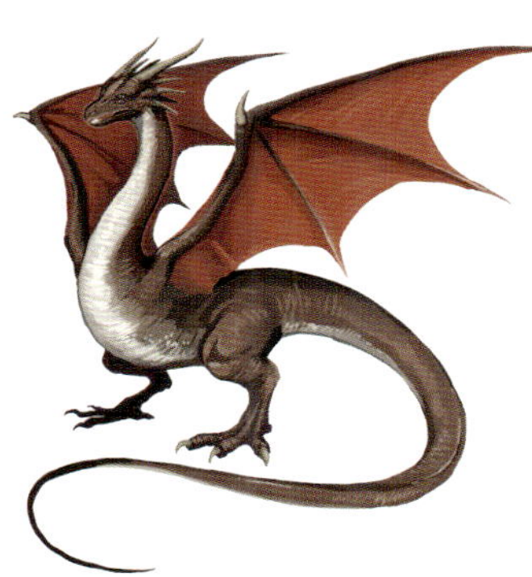

写真左から
三代目 彫よし、
SABADO／ECCENTRIC SUPER TATTOO、
初代北嵐、
BOB TYRRELL／NIGHTGALLERY

東洋の龍
ORIENTAL DRAGON

【蛇神信仰】

　一つの土地に定住して都市国家を築くためには、安定した食糧供給がなされねばならない。採集、狩猟、漁労などよりも効率的な食糧生産——農耕を行うには水源が不可欠であり、このため古代文明の多くは大河のほとりで発生した。そして水に寄り添い大地を耕して生きる人々は、ある生き物を神聖視するようになる。魚類のような鱗と、河川のように長くくねるフォルムから水神を想起させ、全身を大地に接して移動する様から地の神と見なすこともできる生物。すなわち、蛇である。蛇は「地の水」である河川だけでなく、「天の水」である雨ともイメージ的に結び付けられやすい。空を引き裂く稲妻や雨上がりの空に架かる虹、雲の高みにまで達する竜巻など雨に関係する気象の多くが、蛇の姿を連想させるからだ。蛇は遙か太古より世界中で水神、地母神として信仰され、脱皮を繰り返す様から不死と永遠の象徴ともされてきた。

【蛇から龍へ】

　古代中国の人々も蛇を神聖視していた。特に北方では主要なトーテム（霊的な祖先、創造主、文明をもたらした神などといった形で血族集団の誕生に深く関わる動植物）の一つとされていたようだ。農耕民族の長に求められるのは雨乞いを行うシャーマンの力と、河川を管理し生活と生産のための水資源を確保する政治力（そもそも政治の「治」はさんずい偏が示す通り、治水の意を持つ）であったのだから、雨と河川の両方と結びつきの強い蛇がトーテムと見なされたのはごく自然なことといえよう。この蛇信仰が、後に龍信仰へと発展してゆく。

中国で蛇から龍への進化が起こったのは相当古い時代のことであるようだ。それは「異形の蛇」として誕生した。5〜6千年前には獣頭蛇体（じゅうとうじゃたい）の龍型玉器（りゅうがたぎょくき）（122ページ参照）が作られているし、最古の漢字である甲骨文には、有角の蛇を象った「竜」の文字が見受けられる（124ページ参照）。おそらくは神秘性と同時に拭いがたい不気味さが感じられ、また、虎などの猛獣に比べて迫力や威厳の面で見劣りしやすいがために、現実の蛇と聖別するための装飾が加えられたのではないだろうか。霊的シンボルとしての蛇と現実の蛇との間に距離が開き始め、さらには他の動物から特徴的なパーツを次々と吸収することによって（これは他部族を吸収してゆく過程でそのトーテムを取り込んでいったためともされている）、蛇を原型とする合成獣、すなわち龍のイメージが形作られていった。かといって蛇と龍がまったくの別物に分離してしまったわけではない。「龍蛇」という言葉が指す通り、蛇神と龍の間には通常、厳密な区分はないとされている。

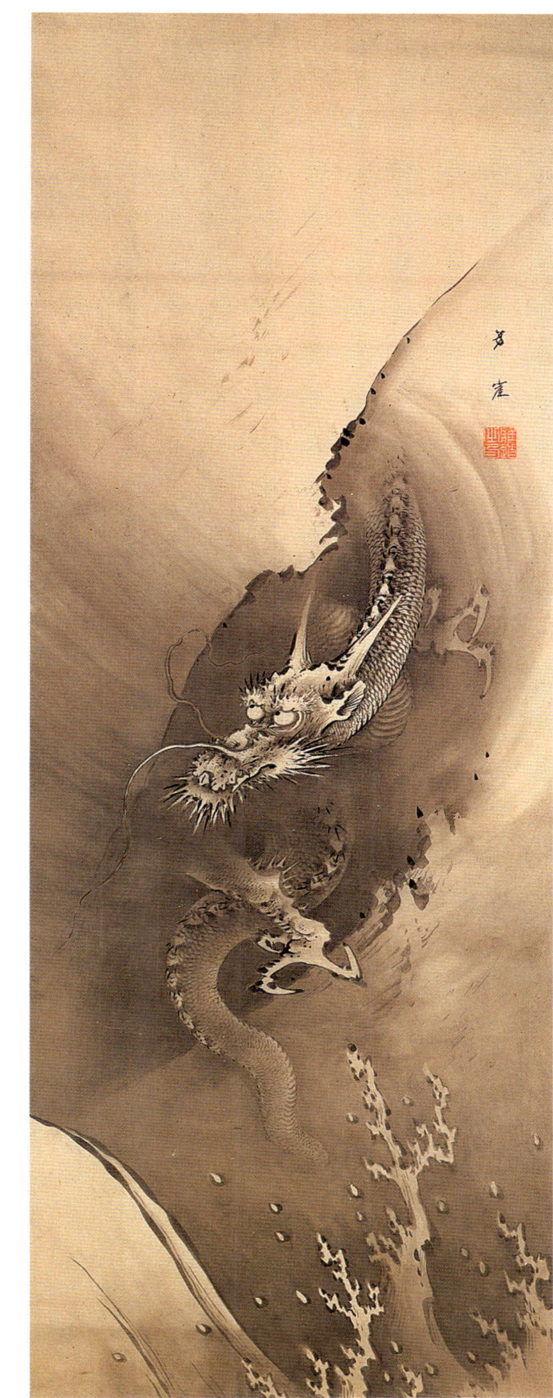

狩野芳崖「龍虎」※部分（東京藝術大学所蔵）

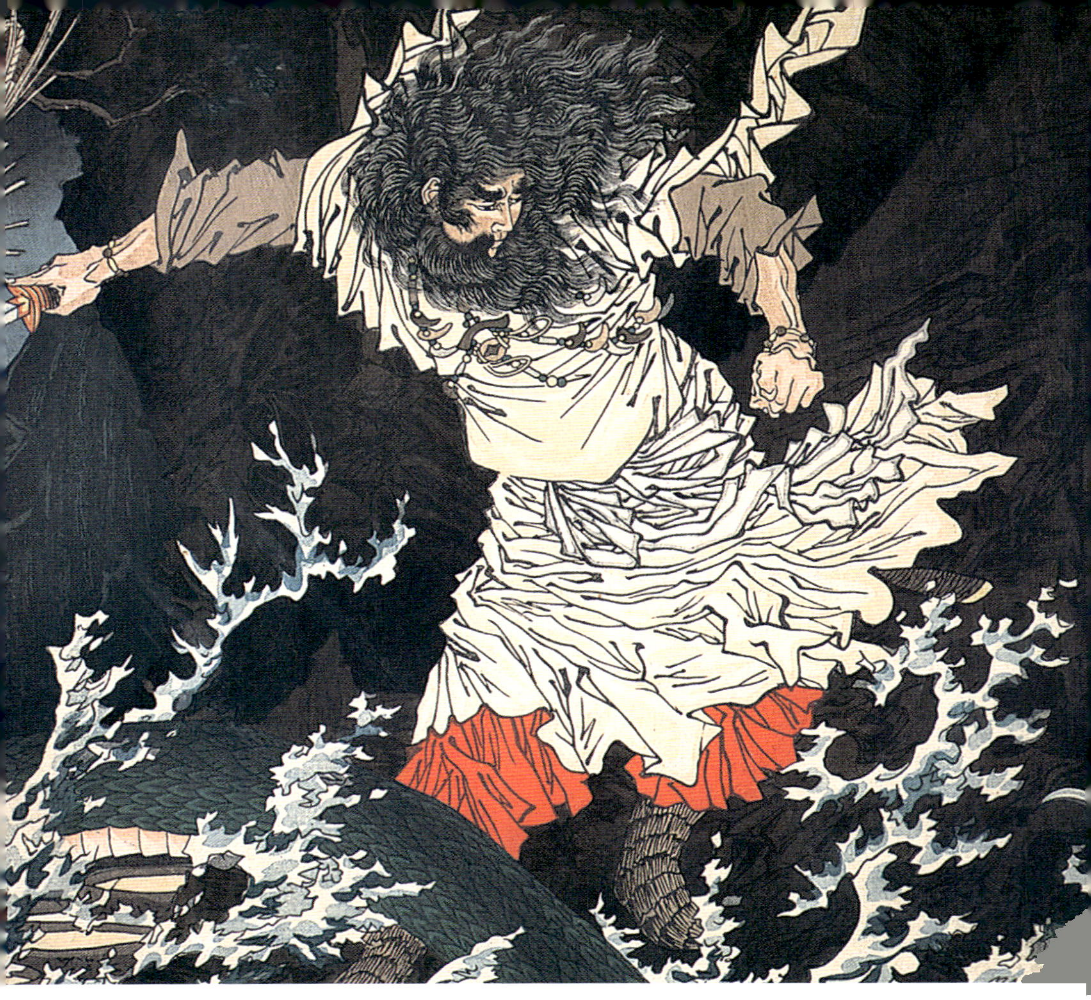

【膨らんでゆくイメージ】

　現実の蛇ならば野山や水辺でいくらでも目にすることができるが、角や四肢を備えた異形の蛇＝龍は空想の中にしか存在しない。架空の霊獣であるならばその生態にどのような設定を付け加えようと自由であり、想像力を刺激された人々は、「天上界に住み、仙人を背に乗せる」「大自然のエネルギーそのものであり天地陰陽の気を自在に操る」等々、様々なイメージを龍に付加していった。漢代には王符の唱えた九似説によって、我々にも馴染み深い東洋龍の姿が完成。唐代に入ると他の空想生物よりも一段格上の霊獣と見なされるようになり、元の時代以降は瑞祥中の瑞祥、この世で最も高貴な至高の生命体として、皇帝の象徴に用いられるようになってゆく。姿勢、色彩、細かなディテールに関する規格化が進み、明・清の時代には五本爪の龍を皇帝専用の意匠とするなど、図像表現に厳しい規定が設けられた。また、東洋龍のイメージはシルクロードを通ってローマ帝国にももたらされ、西洋的なドラゴンの造形にも多大な影響を与えている。

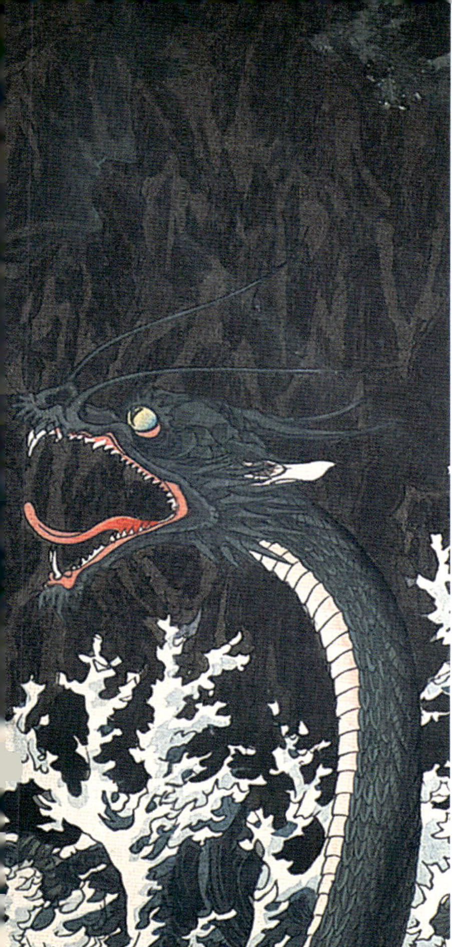

月岡芳年「日本略史 素戔嗚尊」※部分

【宗教の枠組みを超えて】

　陰陽五行思想で木気を象徴する東方守護の聖獣「青龍」が生み出されたり、東西南北四方の海を治める四海龍王（しかいりゅうおう）が考案されたりと、龍は道教などの土着宗教と関わりが深いが、中国にはもう一つ、仏教に由来する龍信仰があった。

　ヒンドゥー教の神話にはナーガという、コブラの姿をした蛇神族（じゃしんぞく）が登場する。維持神ヴィシュヌを守護する多頭の蛇神アナンタや、大地を支えるシェーシャ、霊薬アムリタを作り出す際に一役買ったヴァースキなどだ。ナーガ族は仏教開祖である釈迦との関わりも深く、釈迦の誕生を祝してその頭に聖水を注いだナンダ、瞑想中の釈迦を嵐から守ったムチャリンダ、説法を受けて仏教に帰依したアパラーラなどの名が伝えられている。

　仏教経典が漢訳される際、これらナーガの訳に「竜」の字があてられたのだ。『大仏母孔雀明王教』（だいぶつもくじゃくみょうおうきょう）には150以上ものナーガ・ラジャ＝龍王が名を連ねている。土着宗教である道教と外来宗教である仏教。龍はある意味、この二つを結びつける橋渡し的な存在だったのだともいえるだろう。我が国の龍信仰は道教由来のものと仏教由来のものに加えて古来よりの蛇神信仰がミックスされ、さらに複雑な様相を呈している。いや、「龍はどの宗教思想に属する霊獣なのか」と問うことの意味などすでにないのかもしれない。もはや彼らは、生みの親である我々の手を離れてしまった。龍はただ龍としてそこに在る。彼らは人間たちがどんな神を奉じどんな信仰に沿って生きようと気にも留めず、人類が全て滅んだ後も、地球最強の生命体として君臨し続けるのだろう。

昇龍 / **Shouryu**

うん じょう りゅう へん
雲蒸龍変

DATA

別名：昇り龍、登龍
中国音：Sheng Long

てん ち おう らい
天地往来

　天から降った雨が地を流れ、雲となって再び天へ昇るように、水神の霊性を備える龍もまた、天界と下界を往き来していた。後漢の許慎が記した最古の漢字字典『説文解字』によれば、龍は春分に昇天し、秋分には地へ降りて淵（河川や沼などの深い水域）へ潜むという。風に暖かさが戻り、生命の芽吹く季節が到来したことを告げる昇り龍。その姿は希望のイメージに満ち溢れている。胸に大志を抱き遥か高みを目指す者たちは昇龍に己を重ね、いつかは時代の風を得て天へ昇るのだと、やがて来るであろう「春」の予感に打ち震えた。地に降る雨は再び天へ。冬が終れば再び春に。人間の一生にも、長い眠りを終えて勢いよく動き始める時期があるのだ。

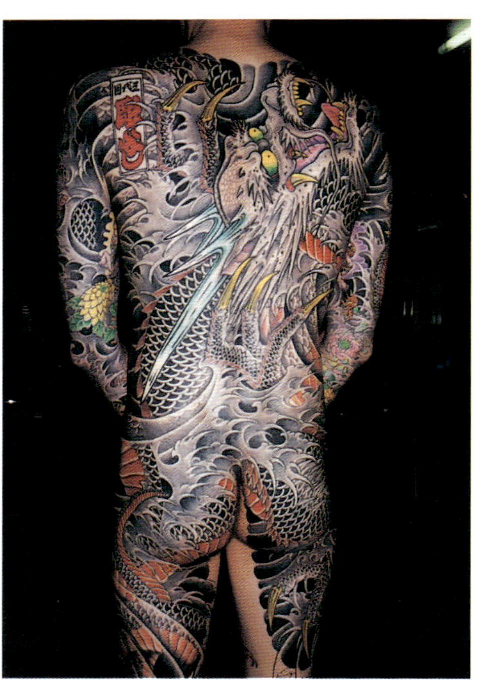

天の水・地の水

　天地を結ぶとされる北米インディアンのイーグル。戦士の魂が冥界へ旅立つ姿と伝えられる古代アステカの蝶。そしてキリスト教の天使。人間の領域である地上と神々の領域である天を往き来する精霊は、ほとんどが翼のある生物を原型としており、地を這い水に泳ぐ生物＝蛇をルーツとする龍がその役割を担うのは一見、奇異なことのように思える。が、龍蛇が象徴する「水」は先に触れた通り、天と地の間を往復するものだ。悠々と身をくねらせて昇りゆく龍の姿は、天の水は天の水、地の水は地の水と分けて考えるのではなく、森羅万象あらゆるものが循環し大きな流れを成しているのだとする、東洋的な自然観を体現している。

三代目彫よし

ART WORK　　**三代目 彫よし**

作画上のアレンジポイント

アメリカで展開中のブランド【Ogrenize】の為に書き下ろした一枚。
www.ogrenize.com

使用画材

水彩画用紙
「アルシュ」
筆ペン
鉛筆

龍・ドラゴンについて

理屈としてではない絵のバランスを大切にしている。リアルさが強調されすぎたり、想像に偏り力強さや尊厳が失われても違う。そのバランスを自分なりに制限して描く。

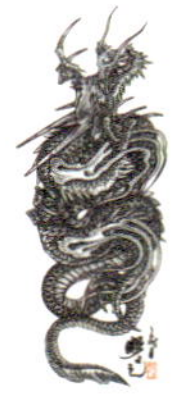

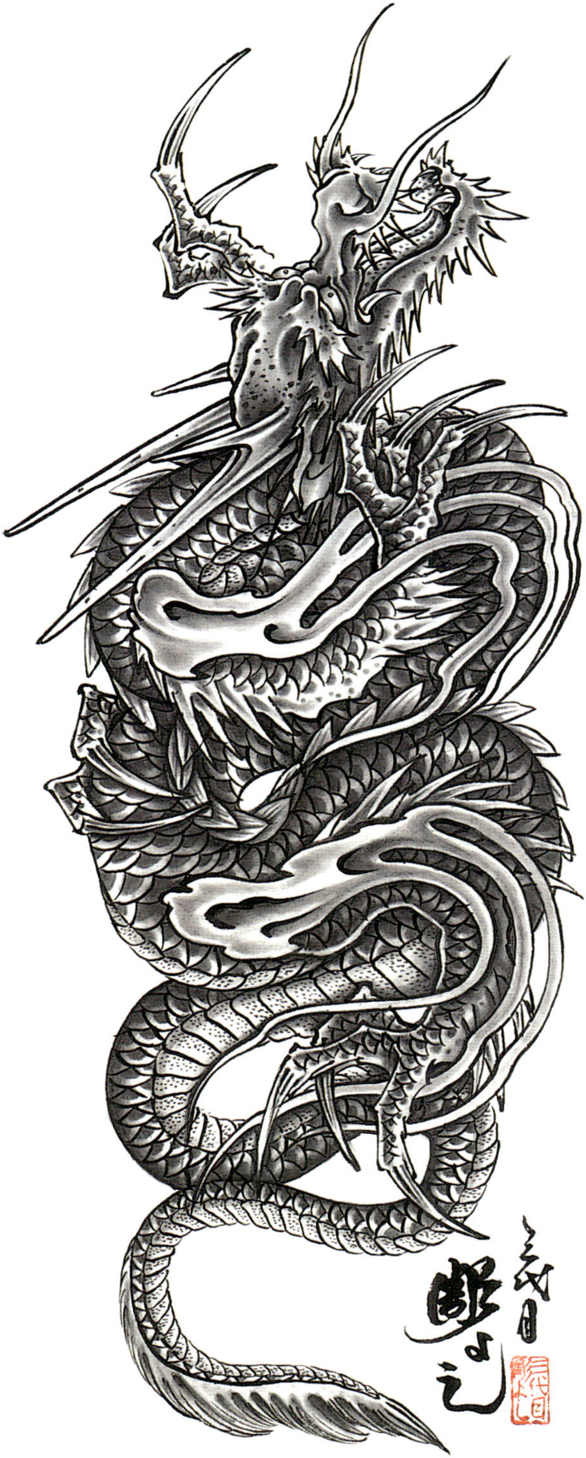

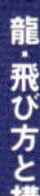

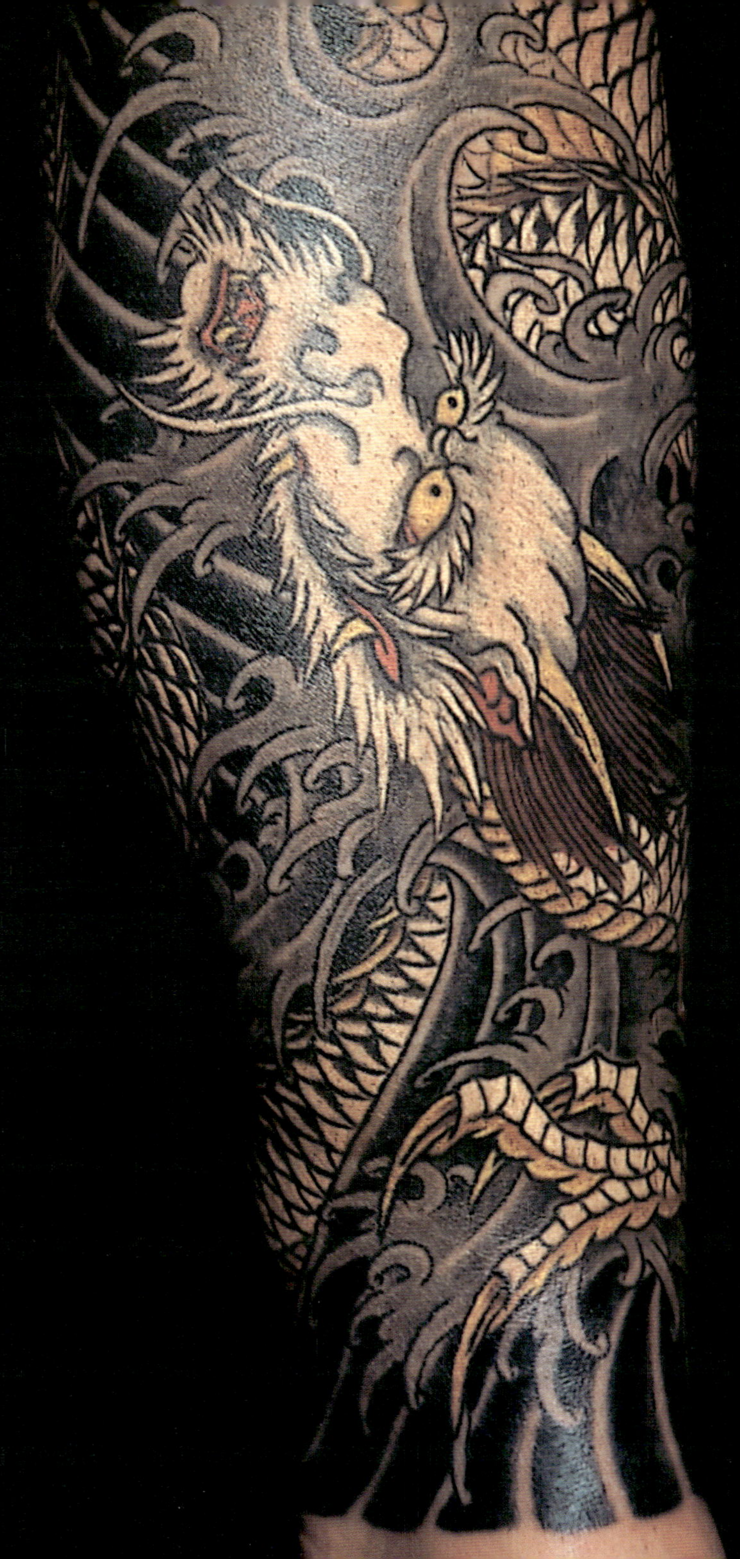

池袋初代彫俊

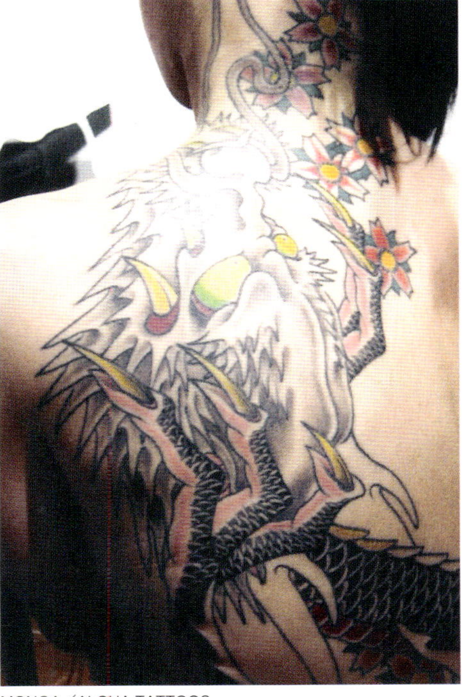

MONGA／ALCHA TATTOOS

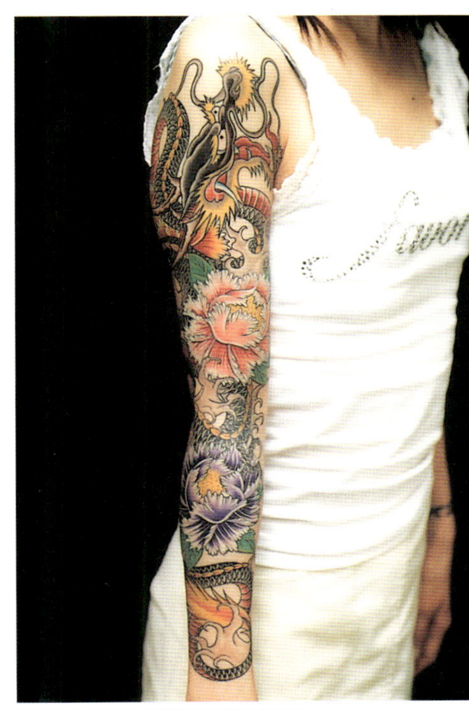

RYOSUI／COOL STAR TATTOO SHOP

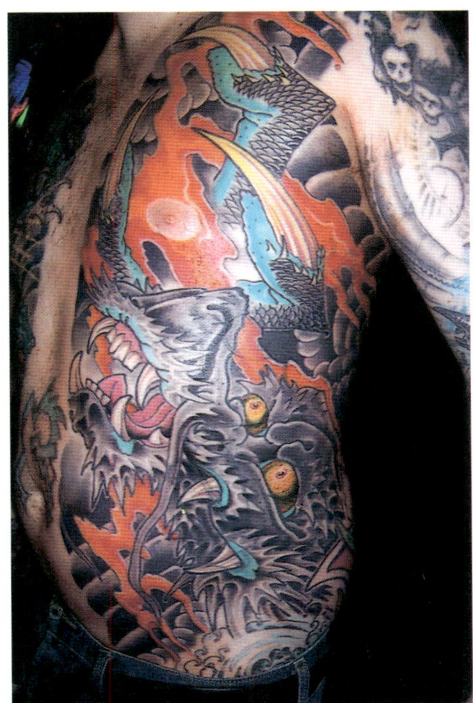

TIM LEHI／BLACK HEART TATTOO

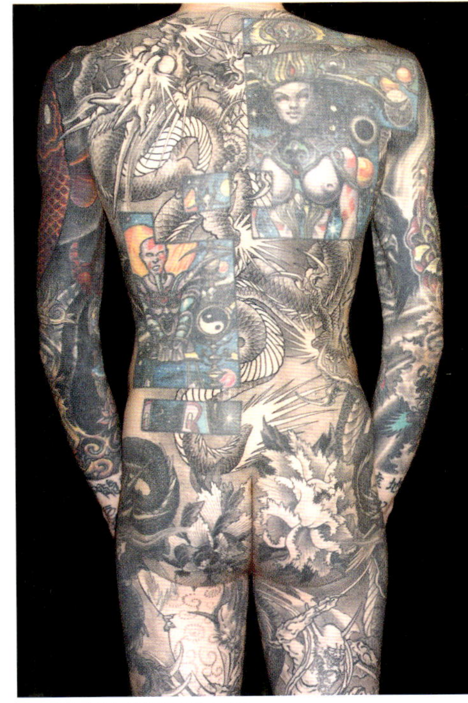

TIN-TIN／TIN-TIN TATOUAGES

龍・色彩　龍・古典的意匠　古代中国　ドラゴン退治　西欧のドラゴン　キリスト教　古代オリエント　魔術・錬金術　ギリシア神話　エキゾチック

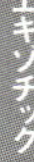

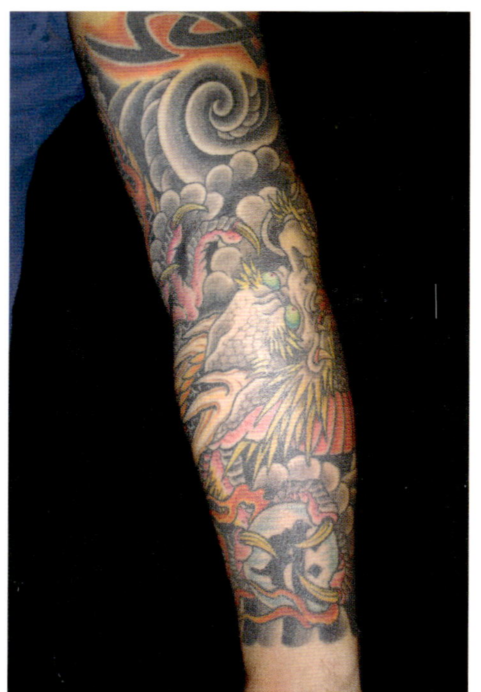

Henning Jorgensen／Royal Tattoo

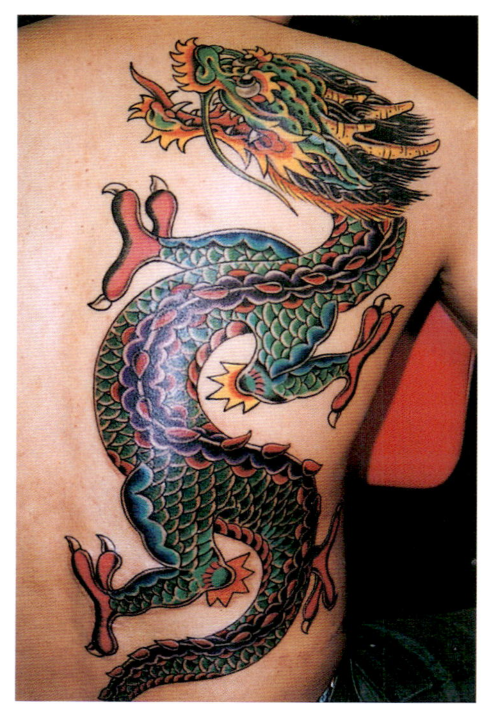

Kato／THE TATTOO SHOP

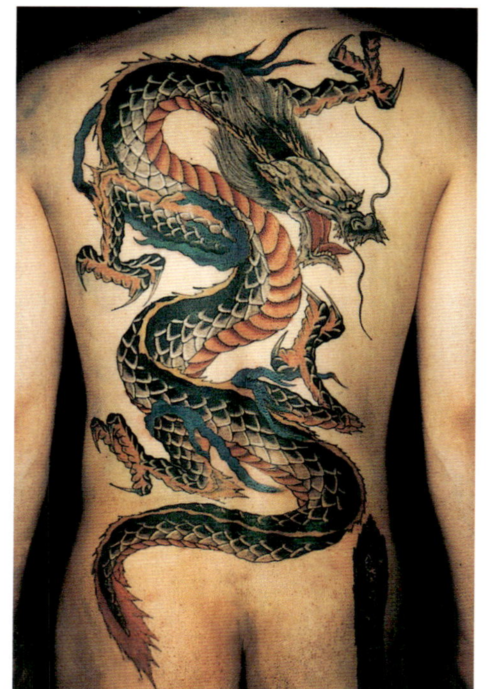

信州 初代彫金

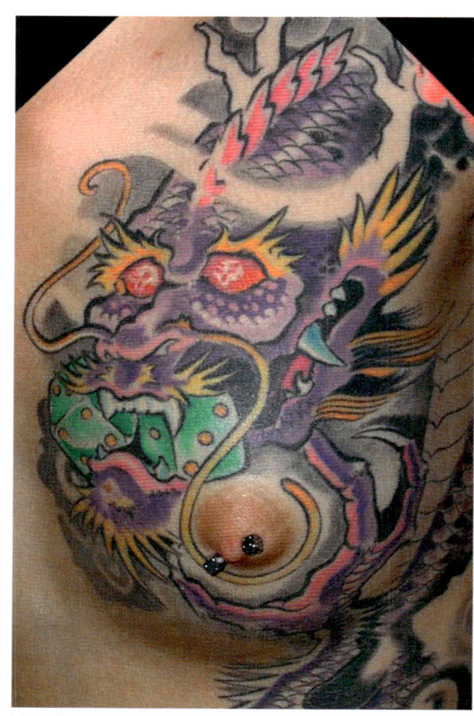

LEO／Naked Trust Tattoo

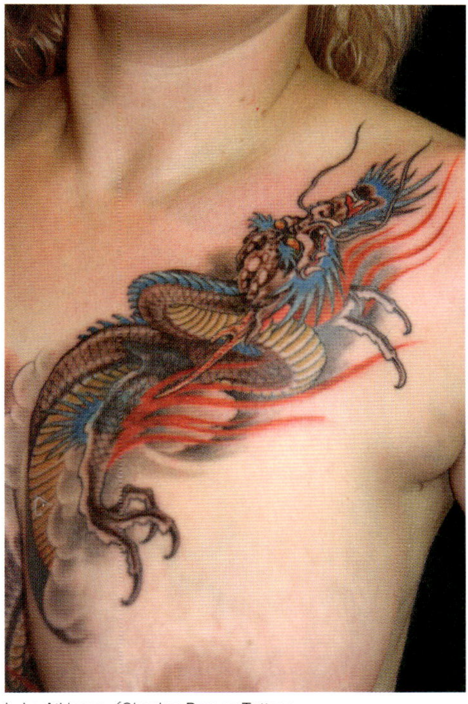
Luke Atkinson／Checker Damon Tattoos

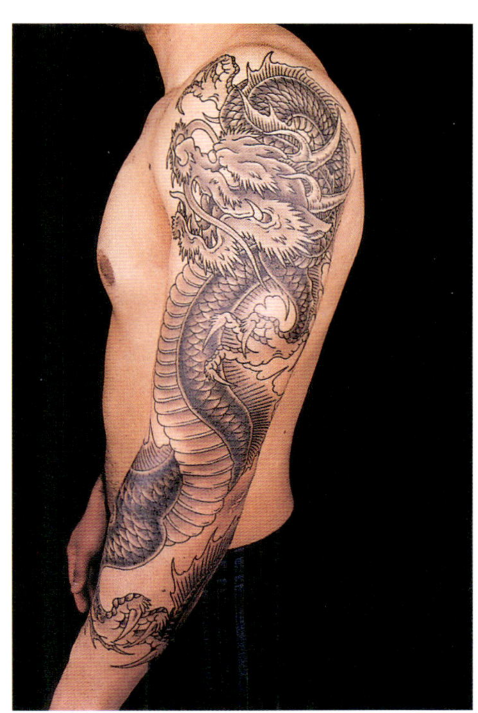
SABADO／ECCENTRIC SUPER TATTOO

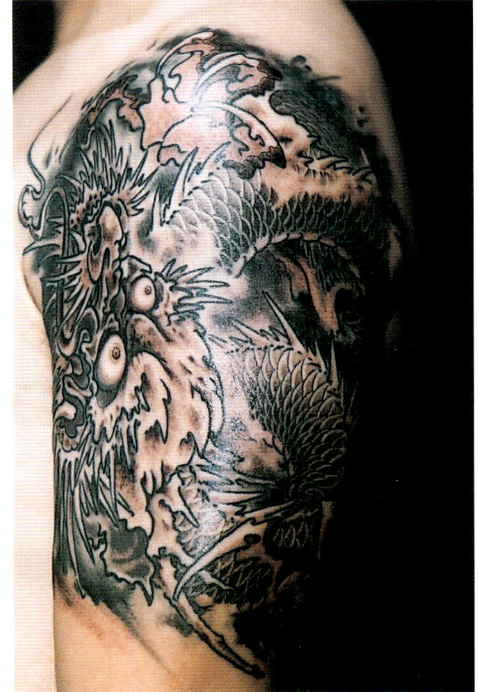
NAOKI／TATTCO TRIBE

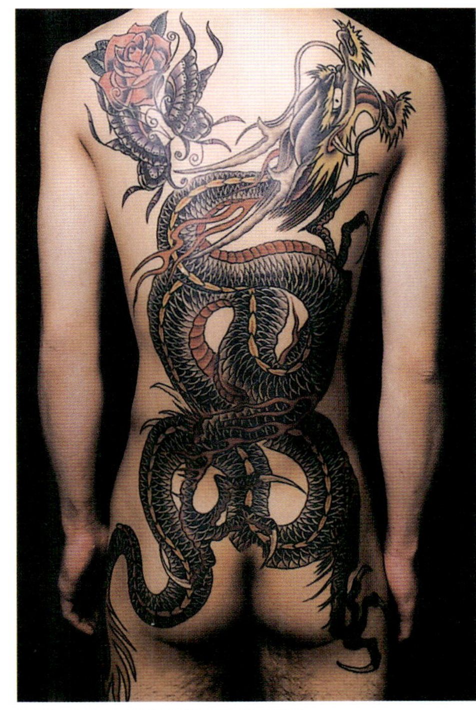
RYOSUI／COOL STAR TATTOO SHOP

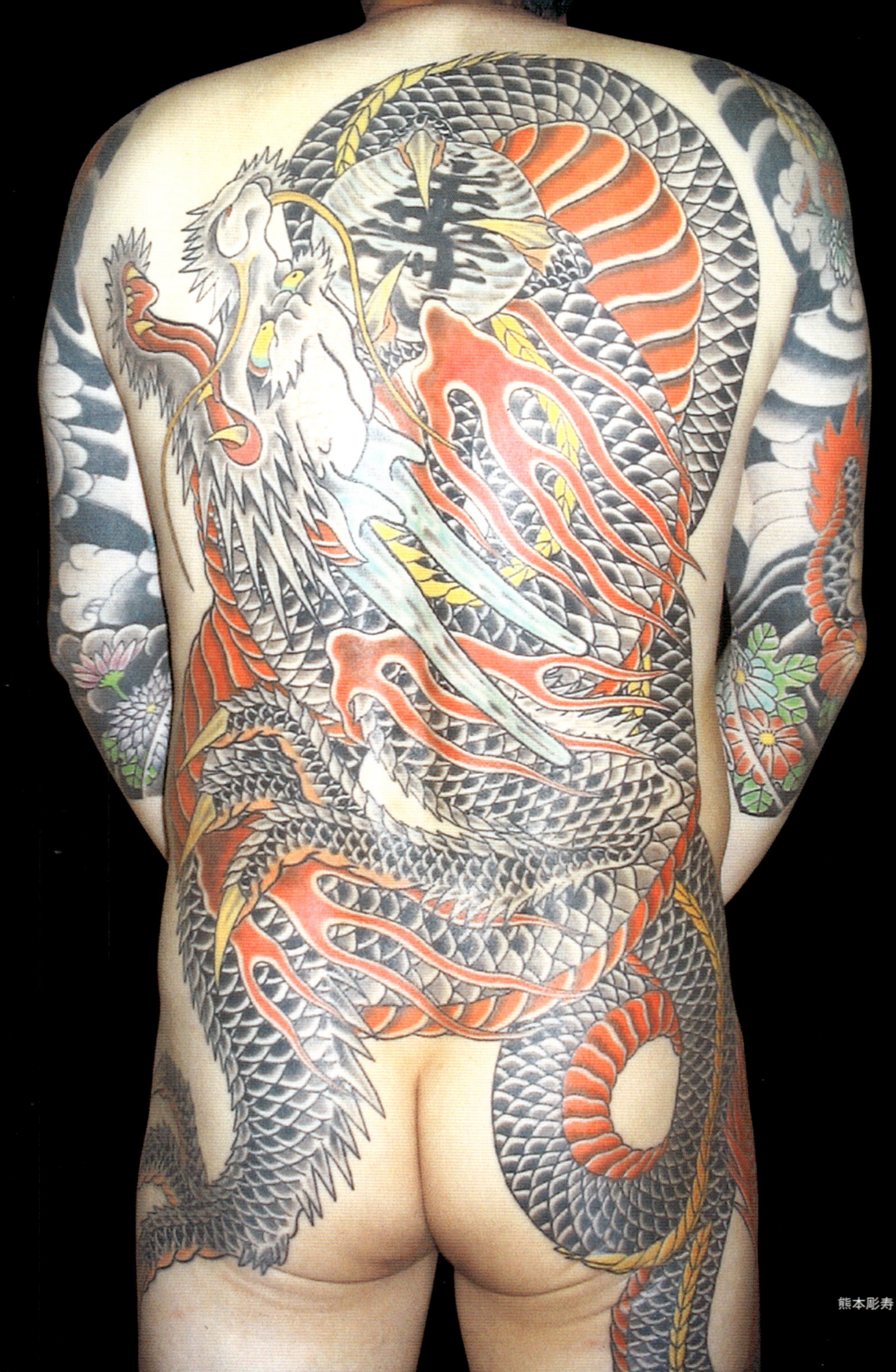

熊本彫寿

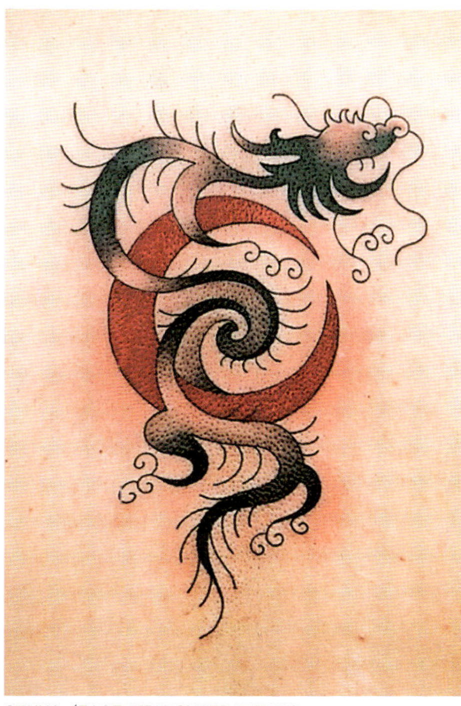

GENKO／ECCENTRIC SUPER TATTOO

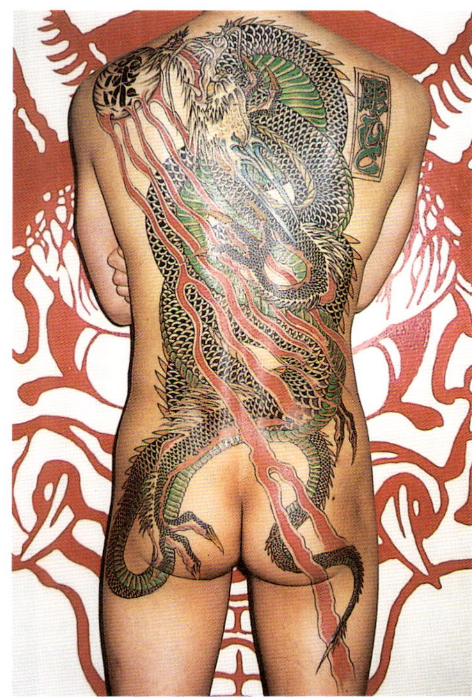

初代彫ひと

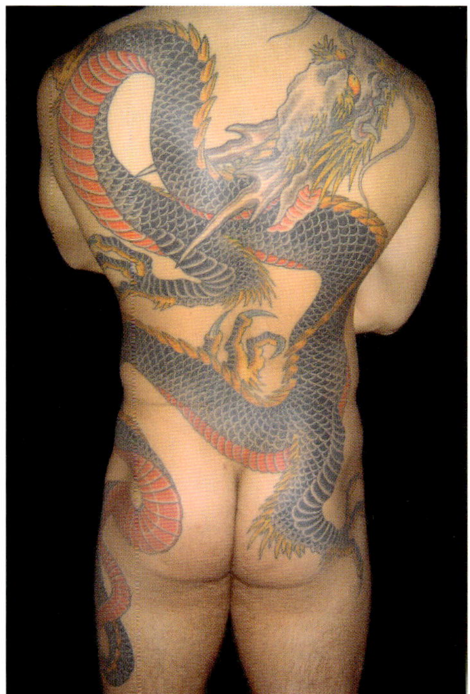

Henning Jorgensen／Royal Tattoo

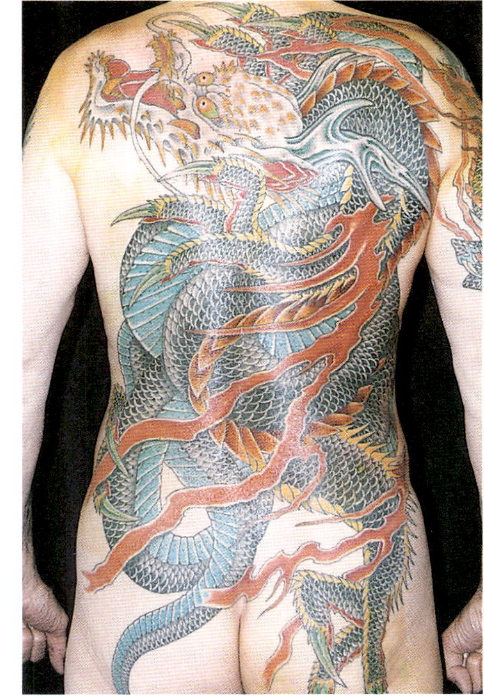

Joel Long／Bolder Ink

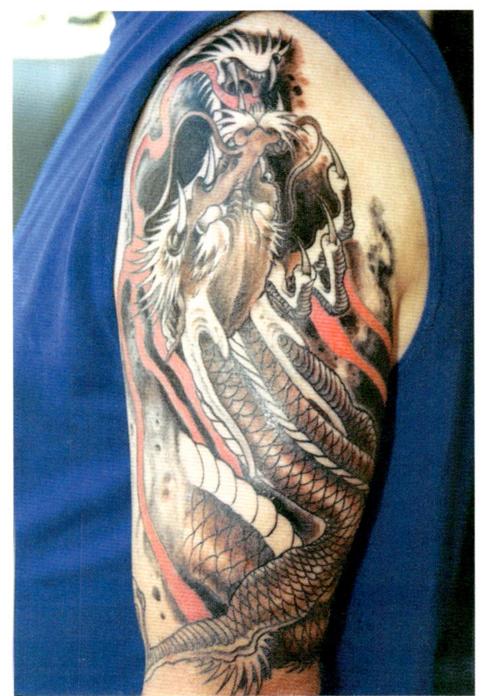

Aaron Bell／Slave to the Needle

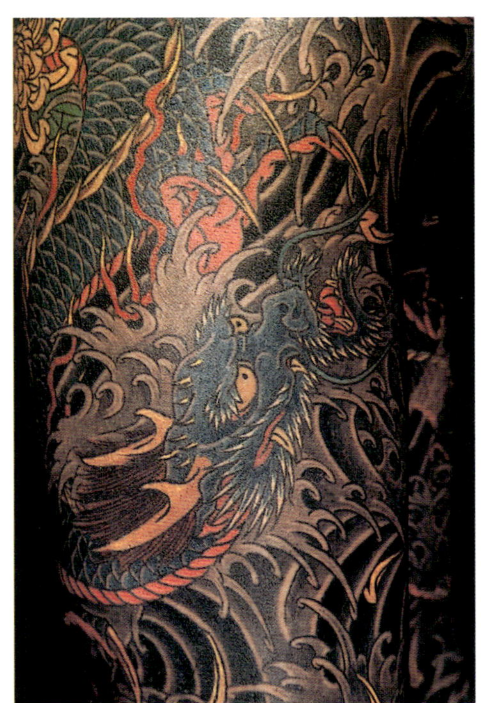

池袋初代彫俊

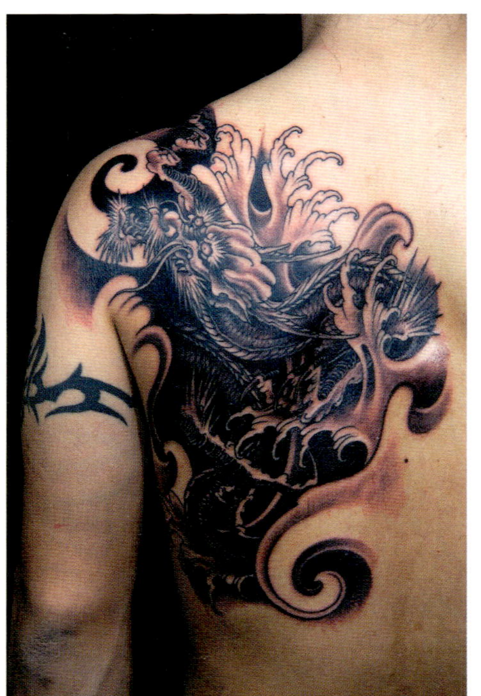

SHIGE／YELLOW BLAZE TATTOO STUDIO＋黄炎刺青処

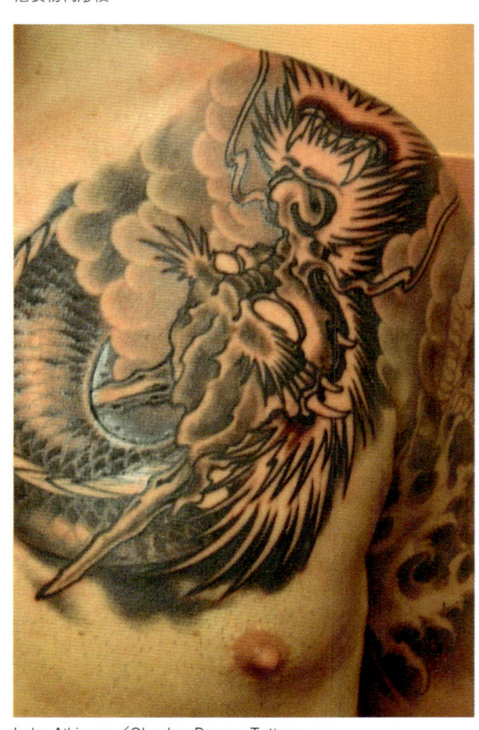

Luke Atkinson／Checker Damon Tattoos

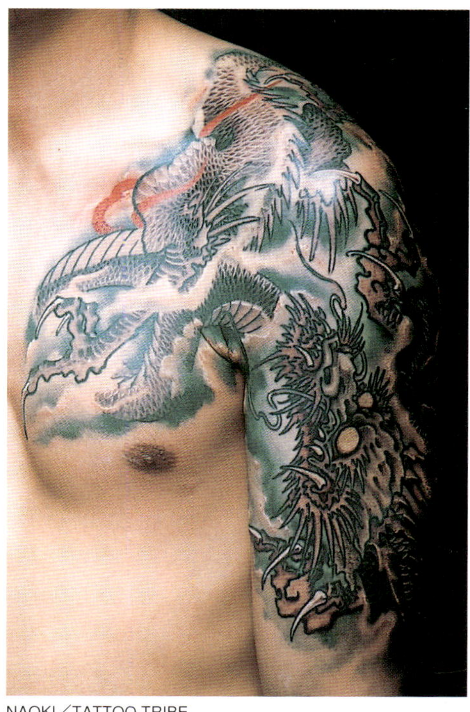

NAOKI／TATTOO TRIBE

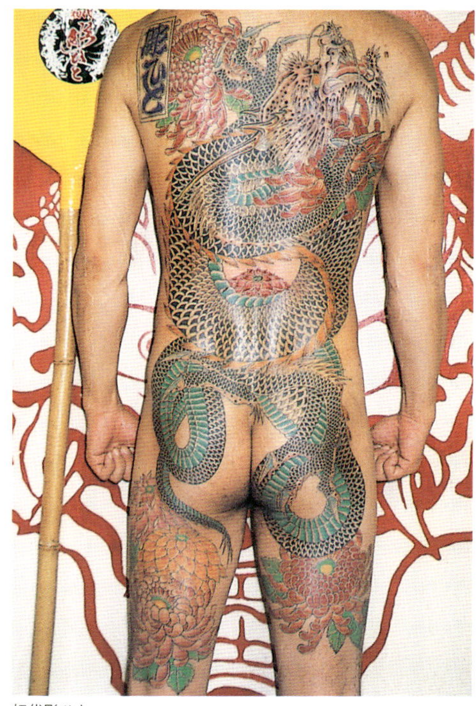

初代彫ひと

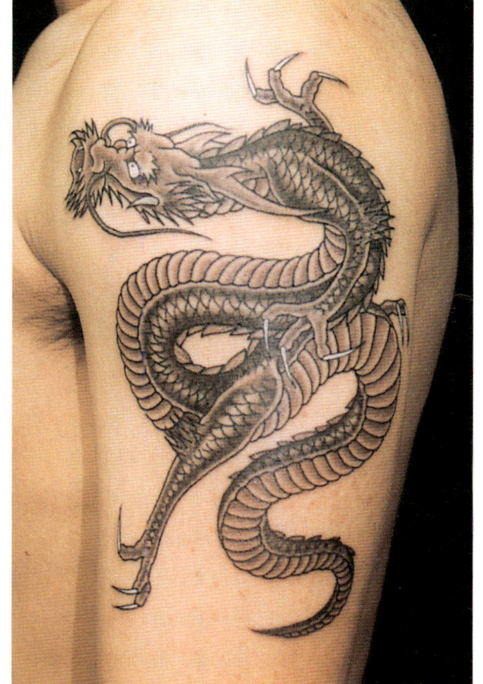

初代彫元®／H.G.TATTOO

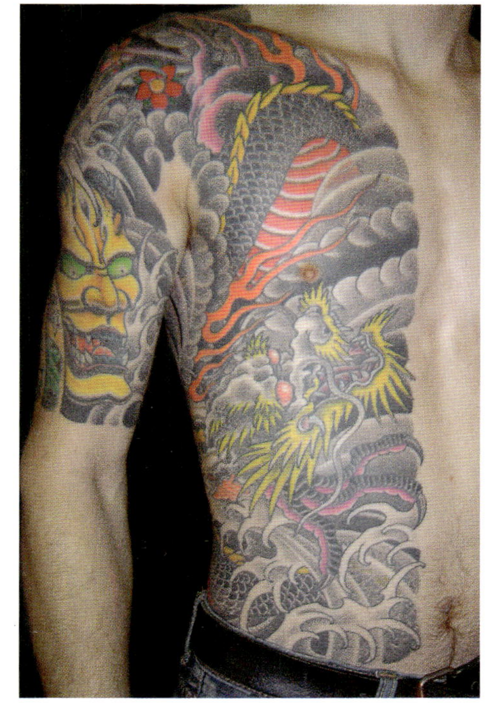

Henning Jorgensen／Royal Tattoo

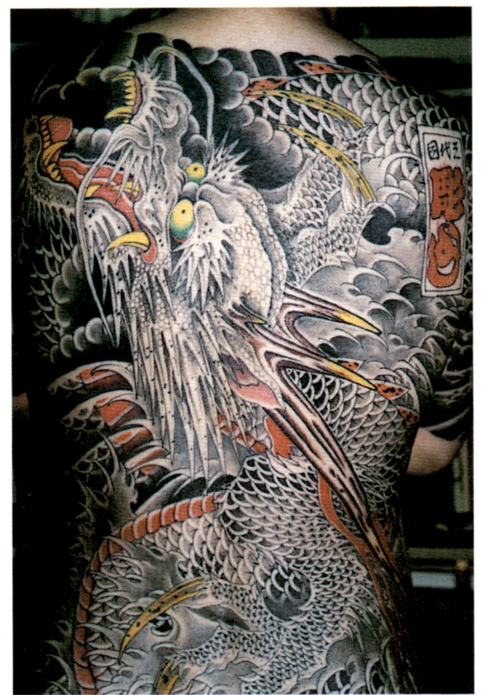

三代目彫よし

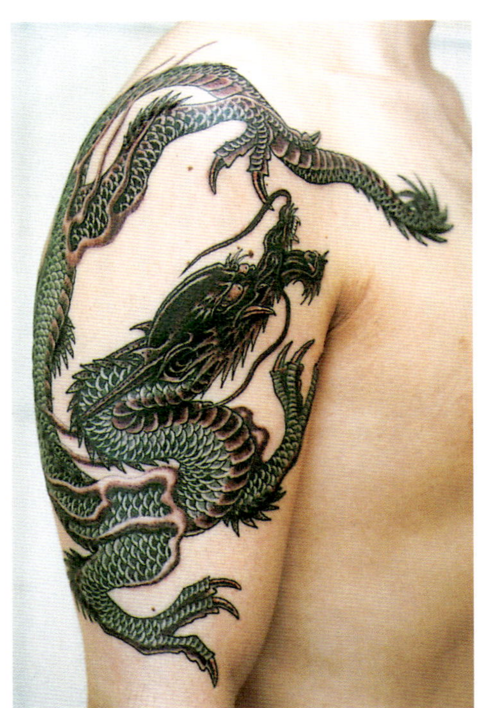

彫鐘／MIND SCAPE TATTOO

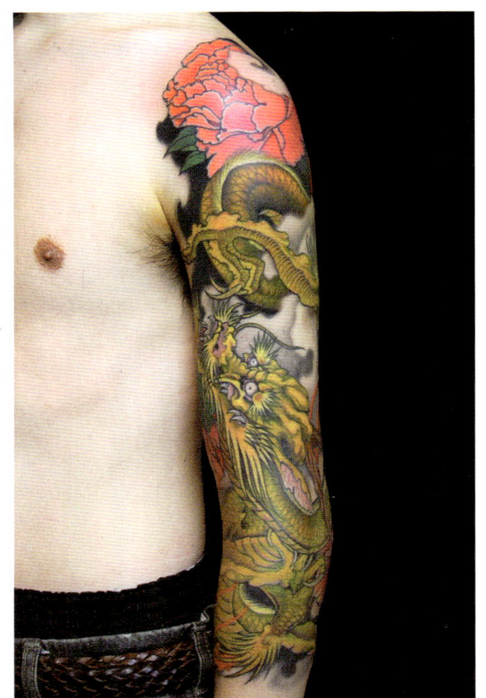

SHIGE／YELLOW BLAZE TATTOO STUDIO＋黄炎刺青処

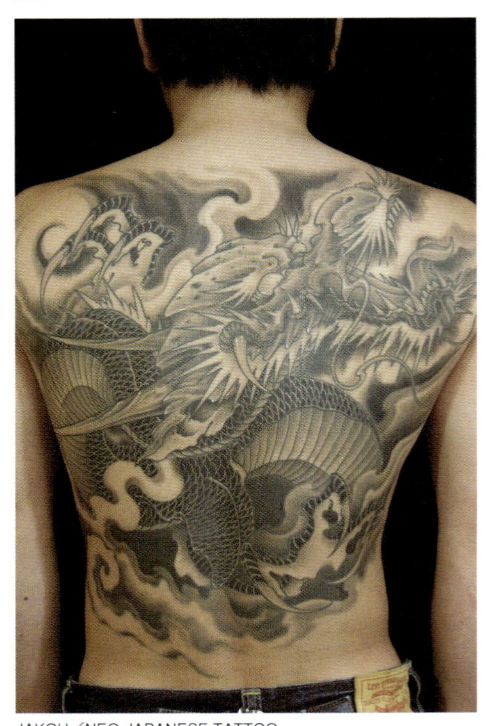

JAKOH／NEO-JAPANESE TATTOO

三停九似説

　後漢末期の学者・王符は、龍の姿を次のように描写した。「龍に九似あり。頭は駱駝に、目は鬼に、角は鹿に、首は蛇に、腹は蜃に、鱗は鯉に、爪は鷹に、掌は虎に、耳は牛に似る」と。これを「九似説」と呼び、頭部から肩、肩から腰、腰から尾の先端までの長さが等しいと説く「三停説」と合わせて、「三停九似説」という。

　我々が「東洋の龍」と聞いて思い浮かべる図解イラストのような姿は、この三停九似説に基づいてデザインされている。以下、龍の身体的特徴について、部位ごとに解説してゆくとしよう。

【鬼の目】
中国語の「鬼」は幽霊や死者の意。「この世の者とは思えぬ眼光」といった意味にも取れるが、後世に書かれた『本草綱目』では「兎の目」となっており、王符の九似説に「鬼」とあるのは「兎」の誤字であった可能性がある。

【蛇の首】
首から尾の先端まで、身体の大部分は蛇をモチーフとしている。鋭い背びれを持ち、尾は雌の方が太い。

【髯】
口周辺の髯と眉は雌雄で形状が異なる。雄の髯は鋭く尖った剛毛で、雌の髯は柔らかな印象の巻き毛状。また、長い二本の髯は、陰陽の気を感じ取るための触角としても機能する。

【駱駝の頭】
雌はすっきり通った鼻筋をしており、雄の鼻筋には険しげな皺が寄っている。

【尺木（博山）】
眉間から頭頂にかけてのコブ状突起。中には飛行力の源である霊水、尺水が溜まっている。

【鹿の角】
雄の角は雌に比べて先太で、波打った形状をしている。

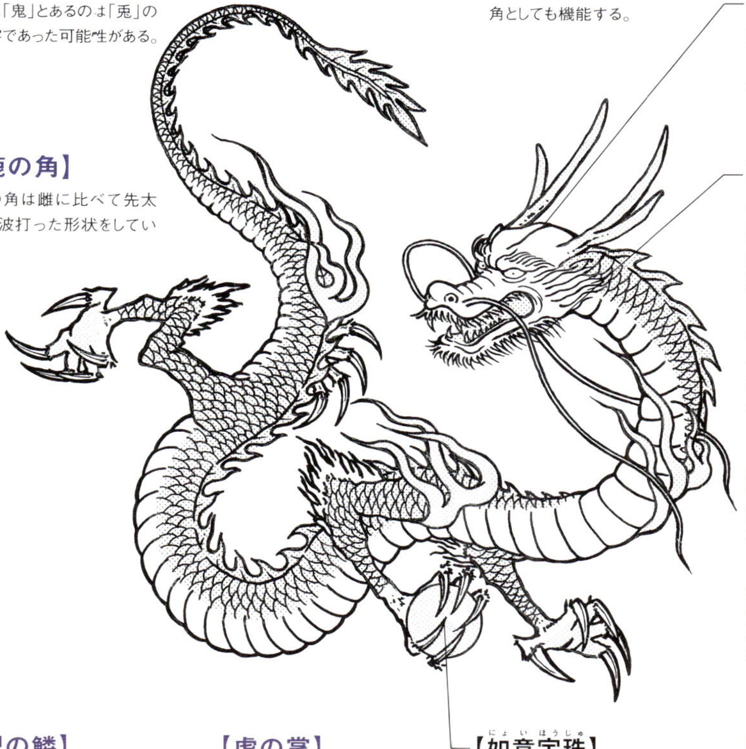

【逆鱗】
喉元には逆さに生えた一尺四方の「逆鱗」を中心に、49枚の鱗が並んでいる。不注意な言動で相手を怒らせてしまうことを「逆鱗に触れる」と表現するが、この語は目上の者に対してのみ使われ、目下の者を怒らせた場合には用いられない。

【牛の耳】
角の根本にぴったり添うように生えている。

【蜃の腹】
「蜃」は蜃気楼を呼ぶ龍蛇の一種。

【鯉の鱗】
鱗の数は陽数9の倍数である81枚。ちなみに鯉の鱗は中国の伝承によれば、陰数6の倍数である36枚とされている。

【虎の掌】
ネコ科動物のような肉球が描かれることはほとんどない。「力強く、掴みかかるような形の掌」といった程度のニュアンス。

【如意宝珠】
神通力の源となる宝珠。顎の下に隠し持つとされているが、図像では手に持つことが多い。

【鷹の爪】
爪は3〜5本。明〜清の時代には爪の本数に厳しい規定が設けられていた（108ページ参照）。

降龍 ／ Kouryu

水神の帰還

DATA

別名：降り龍
中国音：Xiang Long

目覚めへと至る眠り

　秋分——日の落ちる時刻が次第に早まり、昼夜の長さが等しくなるこの日に、龍は地へ降りて再び水に潜る。しかしそれは寒く厳しい季節の到来などという、ネガティヴなイメージに彩られたものでは決してなかった。雲の彼方へ去った水の神が人間の住まう世界へ戻ってくるのだから、むしろ喜ばしいことだったのである。半年間の天上生活を満喫し、重く垂れ込める雲の間から満足気に降りてくる龍を見て、人々はこれで必ず次の春が訪れるのだと、安堵に頬を緩めたことだろう。龍は地の気を受けて天へ昇り、天の気をたっぷりと蓄えて地へ降りる。天地陰陽の気が正しく循環するからこそ、自然界のバランスが保たれるのだ。

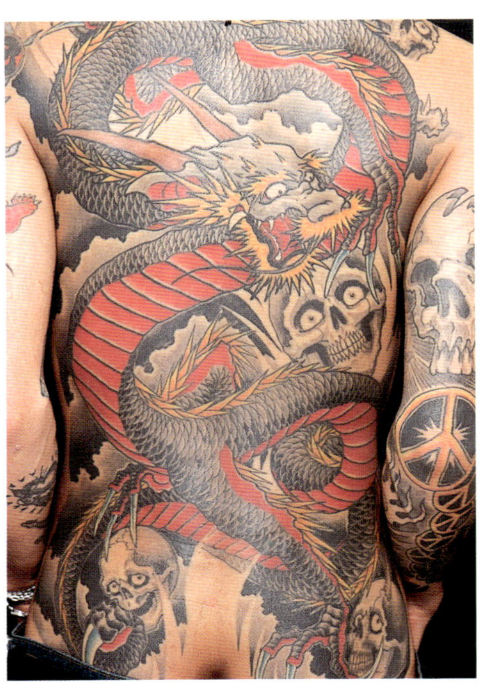

渋谷彫雅 岸／56TATTOO STUDIO

昇龍降龍の名品

　昇龍はそれ単体で描かれることもあるが、降龍は昇降一対で造形されることが多い。以下、日本国内で見られる昇龍降龍のうち、名品と称えられるものを二点紹介しよう。どちらも徳川家ゆかりの作品だ。まずは東京都港区、増上寺（ぞうじょうじ）の鋳抜門（いぬきもん）。徳川家の霊廟（れいびょう）を護る青銅製の門扉で、緑青に覆われた昇降一対の三爪龍が浮かび上がっている。二つ目は上野東照宮（東京都台東区上野公園内）の唐門（からもん）を飾る彫刻。「江戸城北方守護の水神を」という三代将軍家光の依頼により名人・左甚五郎（ひだりじんごろう）が製作したもので、「製作中に甚五郎を引っ掻いた」「夜になると火を吐き、不忍池（しのばずのいけ）で水を飲んでいた」などと噂されたほどの、生き生きとした造形が見事である。

作画上のアレンジポイント
高みに至る為、宝玉を求めて天地を巡る過程にいる若き龍を想い楽しみながら描いてみた。

使用画材
ベロール・
イーグルカラー
コピック

龍・ドラゴンについて
自分の描く龍は空中か海中に生きていると想定。爪は長く手足は細く描く事が多い。骨盤や肩甲骨はしっかりと。気力・精力の勢いを棘に表現した。比較的若い龍。

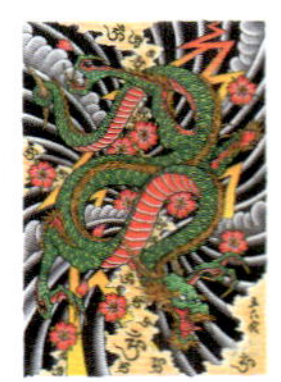

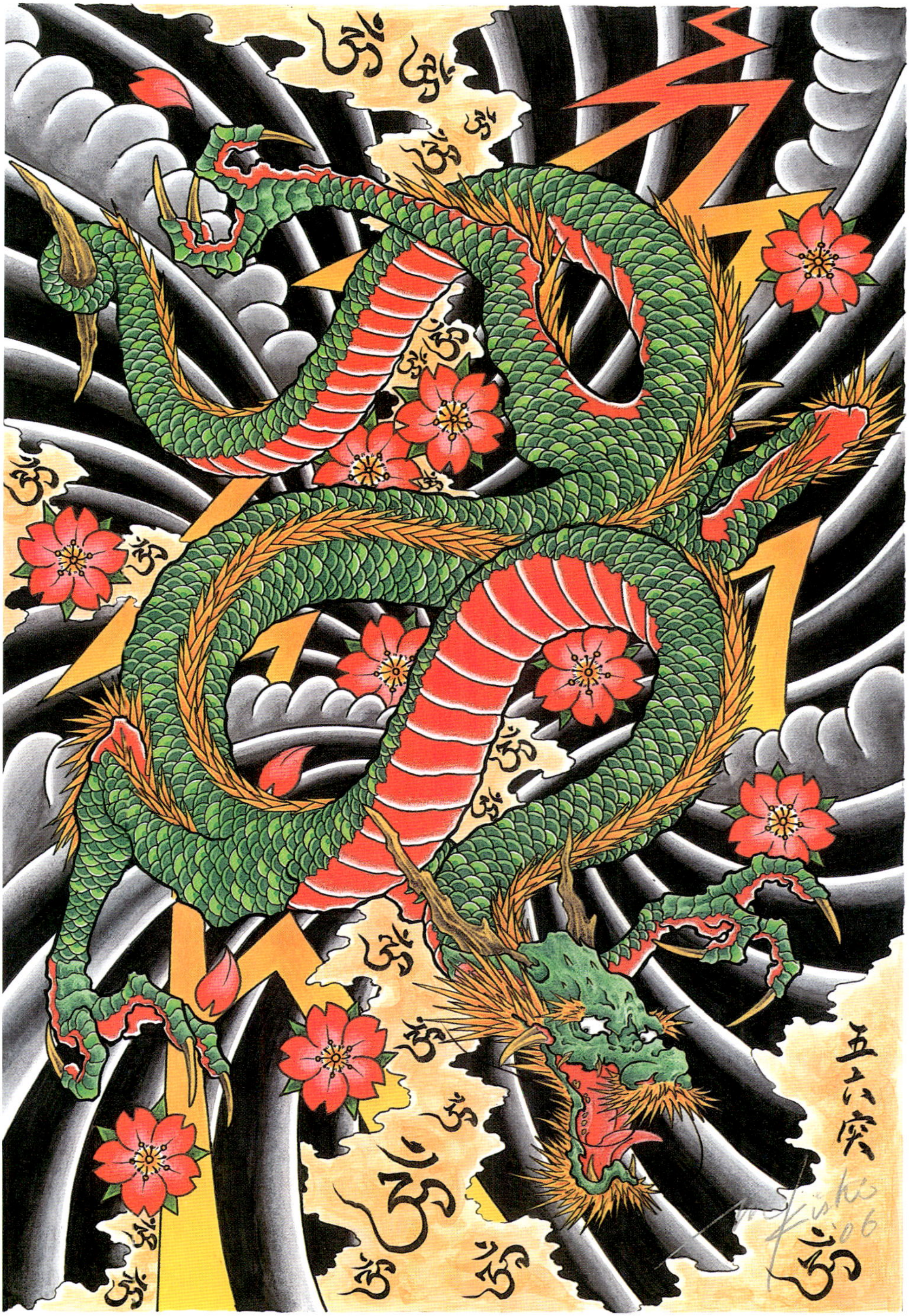

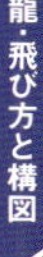

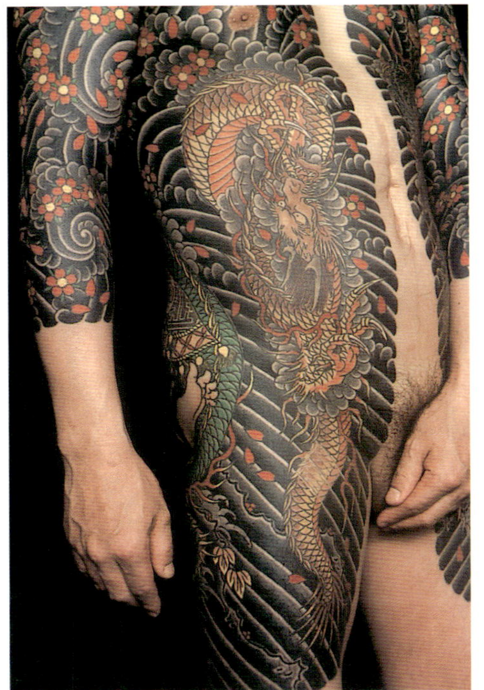

池袋初代彫俊

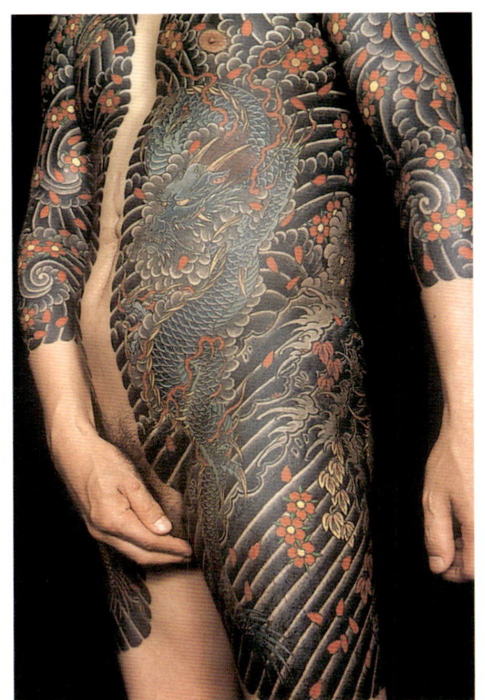

池袋初代彫俊

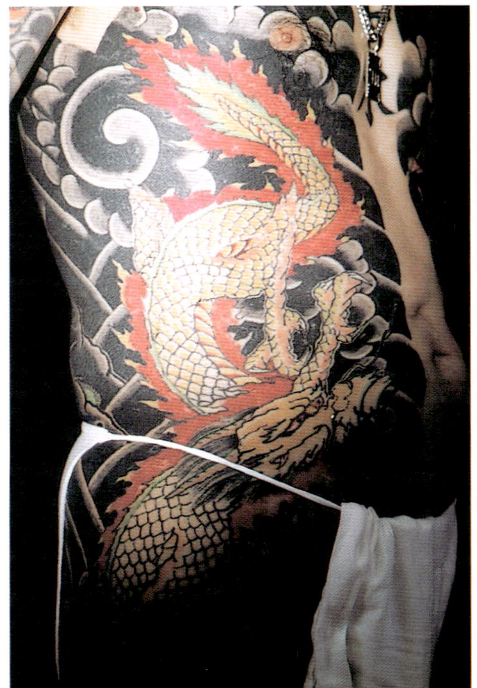

信州 初代彫金

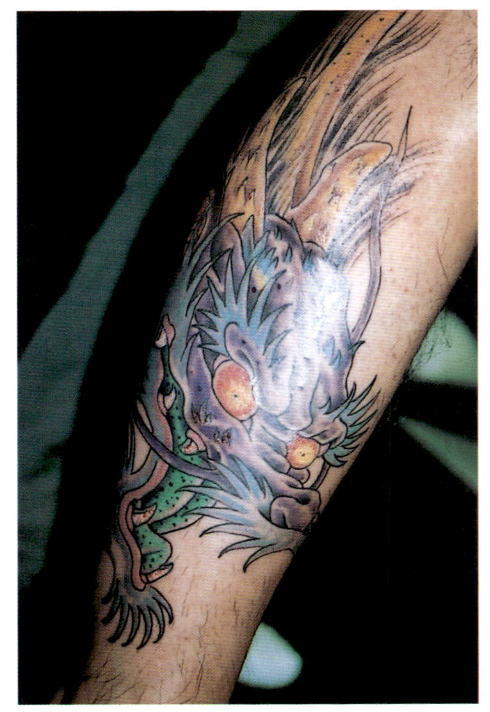

Kato／THE TATTOO SHOP

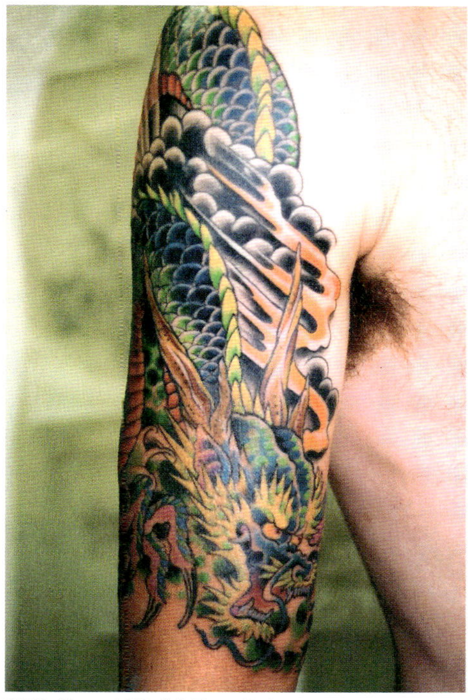

KLEM／Samuel O'Reilly's Tattoo Parlour

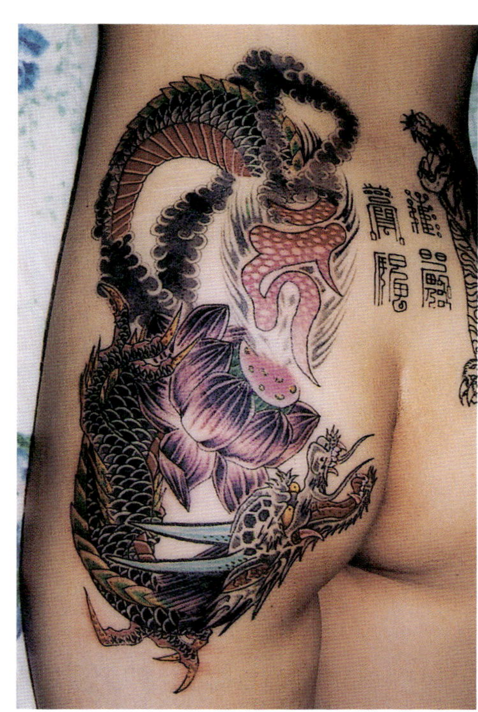

初代彫鯉／文身道練成屯所

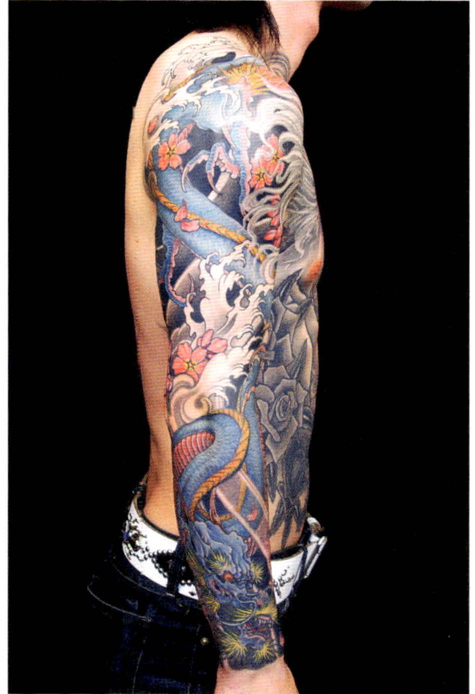

SHIGE／YELLOW BLAZE TATTOO STUDIO＋黄炎刺青処

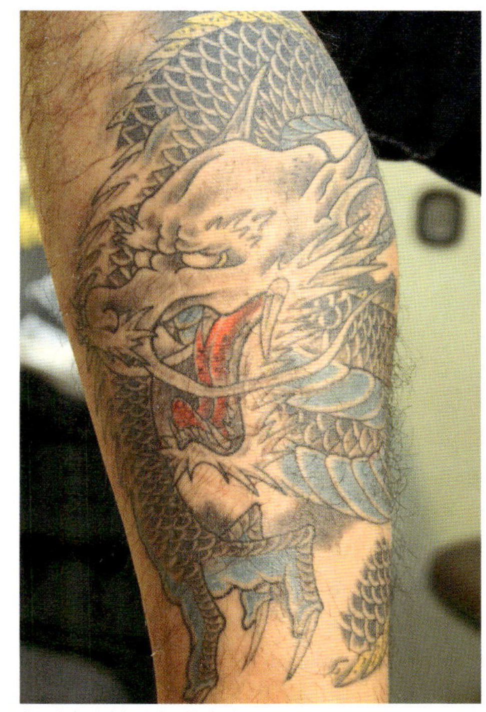

龍門文身 文身師 獅龍／文身雕房S.U.I

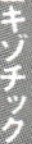

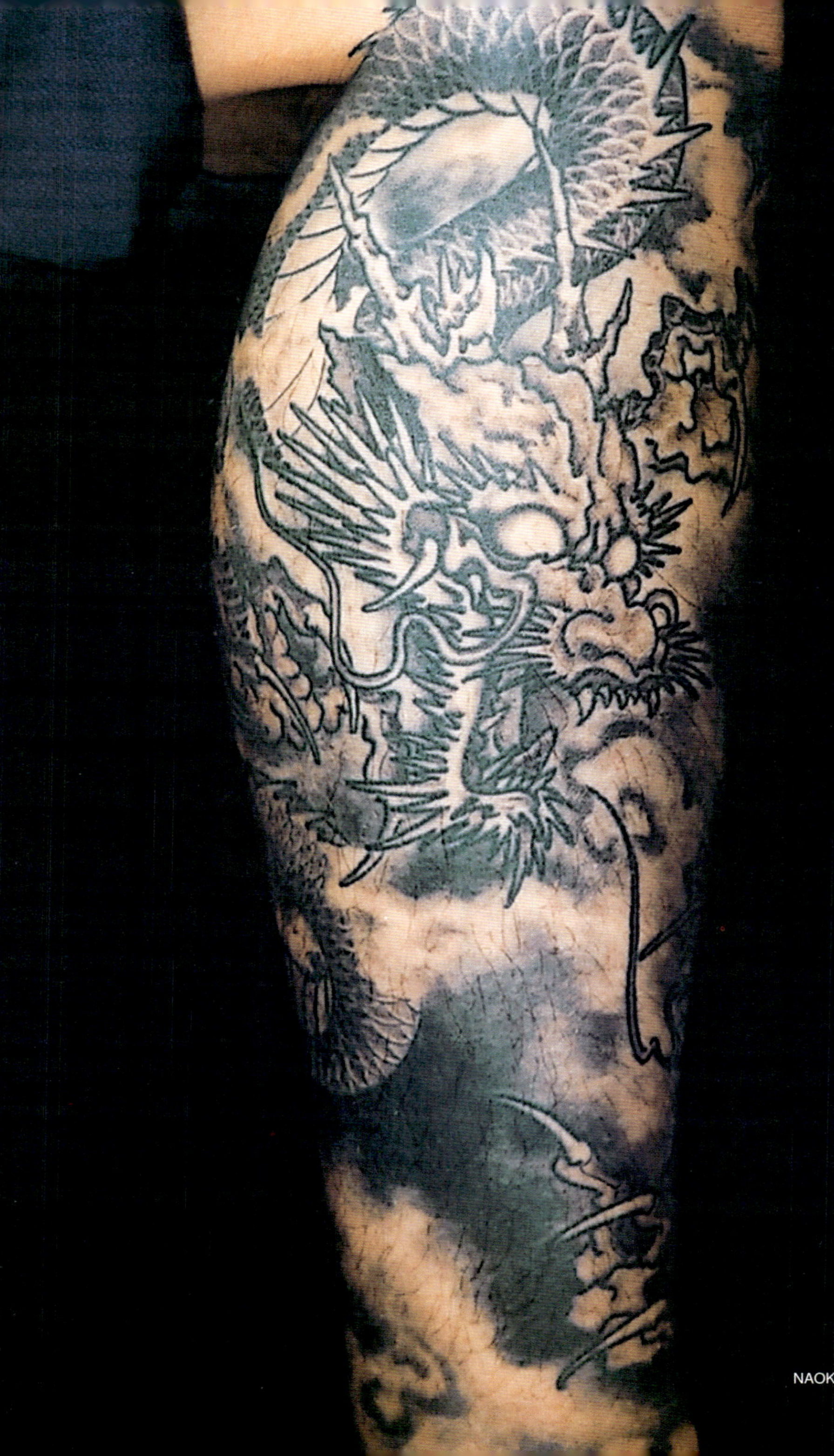

NAOKI／TATTOO TRIBE

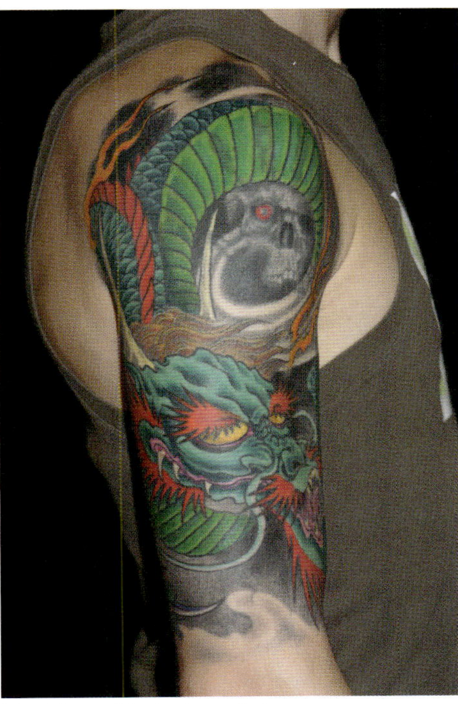

Luke Atkinson／Checker Damon Tattoos

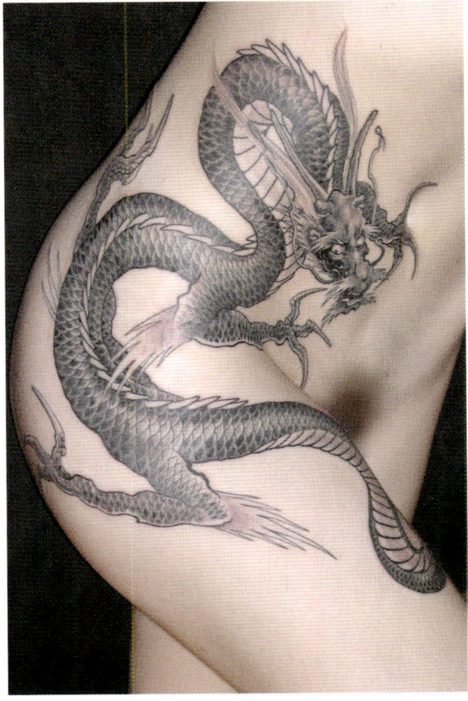

TIN-TIN／TIN-TIN TATOUAGES

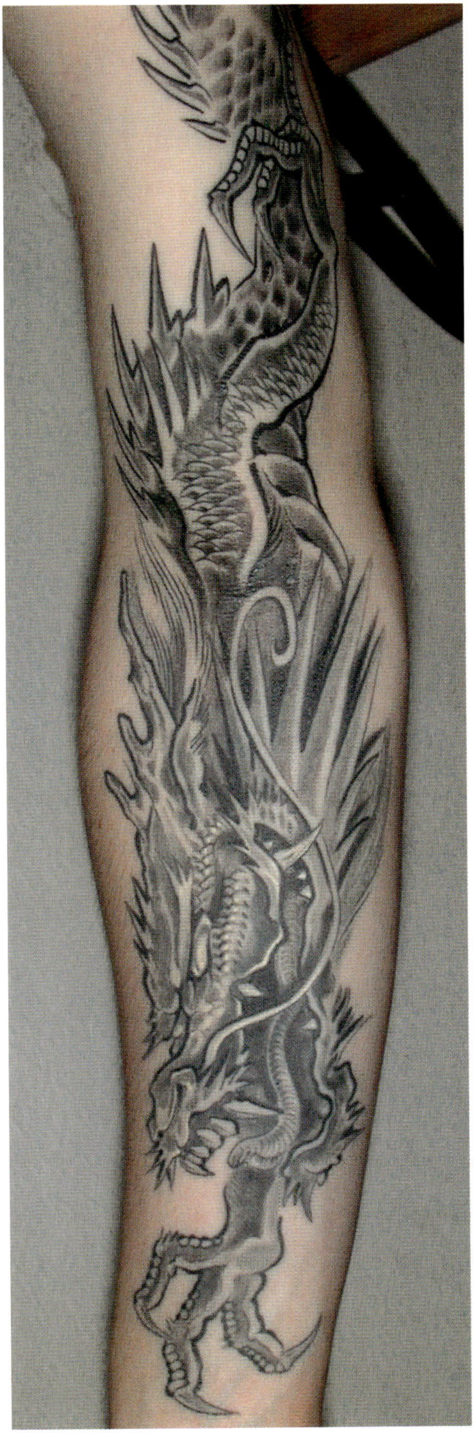

LEO／Naked Trust Tattoo

龍・色彩

龍・古典的意匠

古代中国

ドラゴン退治

西欧のドラゴン

キリスト教

古代オリエント

魔術・錬金術

ギリシア神話

エキゾチック

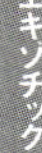

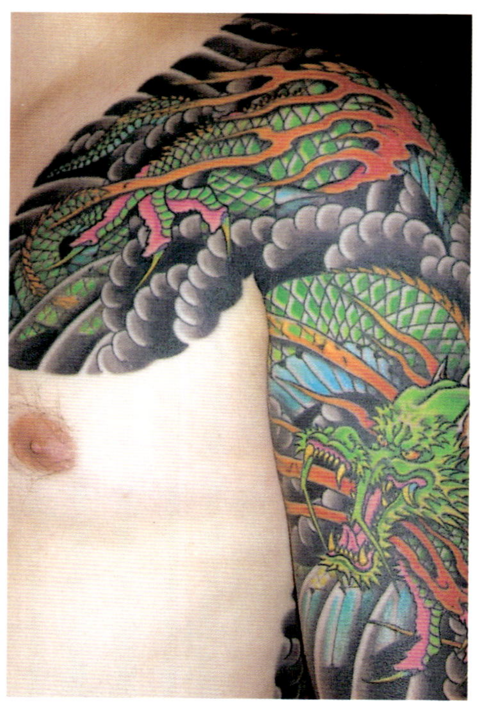

CHRIS TREVINO／THREE TIDES TATTOO

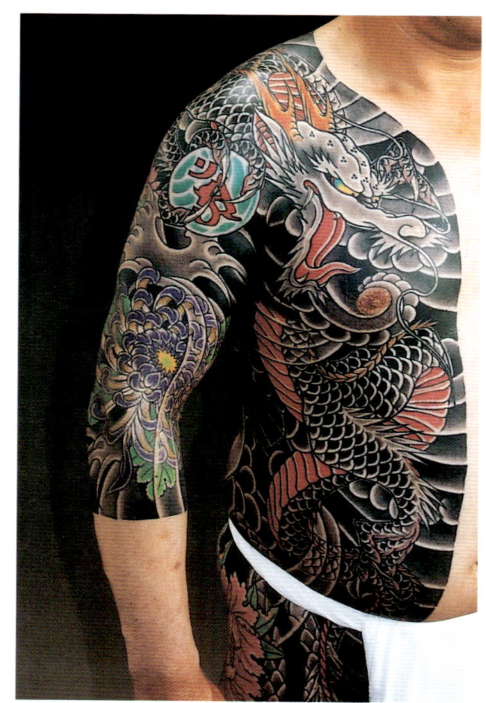

浅草彫やす

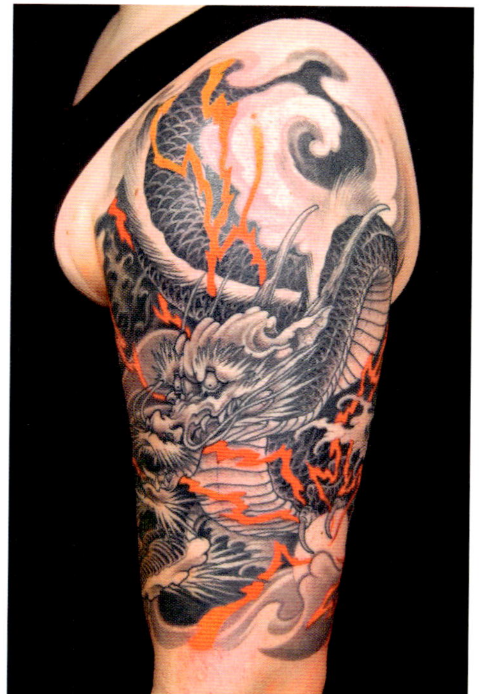

SHIGE／YELLOW BLAZE TATTOO STUDIO＋黄炎刺青処

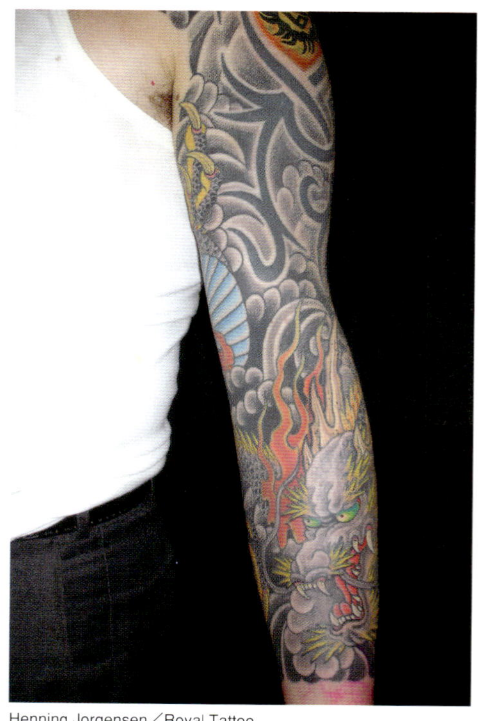

Henning Jorgensen／Royal Tattoo

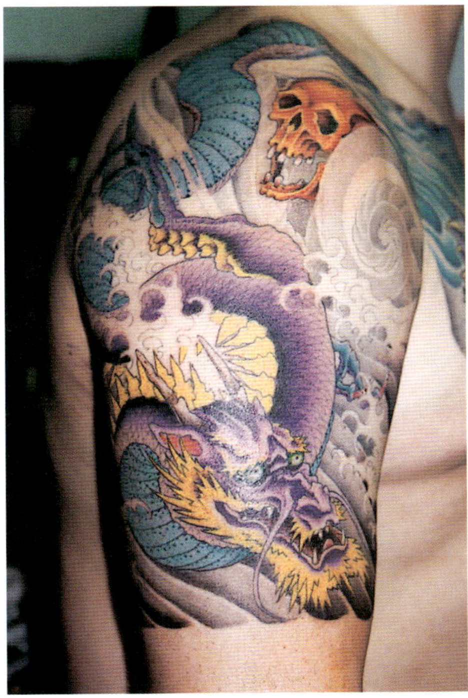

MAKOTO／HOCUS POCUS TATTOO

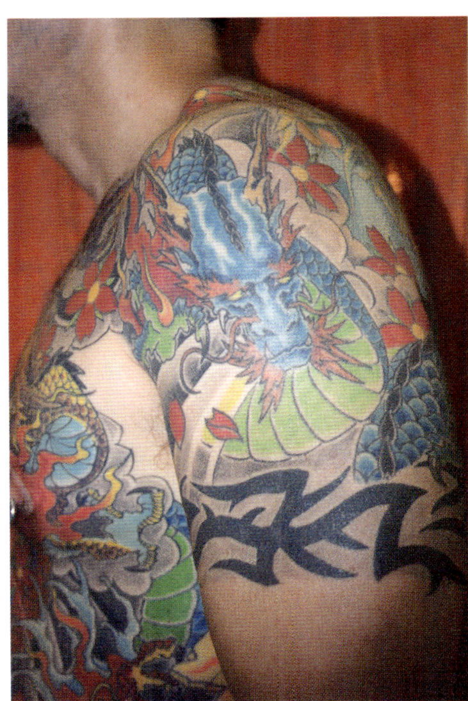

Mike Shea／Redemption Tattoo

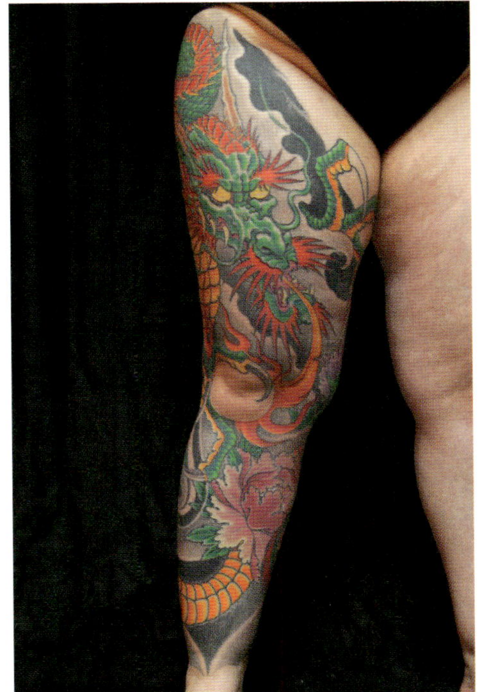

Luke Atkinson／Checker Damon Tattoos

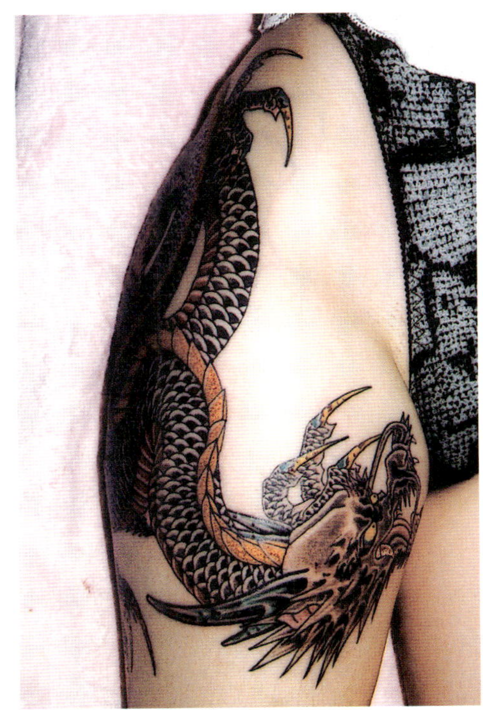

初代彫鯉／文身道錬成屯所

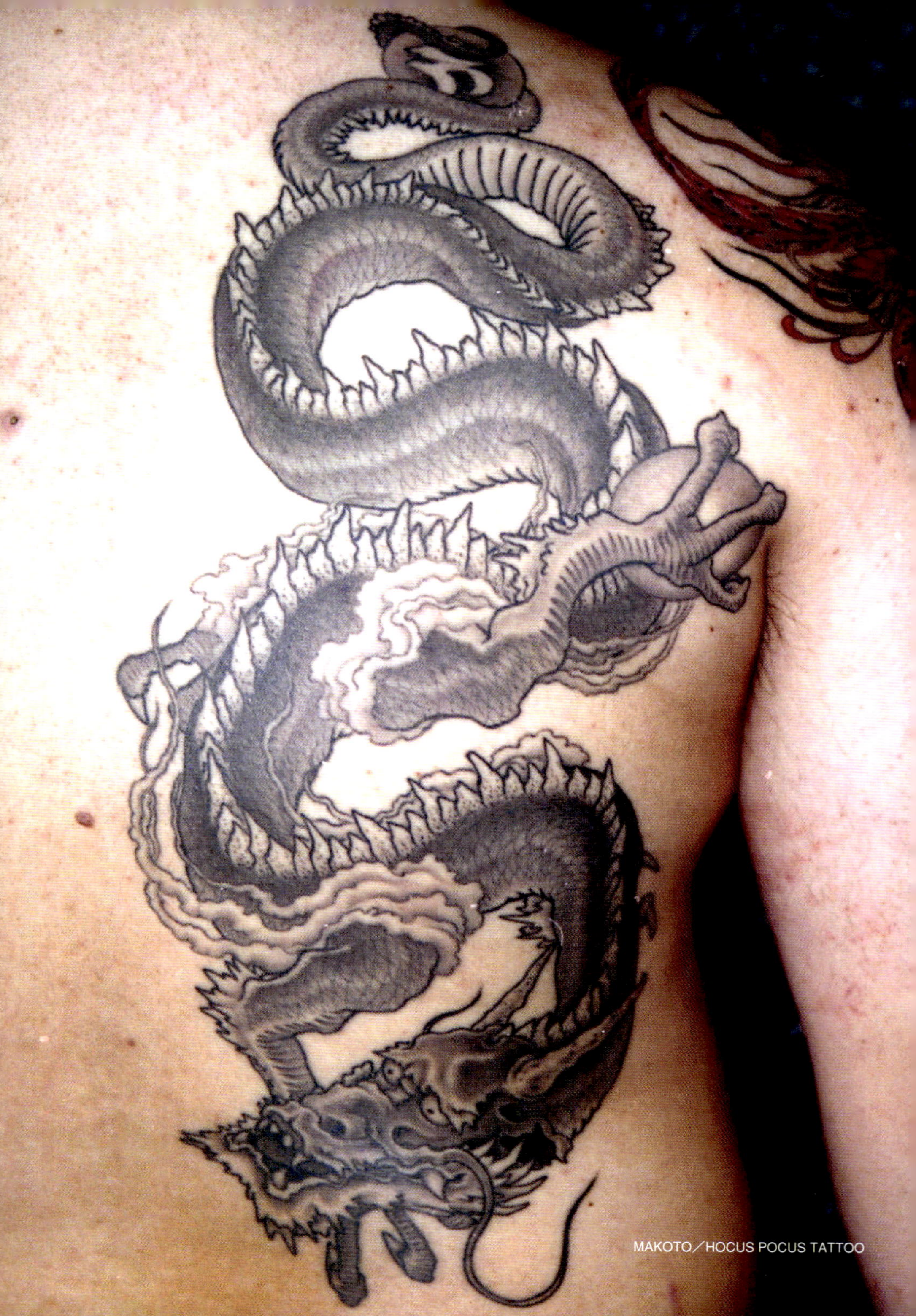
MAKOTO／HOCUS POCUS TATTOO

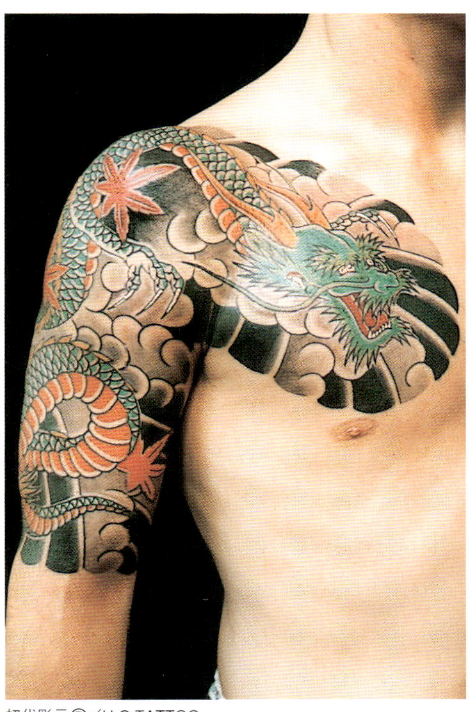

初代彫元®／H.G.TATTOO

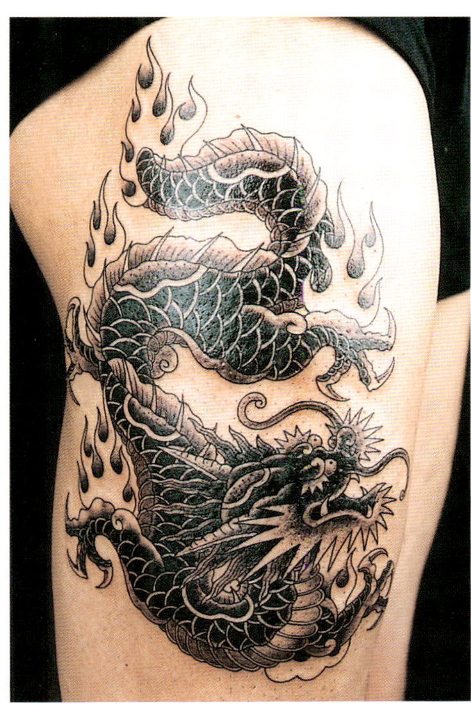

GENKO／ECCENTRIC SUPER TATTOO

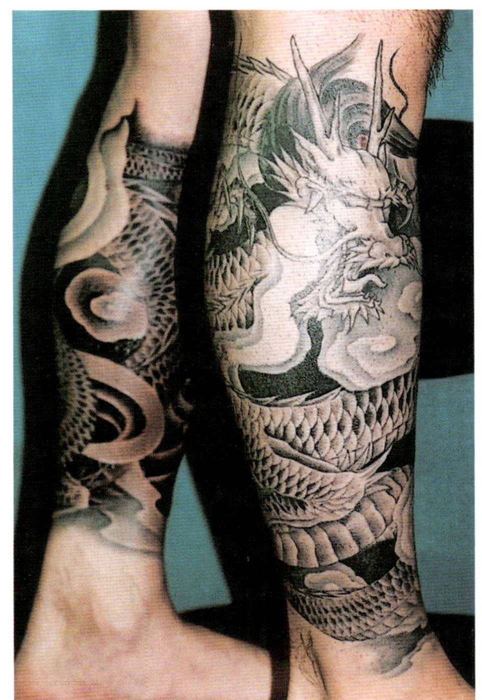

Leon／LEON FAMILY

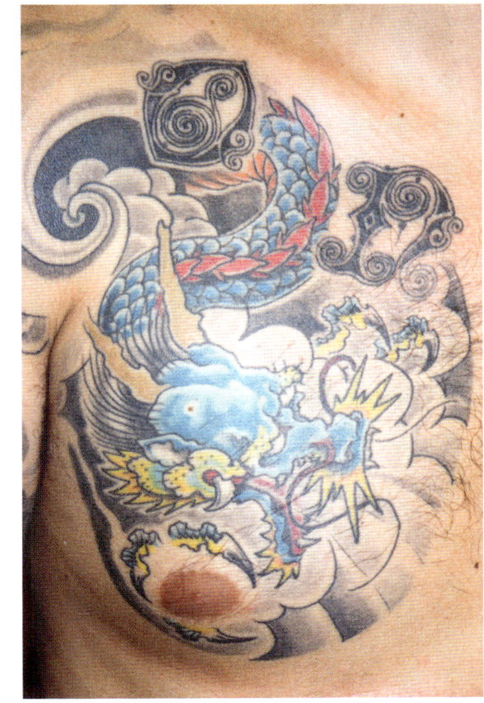

Mike Shea／Redemption Tattoo

龍と滝 / Dragon and Waterfall

水神の住まう場所

飛龍直下

河の流れはよく龍に喩えられる。元々、雨や河川への信仰から生まれた神獣だ。恵みをもたらし、時に牙を剥いて荒れ狂う大河に、人々が人知を超えた何者かの存在を感じたのは当然といえよう。場所によって様々な表情を見せる河川の中でも、特に龍と関連付けられやすいのが滝である。詩仙・李白は江西省廬山の大瀑布を称えて「飛龍直下三千尺。疑うらくは是れ銀河の九天より落つるかと」と詠んだが、なるほど、廬山に限らず滝というものはそれ自体が龍の姿を想起させるし、そこに棲む龍神が滝壺から天に向けて駆け上がるという想像にはロマンがある。古来より強い霊気を放つ場所とされてきた滝。水神の棲家と呼ぶに相応しい場所ではなかろうか。

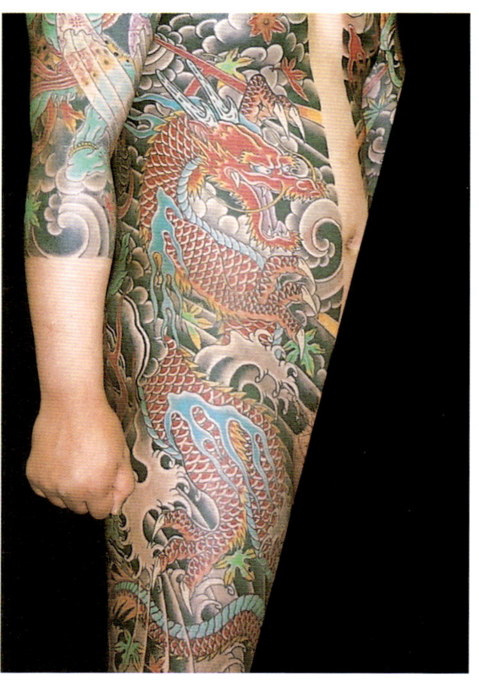

熊本 彫寿

日本の滝と龍

日本国内にあるもののうち、龍神伝説を伝える滝、龍の名を称した滝としては、以下のものが有名である。

松前藩の財宝を龍神が守護していると伝えられる、飛龍賀老の滝（北海道島牧郡）。時折、滝壺から龍が駆け上がったという龍双ヶ滝（福井県今立郡）。島根県雲南市の龍頭ヶ滝。龍尾、登龍、白龍、龍門、龍頭の五つからなる五龍の滝（山口県岩国市）。花山天皇が龍神から不老不死の霊薬を授かったとされる那智の滝（和歌山県東牟婁郡）。天竜大神を祀る龍王の滝（高知県長岡郡）。三段に流れ落ちる竜化の滝（栃木県那須塩原市）。

また、中国の大河には龍門と呼ばれる名所がいくつかあり、ここを泳ぎきった鯉は龍になれるとされていた。

作画上のアレンジポイント

そのまま刺青の図案としても使用できる様なものをと思い描いた。ごくシンプルに「龍と滝」を表現した。

使用画材

サインペン（マッキー）
色ペン
筆ペン
日本画専用紙

龍・ドラゴンについて

平面上に描かれる龍だけではなく花瓶や灰皿、皿などに描かれる古典的な龍を多く見る事で、龍の様々な表情を自分の中に取り入れている。

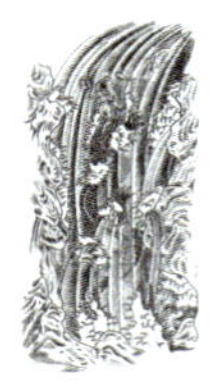

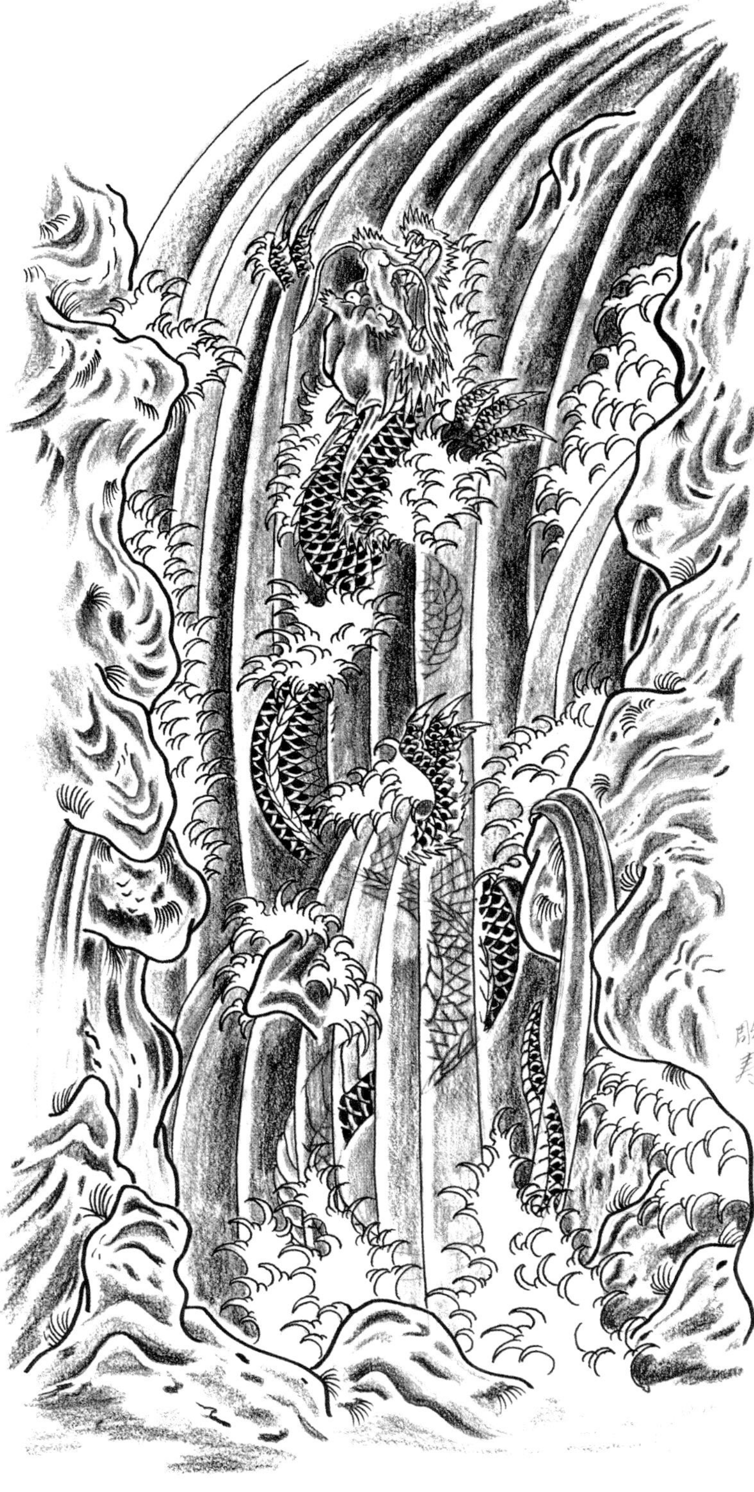

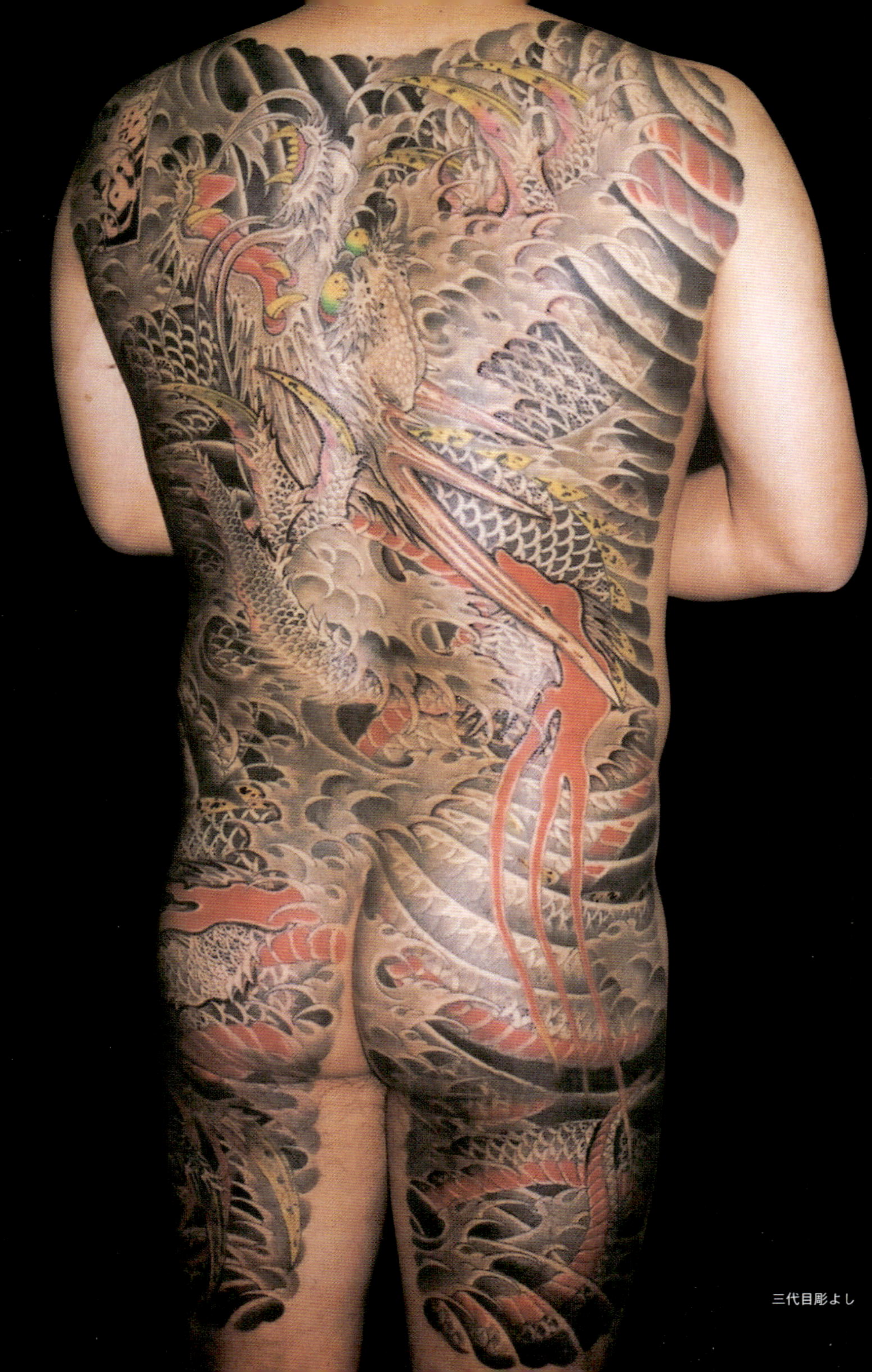

三代目彫よし

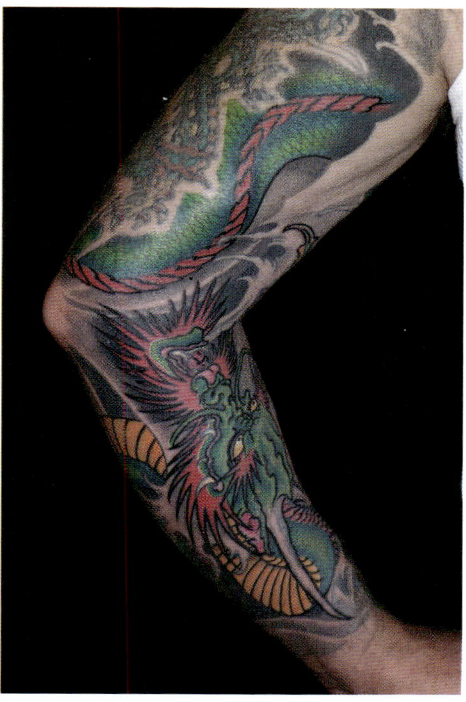

Luke Atkinson／Checker Damon Tattoos

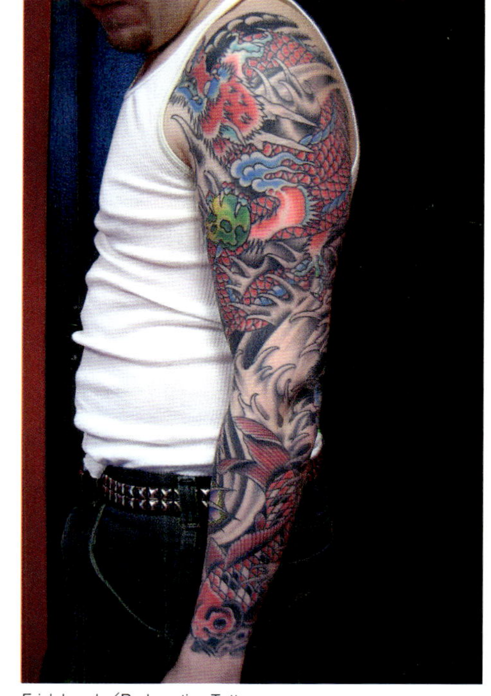

Erick Lynch／Redemption Tattoo

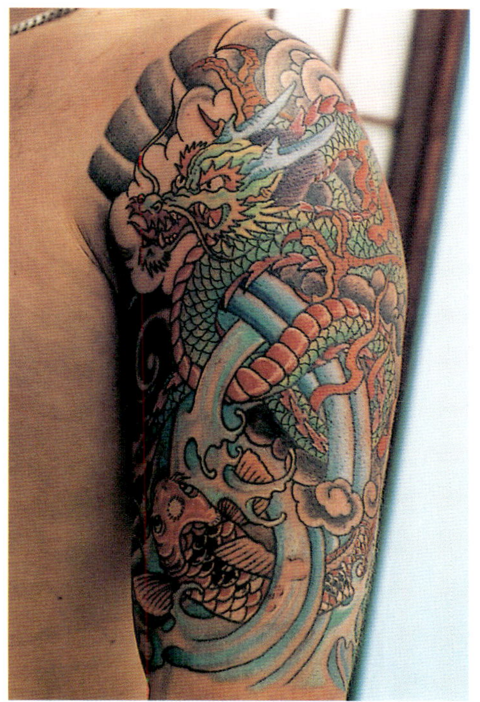

Doc Forest

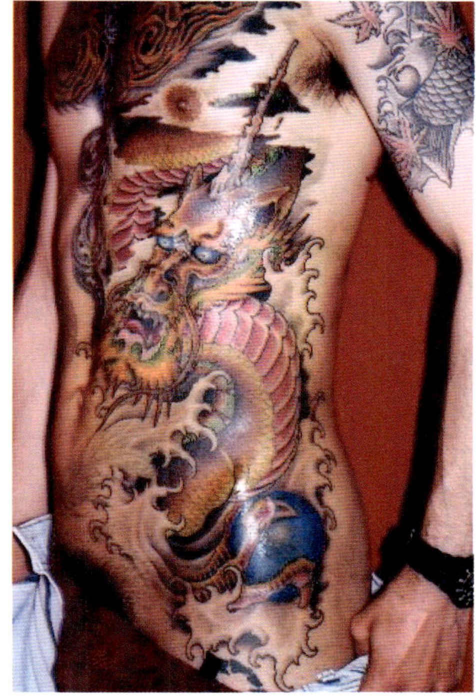

MAKOTO／HOCUS POCUS TATTOO

龍・色彩　龍・古典的意匠　古代中国　ドラゴン退治　西欧のドラゴン　キリスト教　古代オリエント　魔術・錬金術　ギリシア神話　エキゾチック

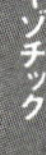

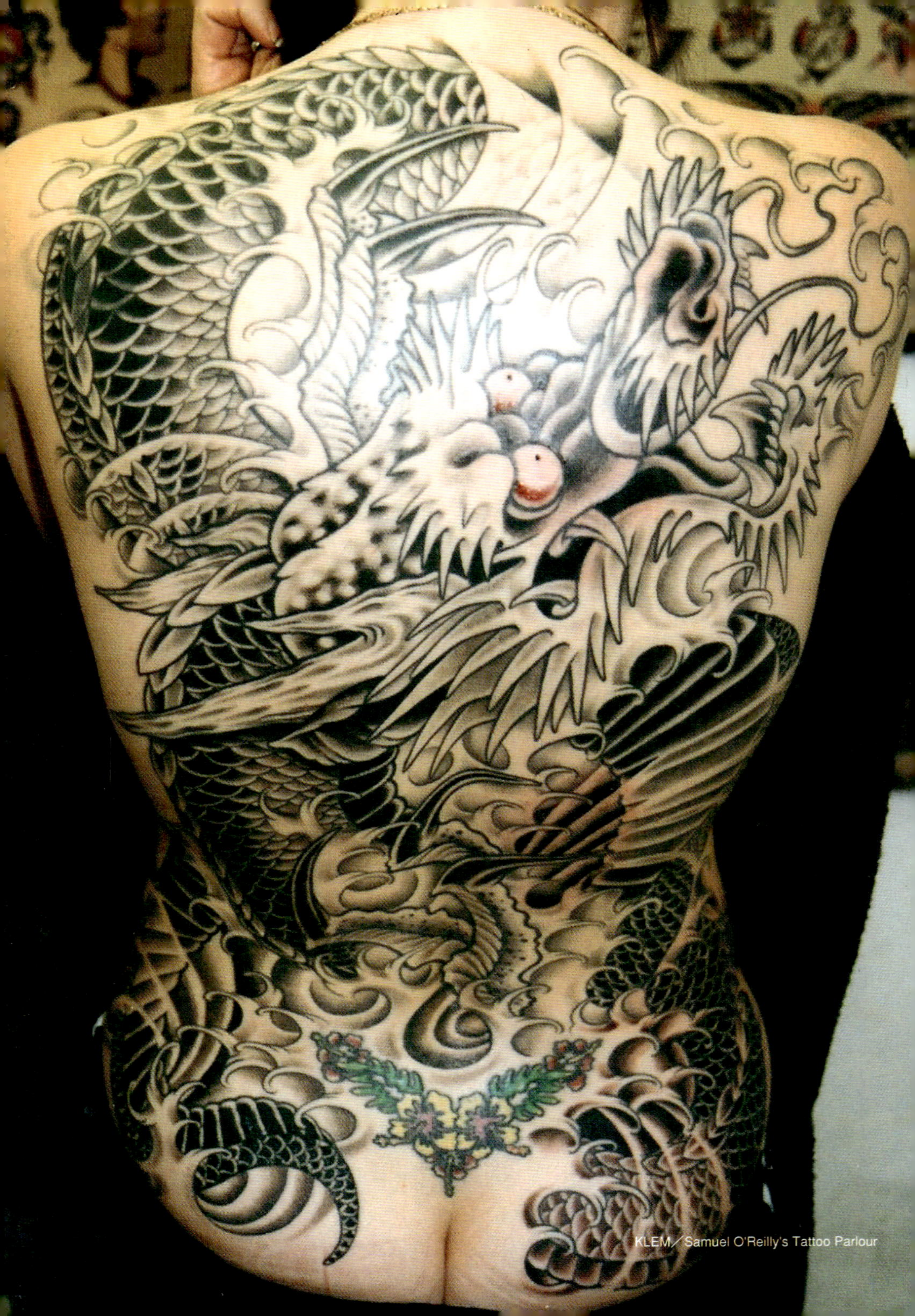
KLEM / Samuel O'Reilly's Tattoo Parlour

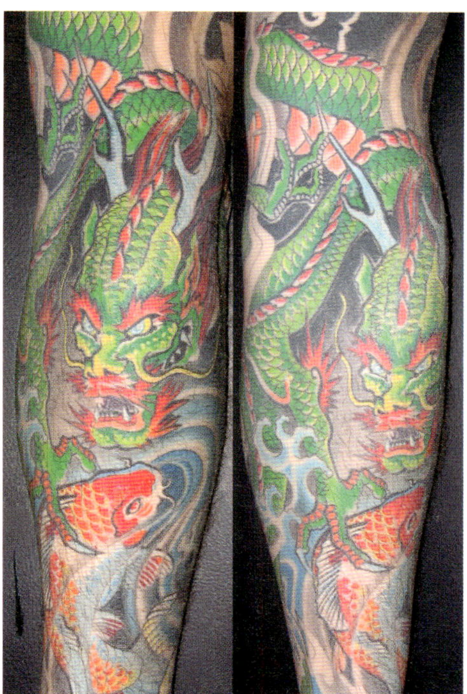

LEO／Naked Trust Tattoo

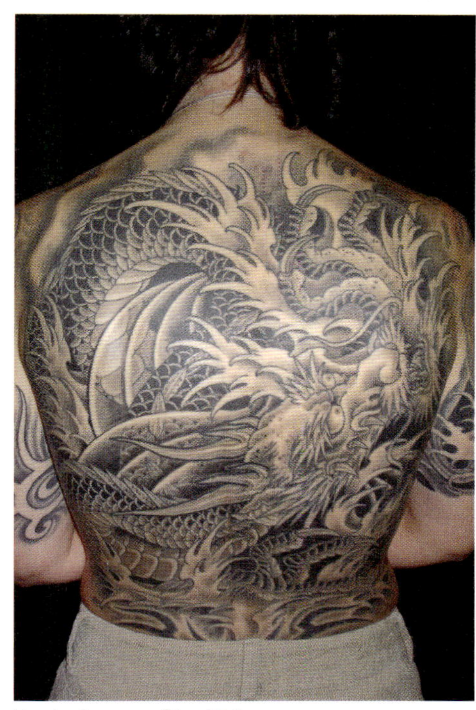

Henning Jorgensen／Royal Tattoo

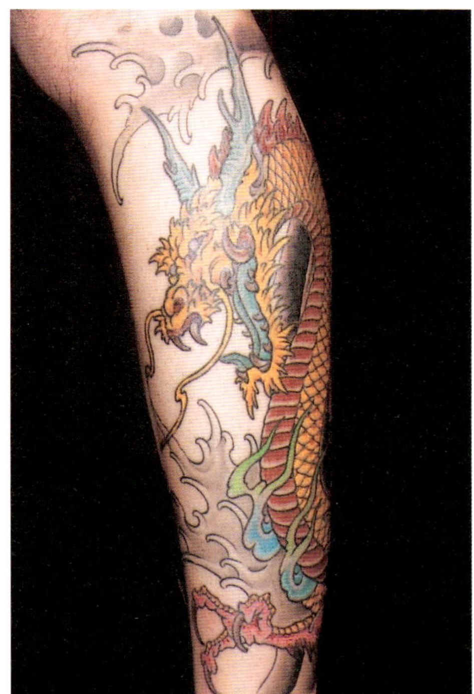

MUTSUO／THREE TIDES TATTOO

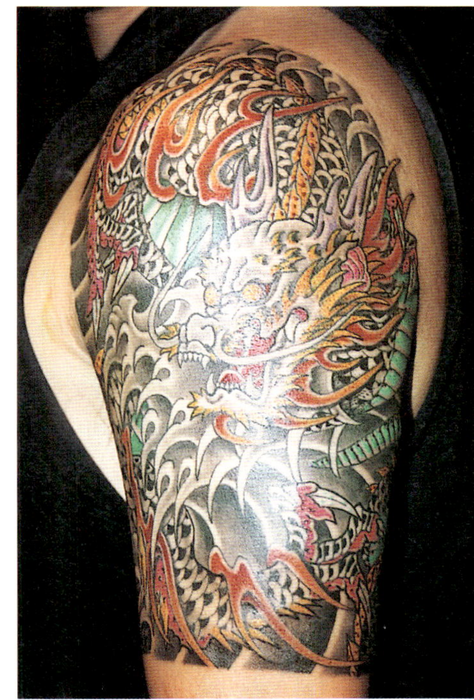

Joel Long／Bolder Ink

走龍 ／ Souryu

悠々閑々蒼天を往く

DATA

別名：行龍
中国名：Zou Long

飛龍天を駆ける

　身体を伸ばし気味にして天を前方へと駆ける龍の図案を、走龍または行龍と呼ぶ。主に横方向からのアングルで描かれたものを指し、鉢や皿の周縁部、箱の側面、日本刀の鞘や刀身など、横長の空間にあしらわれることが多い。一頭のみを描く他、器の周縁部にそって複数頭を一列に並べたり、二頭を向かい合わせに配置した

ものもよく見られる。屋根の棟にそって走龍の像を置くこともあり、これには魔除け的な意味合いがあったようだ。また、唐代の中国では馬のように地表へ立つ、スリムで脚の長い龍の置物（多くは青銅製で鍍金仕上げ）が愛好されたが、走るというよりも歩くと表現したほうが似つかわしいこの置物も走龍と呼ばれている。

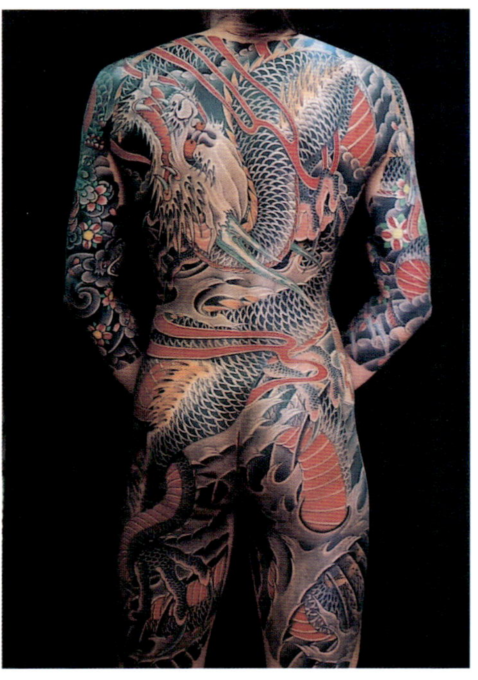

HORIGYN／8 BALL TATTOO STUDIO

飛翔力の源

　ところで、龍はなぜ空を飛べるのだろうか。悠々と天を舞う姿を我々はごく当たり前のものとして認識しているが、翼が生えているわけでもないのに、一体いかなる神秘によって宙に身を浮かべるのか。

　龍の眉間あたりに、瘤状の突起があるのを目にしたことがあるはずだ。眉間の皺を誇張したようにも見えるがこれは尺木と呼ばれる器官で、中には尺水という霊水が溜まっており、これによって飛翔力を得ているのである。（尺木は博山とも呼ばれ、眉から頭頂にかけてのごつごつとした盛り上がり全体を指す場合もある）。尺木のない龍は空を飛べず、また、尺水を失うと蟻にすら勝てぬ、非力な存在に成り下がってしまうという。

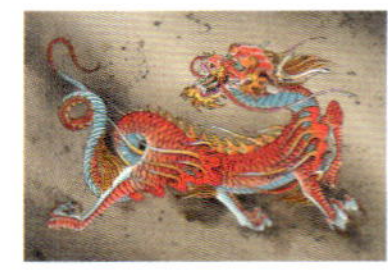

作画上のアレンジポイント	使用画材	龍・ドラゴンについて
走っている感じをどれだけ出せるか。	ウォーターカラー	オーダーの多いデザインの為、毎回少しでも変化をつけた方が良いのか、人が見てすぐにあの人の龍だと分かるようにした方が良いのかいつも悩む図です。

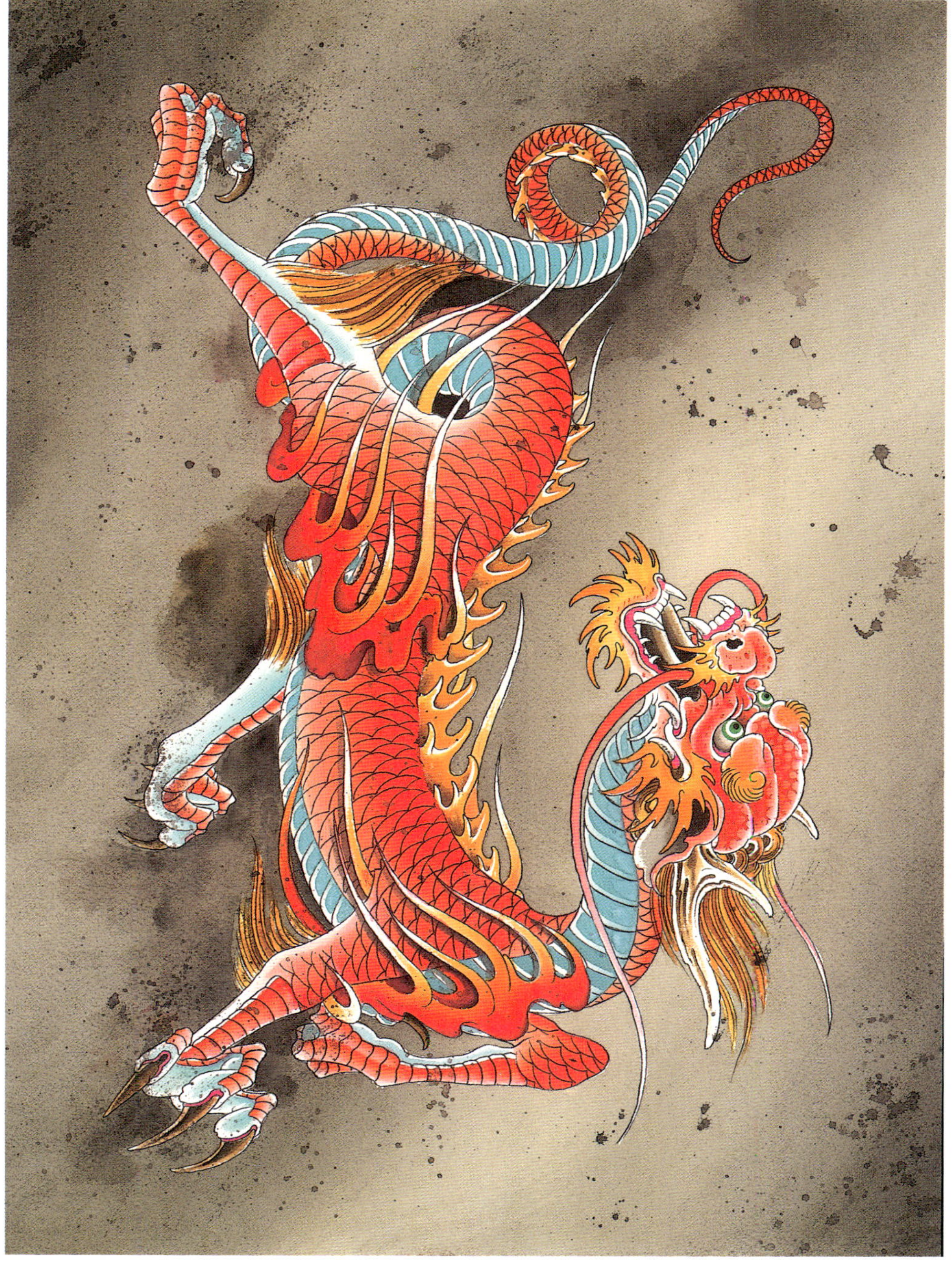

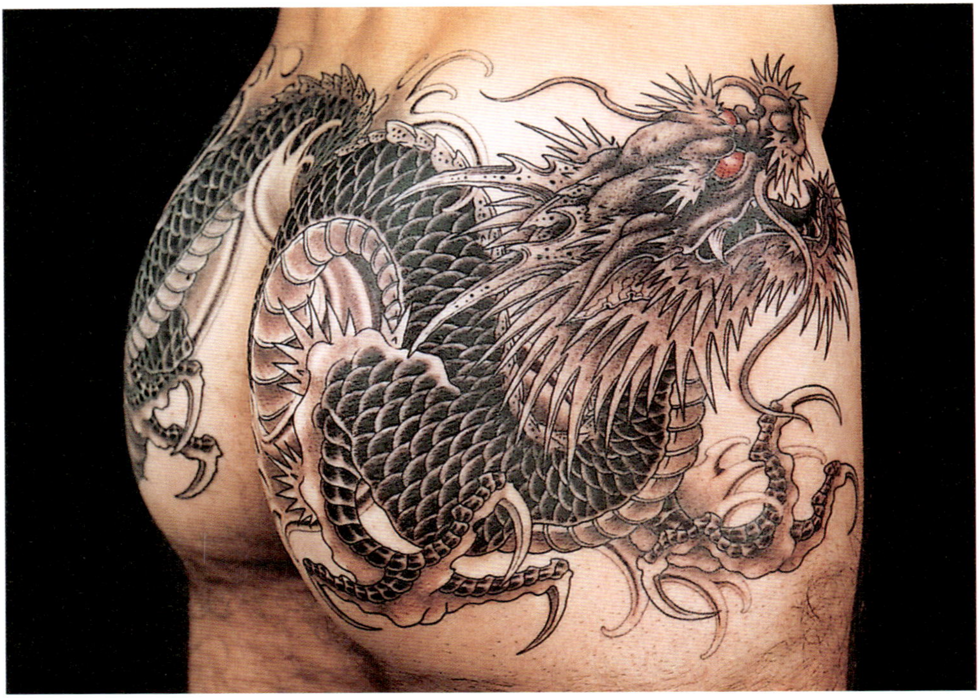

GENKO／ECCENTRIC SUPER TATTOO

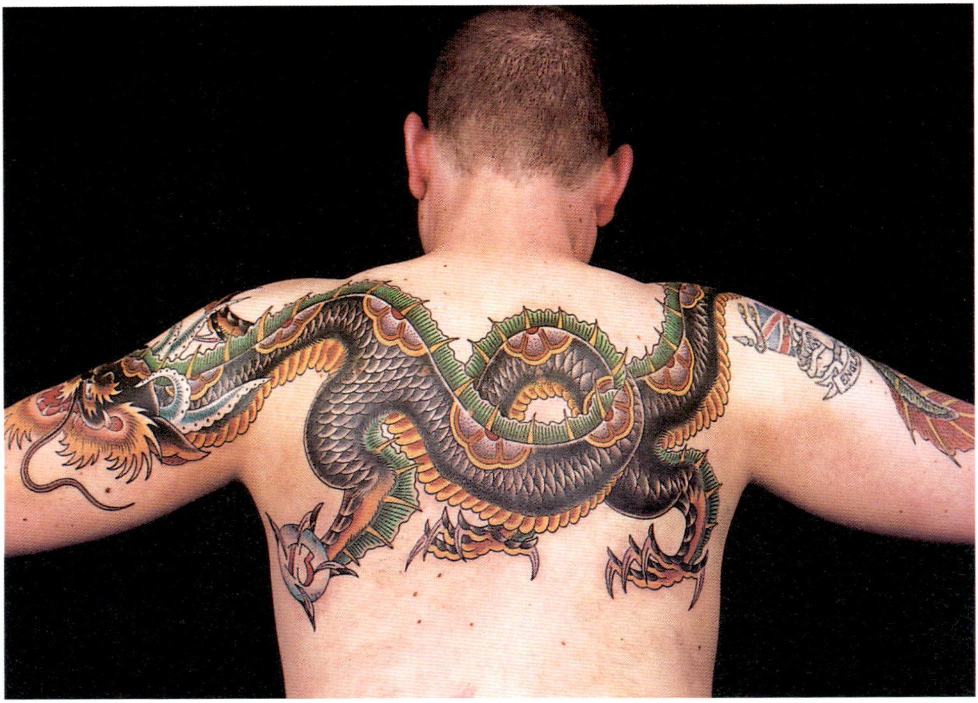

SABADO／ECCENTRIC SUPER TATTOO

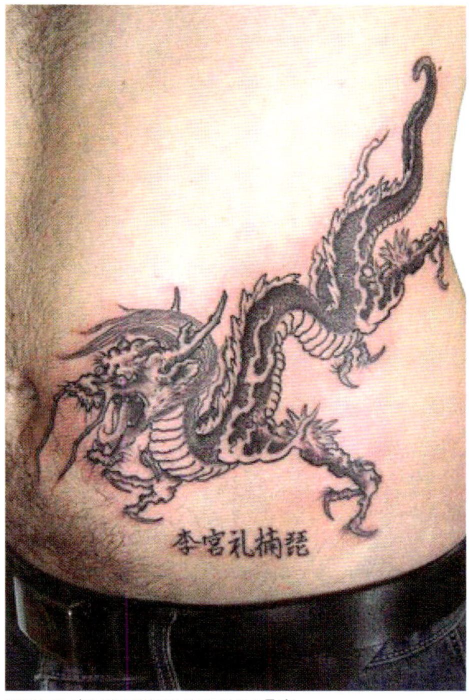

GAKKIN／CHOP STICK TATTOO 2号店

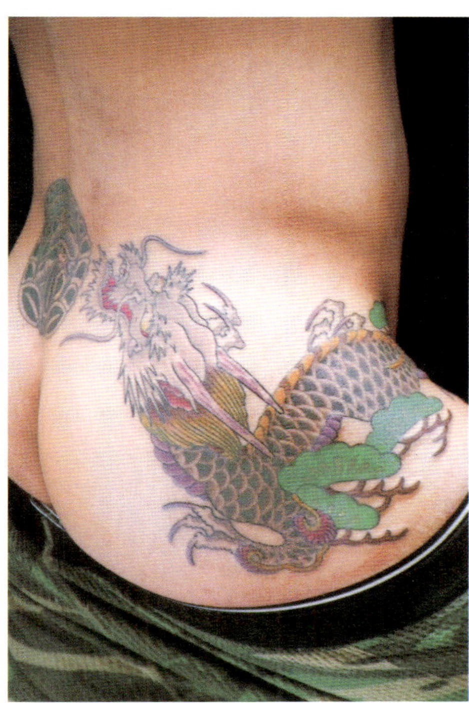

RITSU／CAT CLAW TATTOO

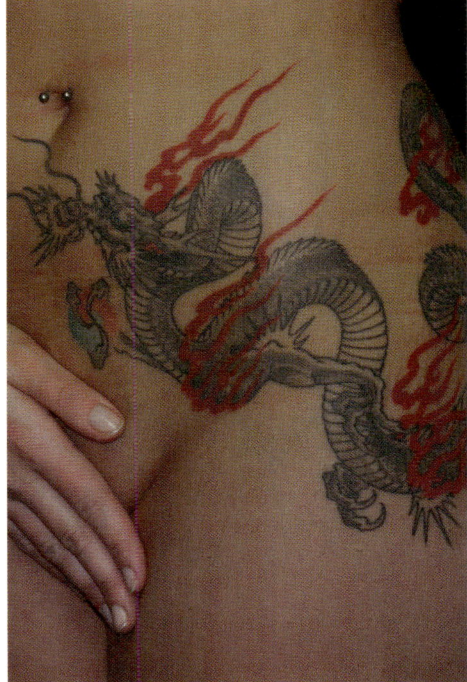

Luke Atkinson／Checker Damon Tattoos

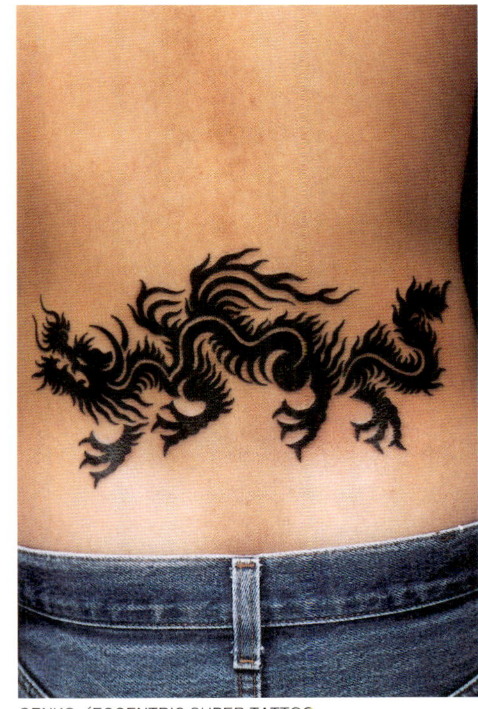

GENKO／ECCENTRIC SUPER TATTOO

「太鼓」へのレイアウト

　上腕から続くタトゥーを左右大胸筋の部分で見切り、襟をはだけたような形にした箇所を、日本伝統刺青においては「太鼓」「胸の控え」などと呼ぶ。太鼓に龍の頭を置いて尾を腕側へ、あるいは、胸を這うようにして頭を袖側へ。人体の曲面を活かしたレイアウトは龍の姿に、他の美術表現には見られない独特の躍動感を与える。

　ちなみに、太鼓の大きさは関東と関西で若干の違いがある。流派や一門によっても異なるが、「見せないお洒落」を狙った関東彫では乳首の上まで小さく太鼓を取って袖も五分あたりまでとし、関西では胸元や袖からちらりと見えるよう、乳首下までの大きな太鼓に七部袖とするのが特色だ。

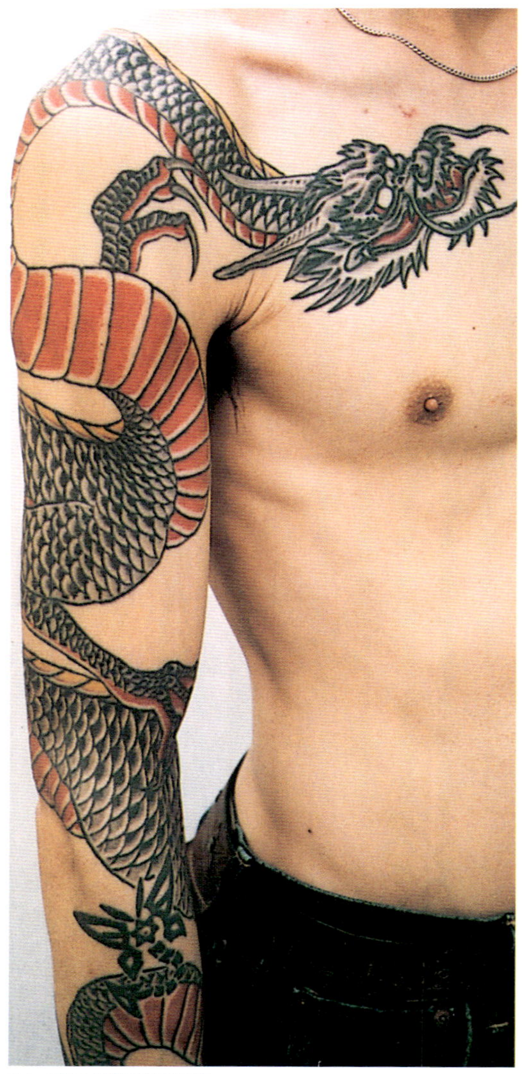

Kato／THE TATTOO SHOP

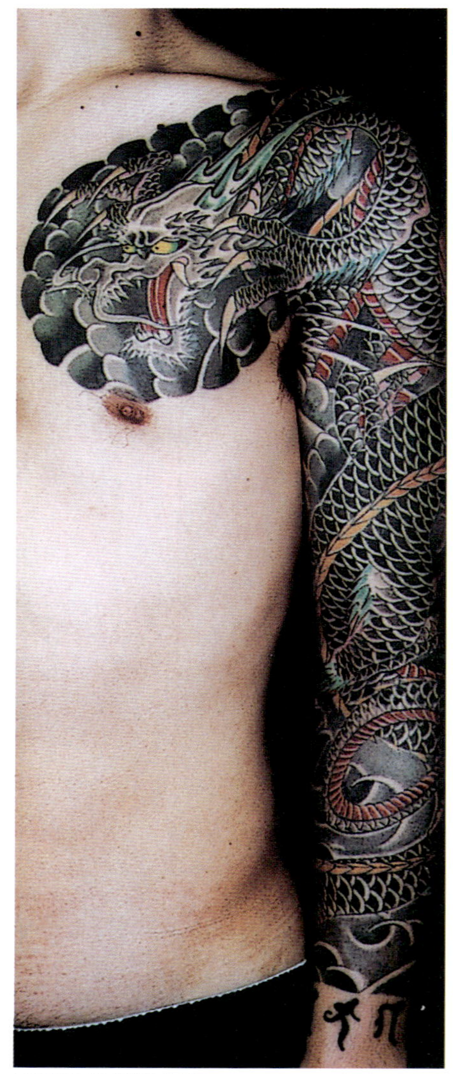

初代彫鯉／文身道錬成屯所

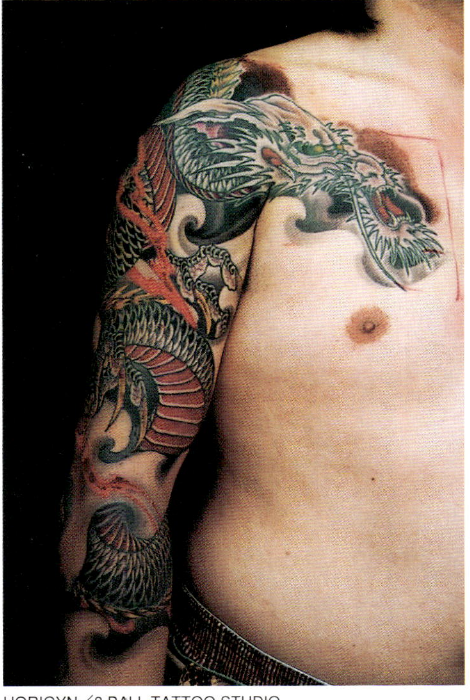

HORIGYN／8 BALL TATTOO STUDIO

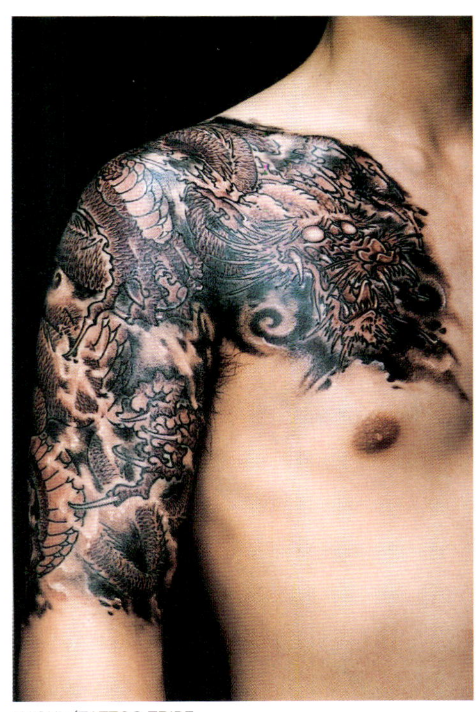

NAOKI／TATTOO TRIBE

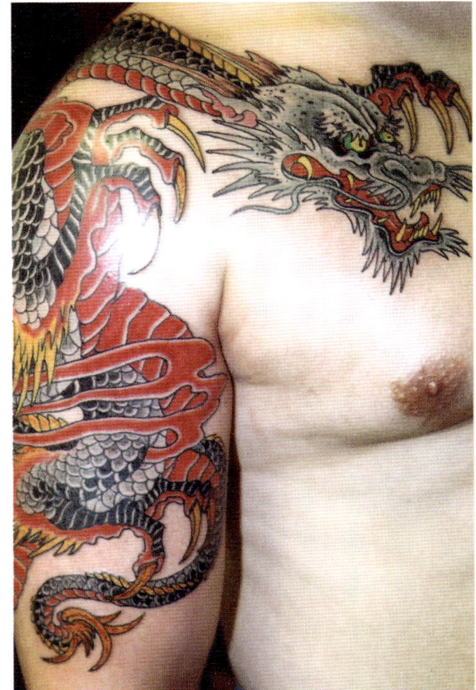

Jason Loui／Redemption Tattoo

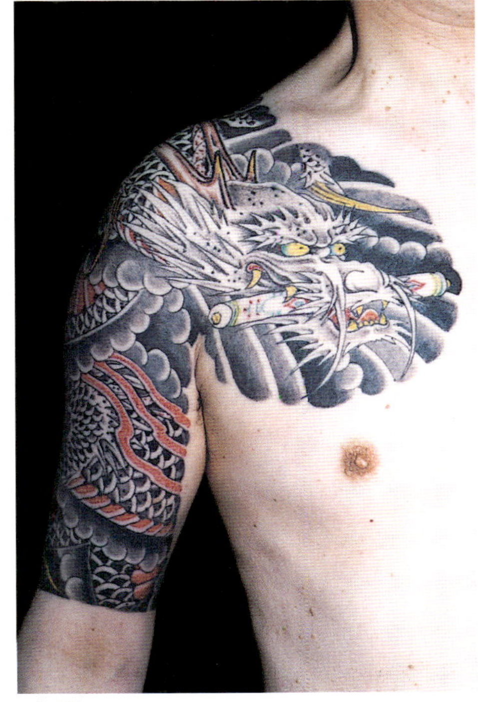

三代目彫よし

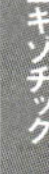

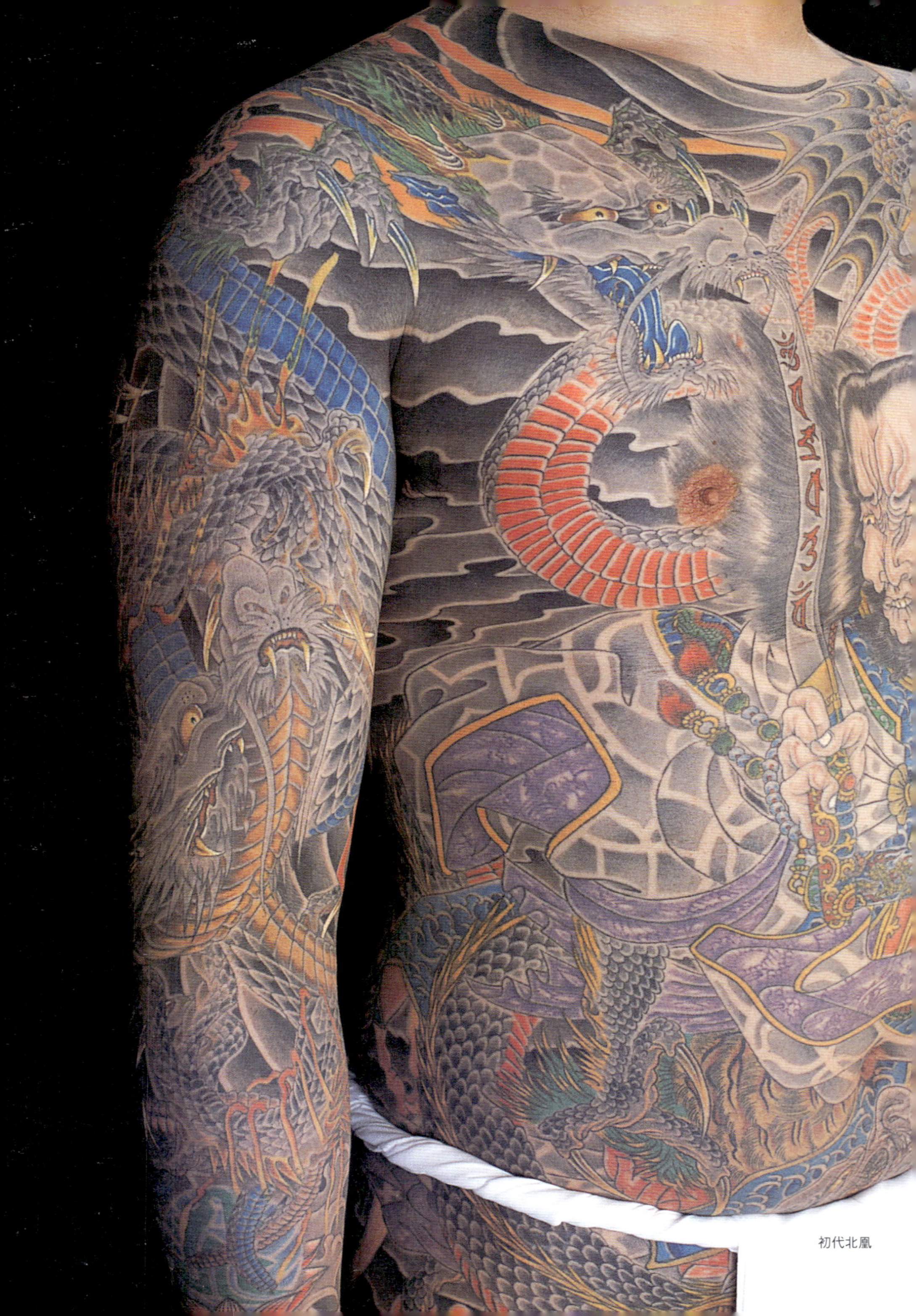

初代北凰

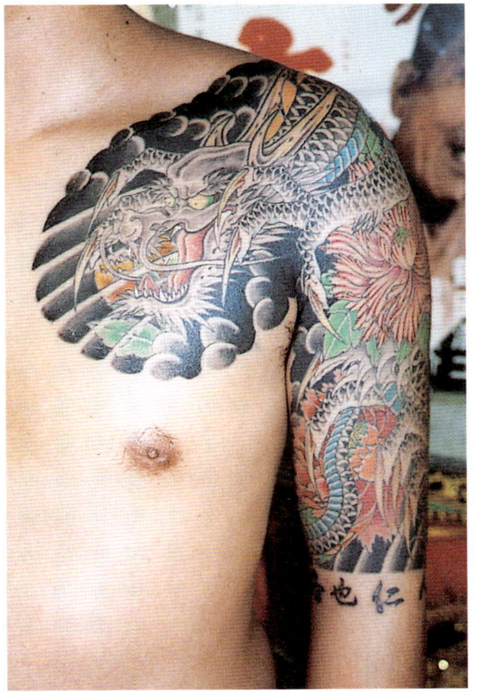

初代彫ひと

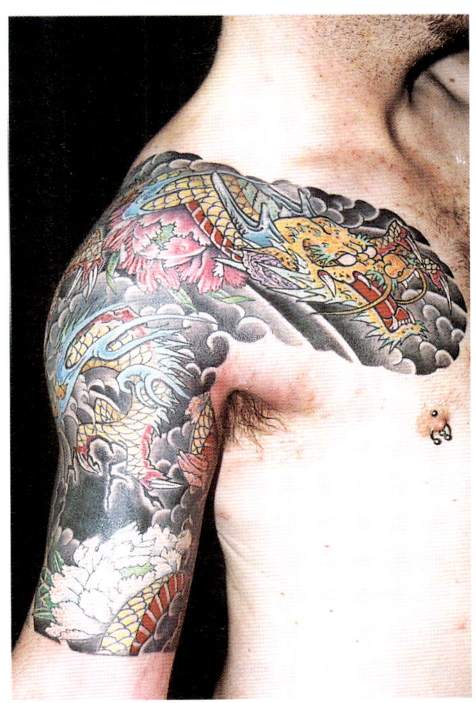

Joel Long／Bolder Ink

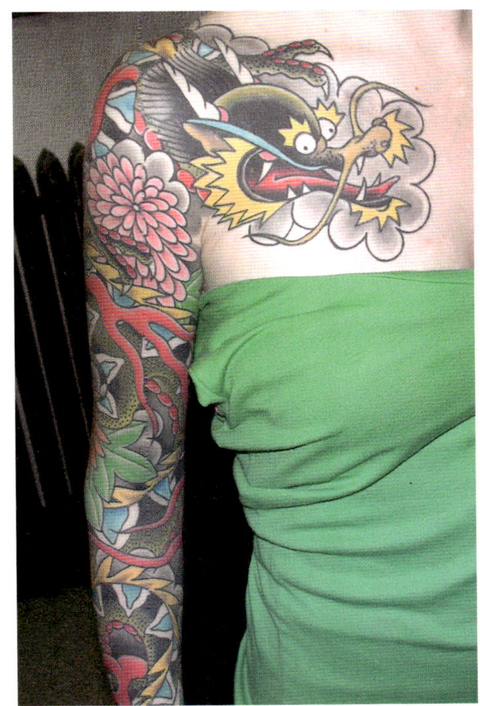

STEVE BOLTZ／FED ROCKET TATTOO

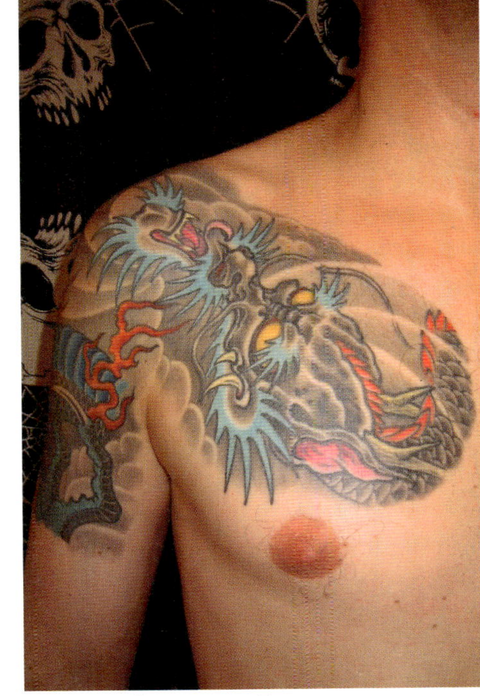

Luke Atkinson／Checker Damon Tattcos

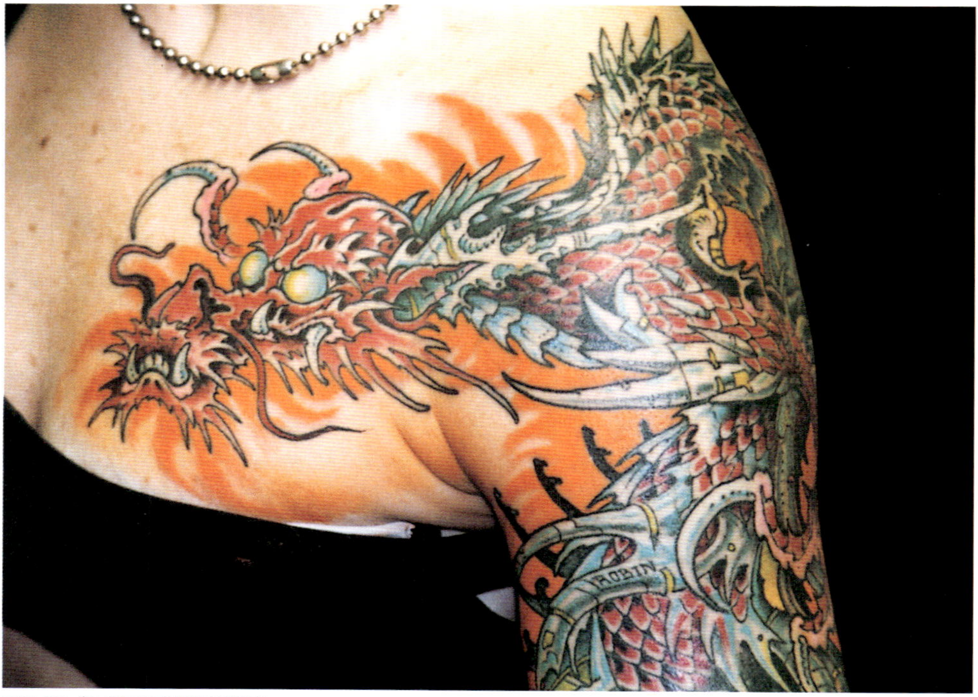

TIM LEHI／BLACK HEART TATTOO

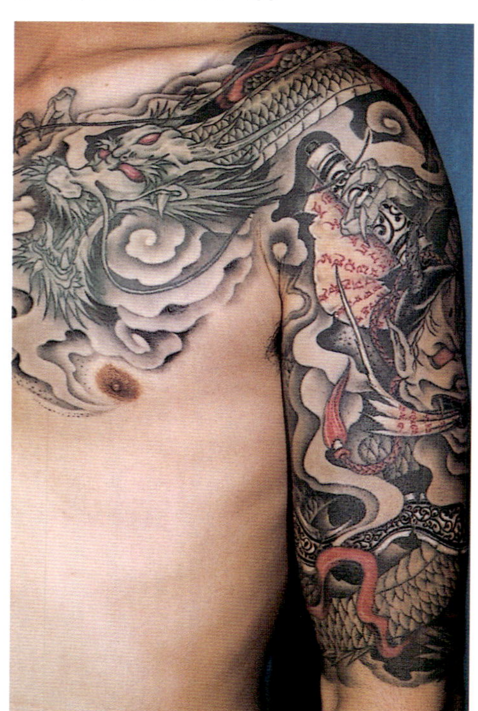

Leon／LEON FAMILY

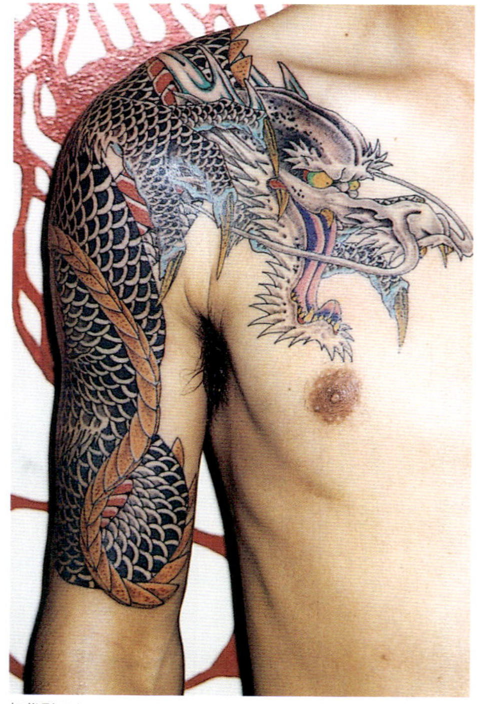

初代彫ひと

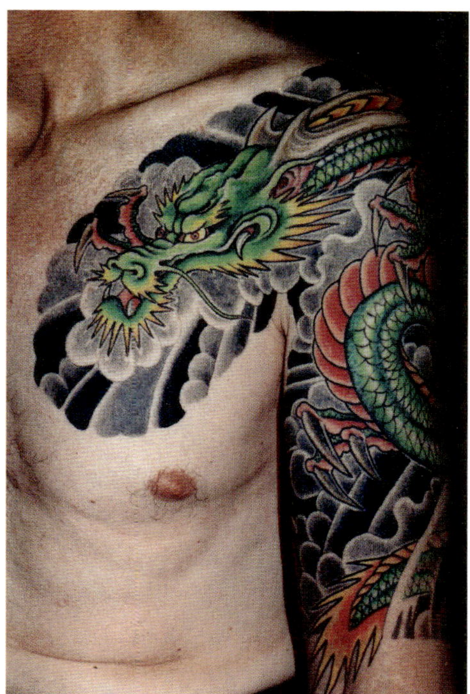

Aaron Bell／Slave to the Needle

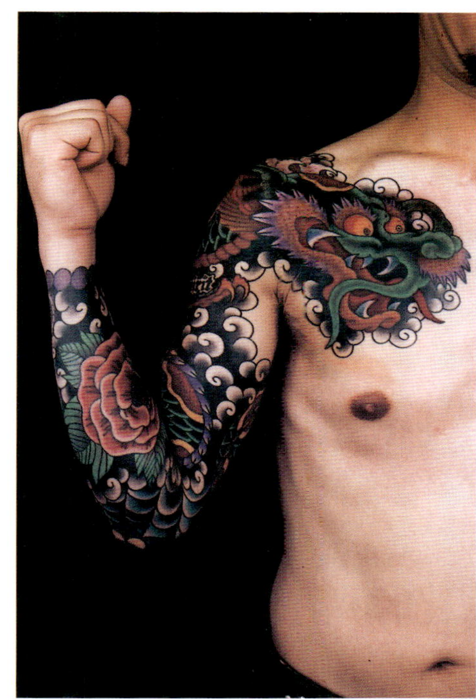

SABADO／ECCENTRIC SUPER TATTOO

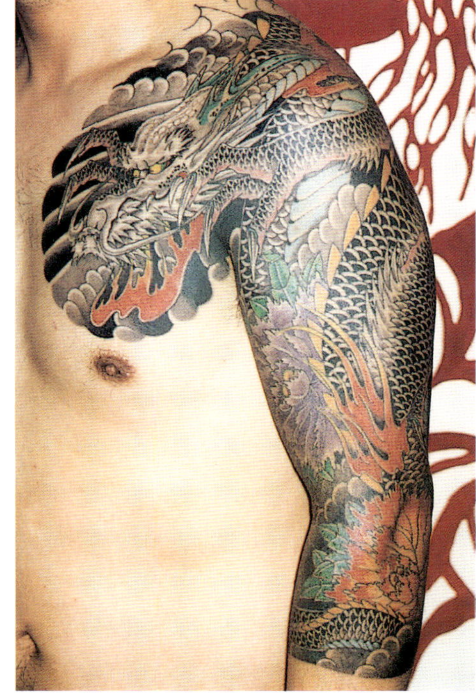

初代彫ひと

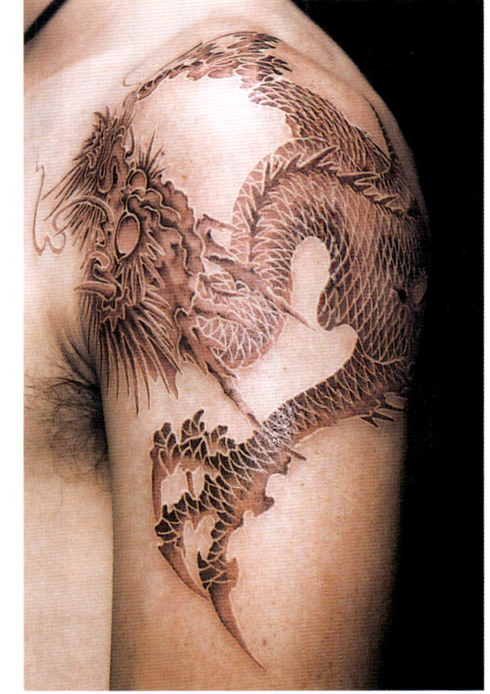

NAOKI／TATTOO TRIBE

坐龍／Zaryu

睥睨する五爪龍

DATA

別名：正面龍
中国音：Zuo Long

最も高貴な意匠

　中国において龍は皇帝の象徴であった。人々もこの魅力的な神獣を身近に置きたいと欲したが、臣下や平民が皇帝と同じ意匠を用いるわけにはいかない。そのため元（1271-1368）以降になると、龍の意匠に関する規定が設けられるようになってゆく。様々な龍紋様の中で最も高貴とされるのが、宙に身を留めて顔を正面に向けた五爪の「坐龍」であり、これは皇帝にしか使用が許されていない。皇帝用御物のうち日本国内でも鑑賞可能なものとしては、東京国立博物館の所蔵する「龍堆黄盆」などがある。ただしこの規定も遠く離れた日本に対してはそれほどの影響力を発揮しておらず、古伊万里焼きなどには平然と正面龍の姿が描かれていた。

龍生九子不成龍

　龍には九匹の子供がいるが姿も性格もそれぞれ異なり、成長しても龍になれなかったという。文献によって差異が見られるが、よく知られているのは次の九匹だ。
　亀に似て重きを好む贔屓。獣に似て遠望を好む螭吻。龍に似て吼えることを好む蒲牢。虎に似て力を好む狴犴。獣に似て飲食を好む饕餮。魚に似て水を好む蚣蝮。龍に似て殺生を好む睚眦。獅子に似て煙火を好む狻猊。蛙またはタニシに似て閉じることを好む椒圖。
　龍になれないのは不憫な気もするが、いずれも瑞祥とされており、「龍生九子」の熟語は「子は親のコピーではなく、同じ親から生まれても兄弟それぞれに個性がある」という、肯定的な意味で用いられている。

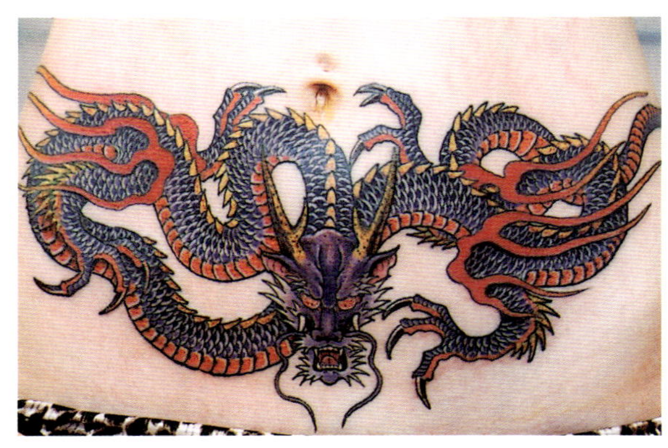

彫鐘／MIND SCAPE TATTOO

彫鐘／MIND SCAPE TATTOO

作画上のアレンジポイント

和風より中華というお題だった為、中国の資料をもとに忠実に描きました。色は仏画の配色から、自分なりにアレンジしました。

使用画材

イラストレーションボード（F4）、ホワイトワトソン紙（中目）ACRYL GOUACHE

龍・ドラゴンについて

皇帝自身が人中之龍を表現して描かせたのではないでしょうか？その正面龍と向かい合うことで心の対話をし、自分の意識レベルの向上をしていたと思います。

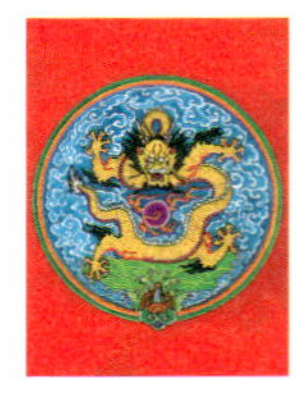

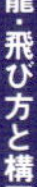

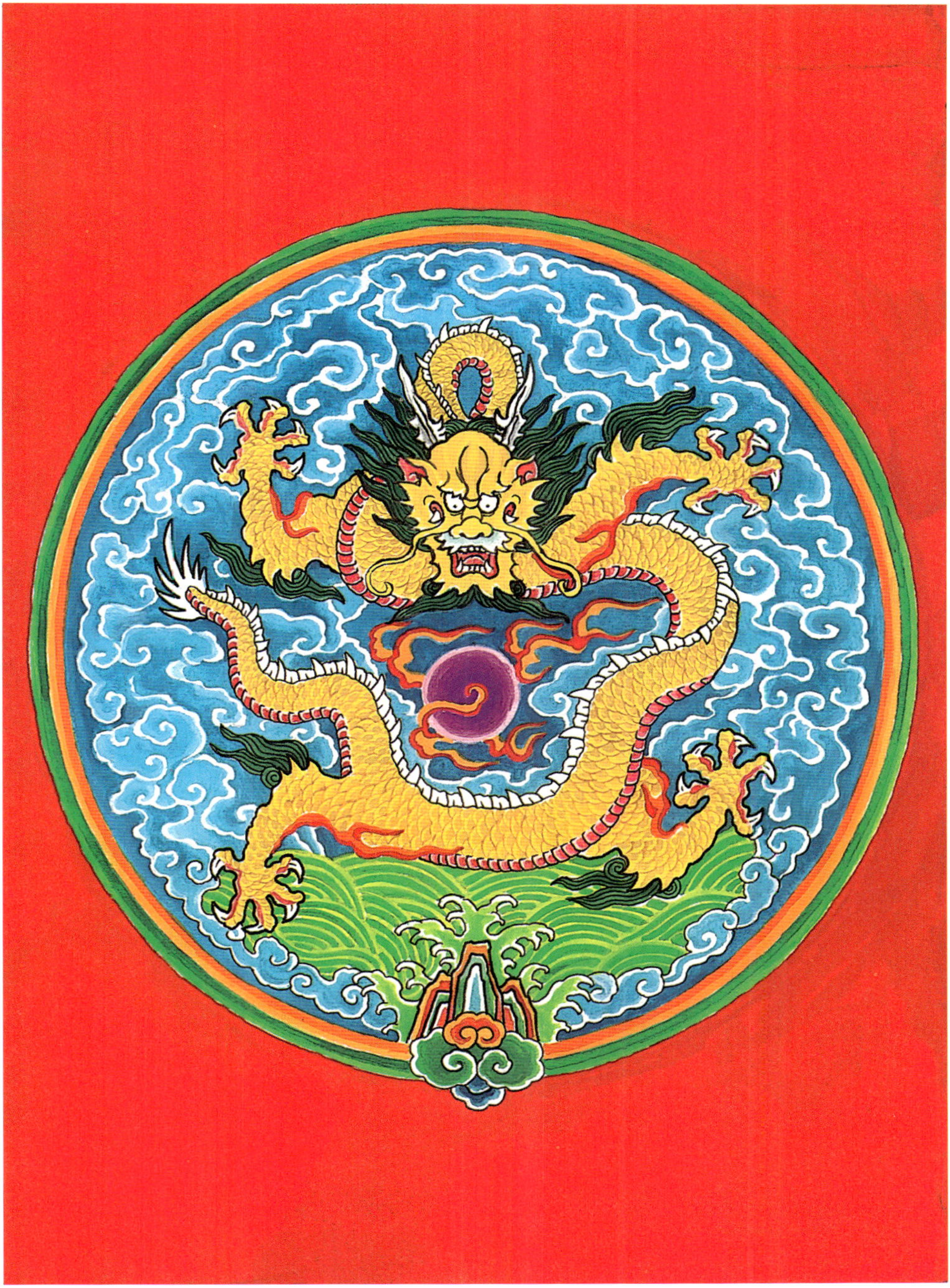

龍・色彩

龍・古典的意匠

古代中国

ドラゴン退治

西欧のドラゴン

キリスト教

古代オリエント

魔術・錬金術

ギリシア神話　エキゾチック

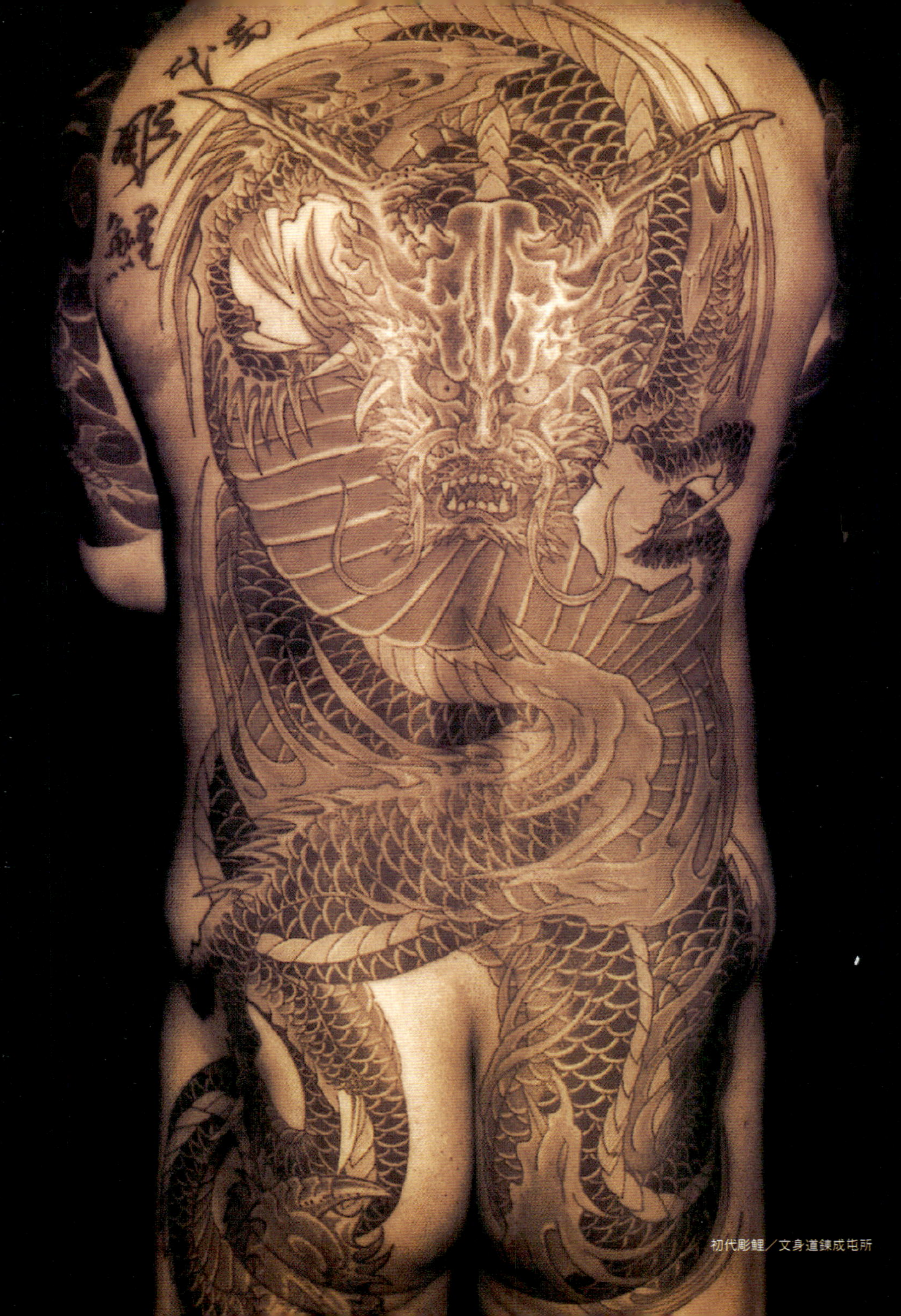

初代彫鯉／文身道錬成屯所

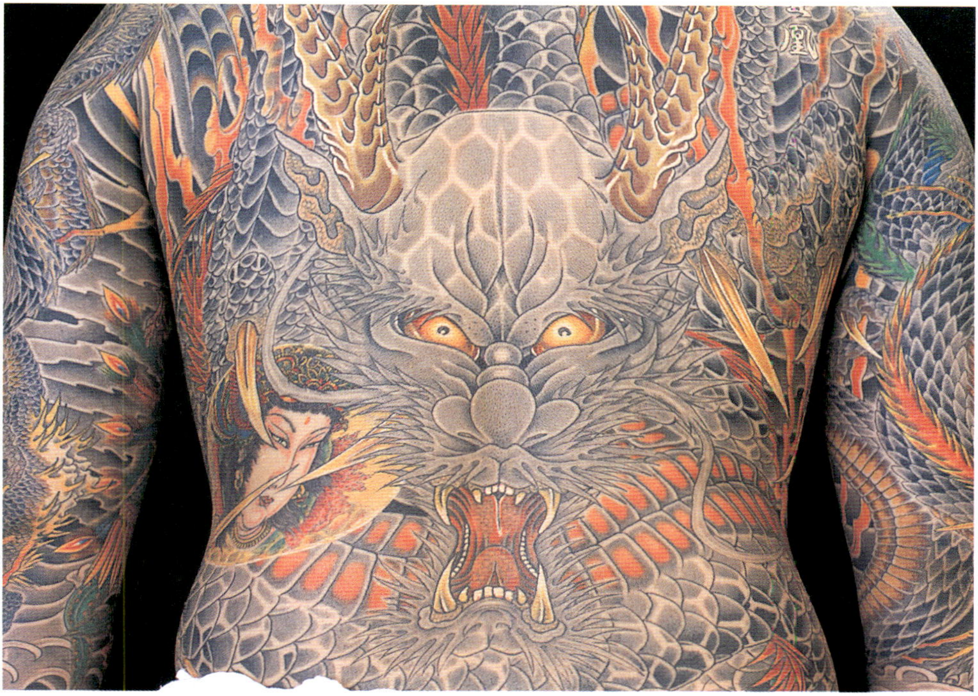

初代北凰

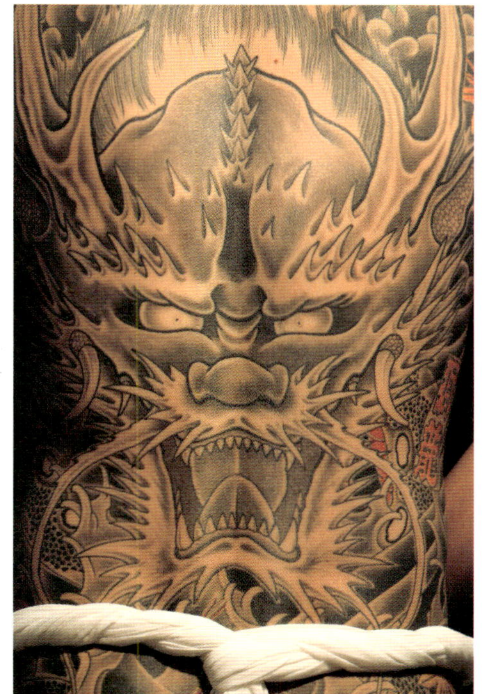

龍門文身 文身師 獅龍／文身雕房S.U.I

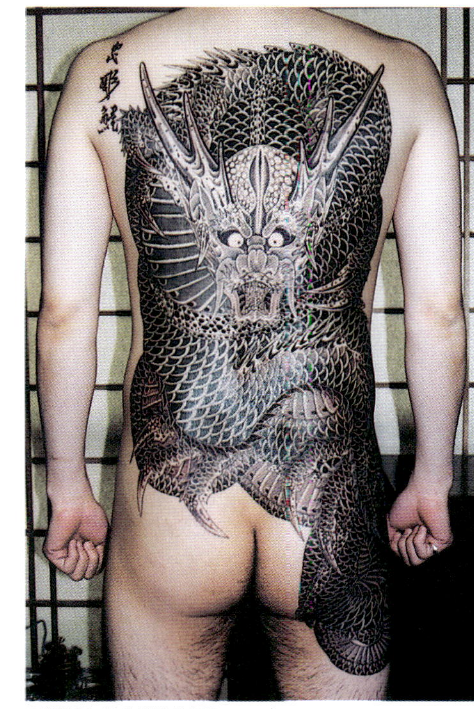

初代彫鯉／文身道錬成屯所

龍と日本刀／ Dragon and Sword

ヌーベル・ジャポネーゼ

新たなる和風

　龍は東洋を象徴する聖獣だ。小さな龍を描き、刺繍し、彫刻するだけで、オリエンタルな雰囲気がさらに濃厚なものとなる。では「東洋の美」よりもさらに限定して、「日本の美」を表現したい場合はどうするべきか。腕に覚えのある者ならば色調や描線のニュアンスによって、唐風／和風を描き分けることもできる。アイテムとの組み合わせで表現するのも効果的だ。例えば我が国固有の刀剣＝日本刀などである。刀を咥えた龍の図は和彫りに多く用いられる意匠で、他の伝統美術、特に江戸期以前のものにはほとんど存在しない。国際化によって「日本文化の独自性」が強く意識されるようになった結果、このような新しい和の表現が生まれたのだといえる。

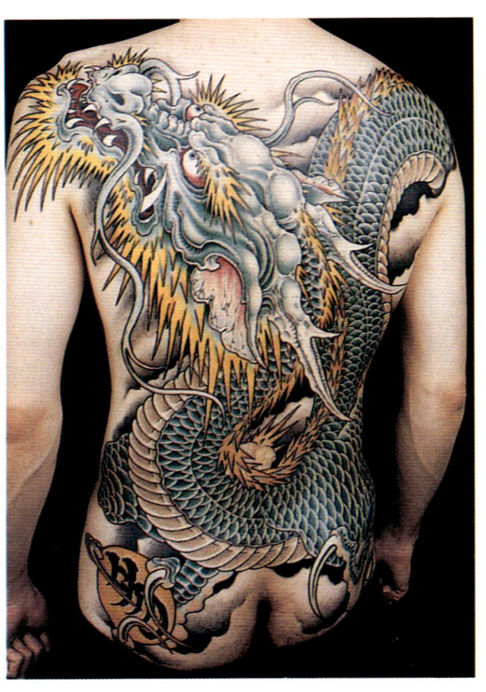

ルーツは忍者にあり？

　なぜ刀を手に持たず口に咥えているかについてであるが、これはおそらく、大正から戦前にかけて少年たちを魅了した、講談ものの時代活劇が影響しているのではないだろうか。立川文庫の『講談真田十勇士』に登場する猿飛佐助や霧隠才蔵。美図垣笑顔『児雷也豪傑譚』の主人公、大蝦蟇に乗った児雷也とライバル役の大蛇丸。刀や巻物を口に咥えて両手で忍術用の印を結び、歌舞伎のような大見得を切るのは、架空の忍者ヒーローにとって定番の決めポーズであった。この上なく日本的でありながら、しかし現実の日本には決して存在しなかった、いうなれば「国籍不明の和風テイスト」。その様式美が、刺青美術に影響を与えたのではないかと思われる。

GENKO／ECCENTRIC SUPER TATTOO

ART WORK	GENKO／ECCENTRIC SUPER TATTOO		
作画上のアレンジポイント	使用画材	龍・ドラゴンについて	
特にない。	色鉛筆	（中日ドラゴンズが）今年こそは優勝して欲しい。	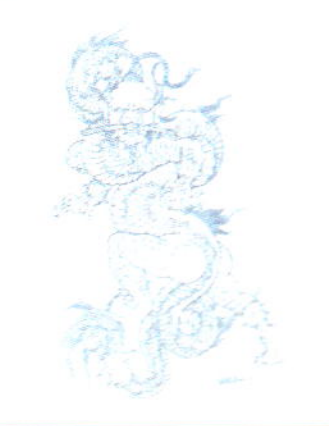

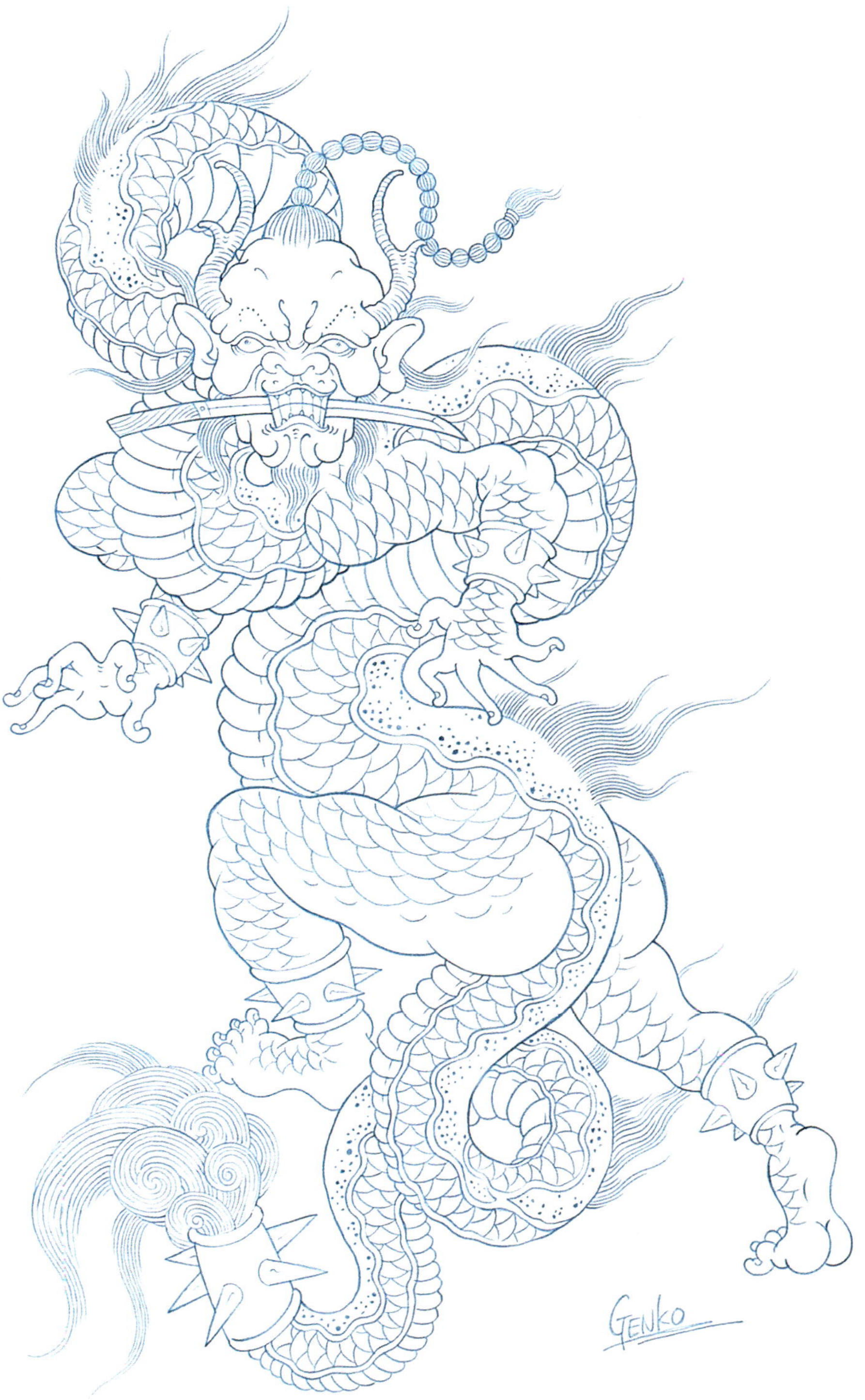

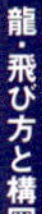

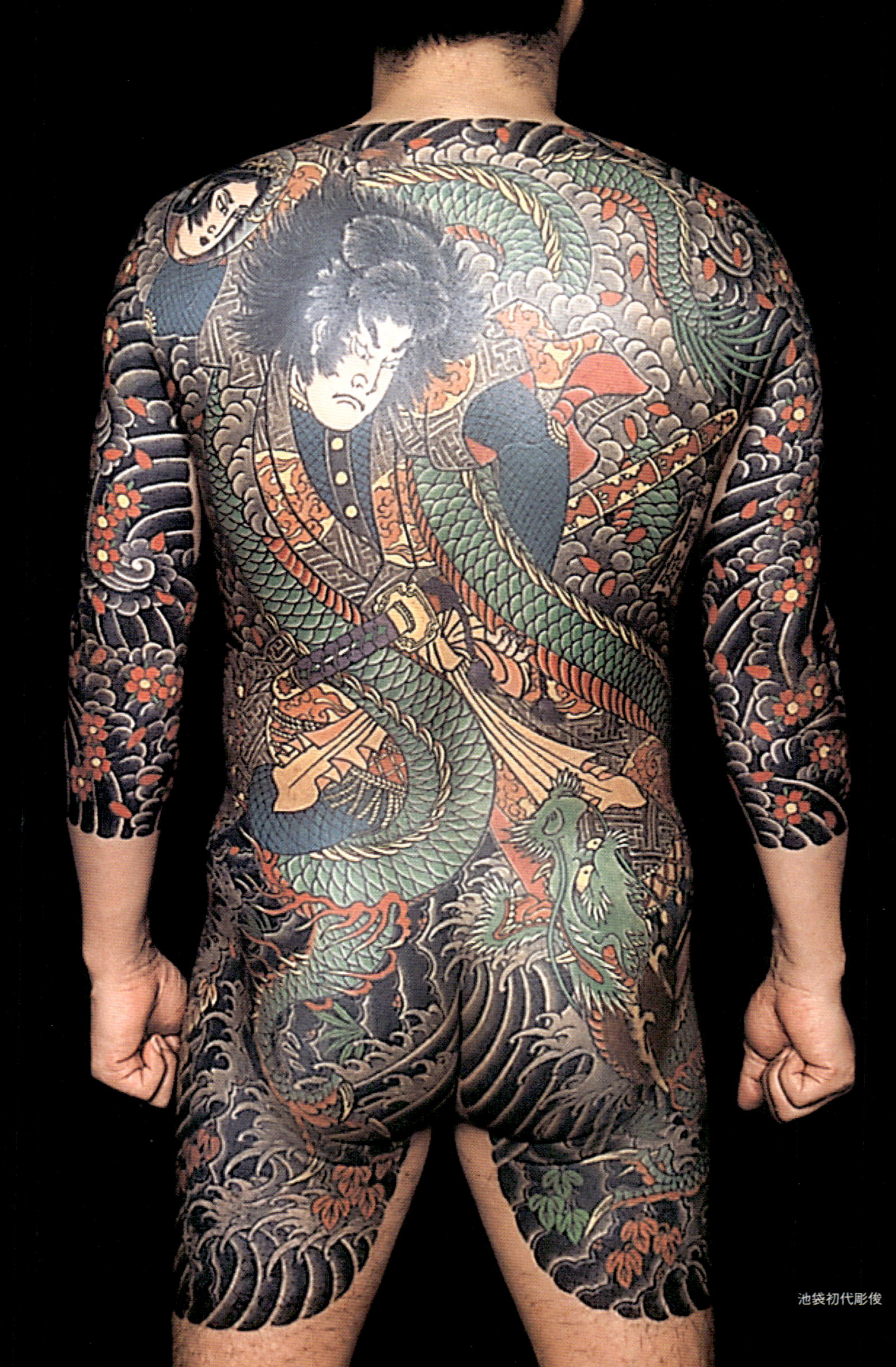

池袋初代彫俊

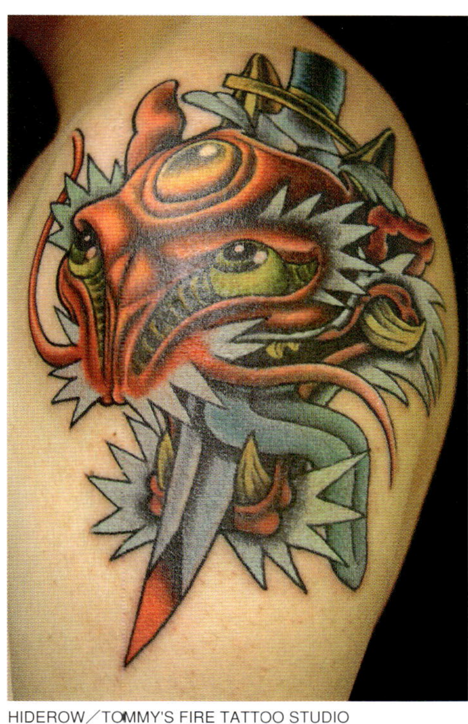

HIDEROW／TOMMY'S FIRE TATTOO STUDIO

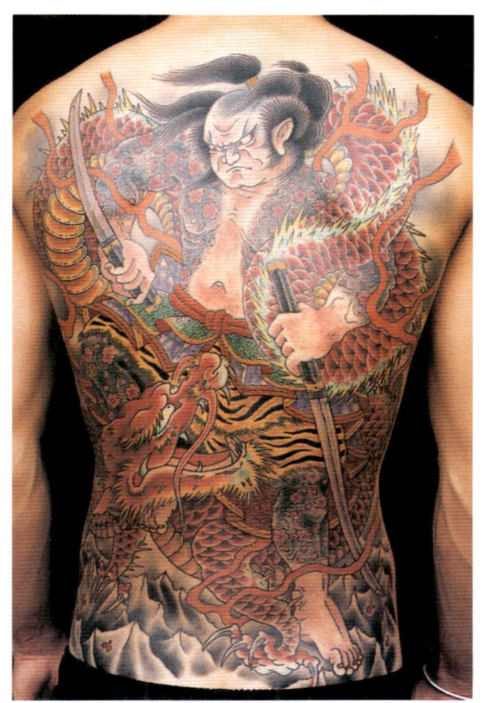

SABADO／ECCENTRIC SUPER TATTOO

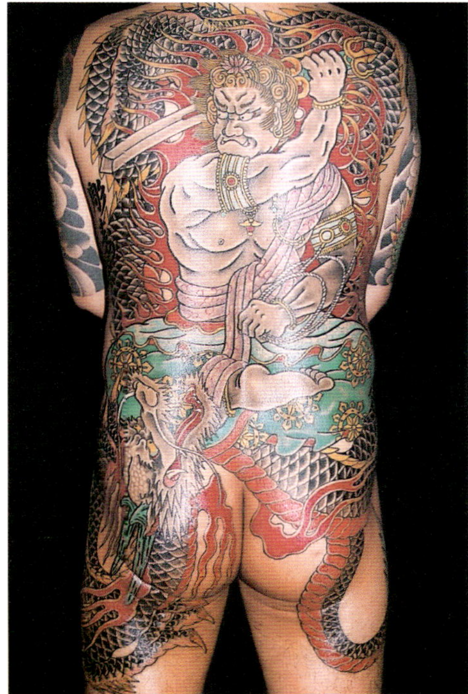

熊本彫寿

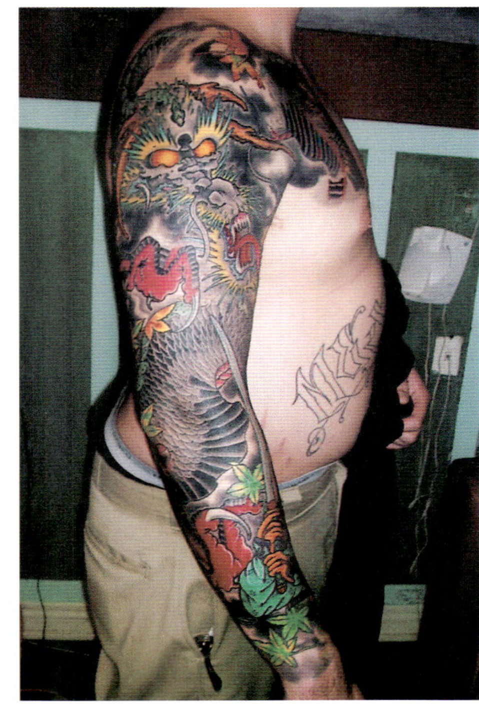

Jason Kundell／Art Work Rebels

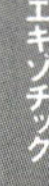

団龍・丸龍 / Danryu・Maruryu

円形の天に踊る

DATA

中国音：Tuan Long / Wan Long

使い勝手に優れた構図

共に円形の盆や皿、衣服、刀の鍔などに多く用いられる意匠。身をくねらせて丸いレイアウト枠内へ収めたものを団龍、頭と尾を近づけて円形に丸まったものを丸龍と呼ぶがあまり厳密な区分はされておらず、頭と尾の位置が離れ、不規則にくねっているのに丸龍紋と呼ばれる場合もある。どちらかといえば龍の全長が短くなりがちな丸龍紋よりも、構図の枠内一杯に身を躍らせたダイナミックな団龍紋のほうが好まれていたようだ。衣服用の装飾デザインとしては胸や背の中央へ単体で大きく配置するほか、西夏時代のウイグル王が纏っていた礼服のように、直径15センチほどの団龍紋を多数散らすといった形でも用いられる。

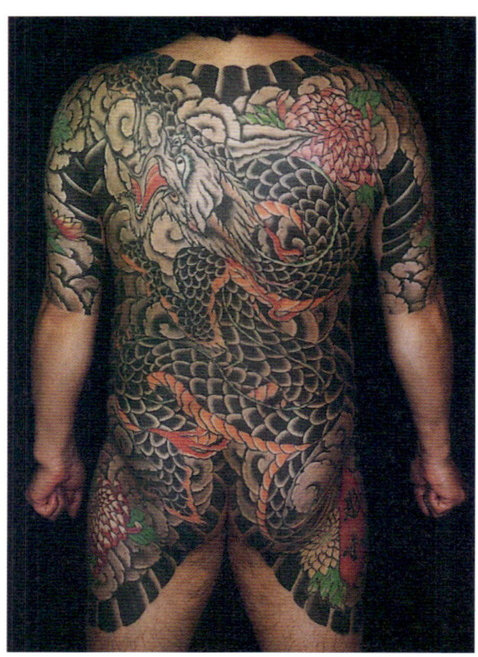

信州 初代彫金

龍とムカデと雄鶏

中国南西部には、龍の角は元々雄鶏のものだったとする神話が伝わっている。雄鶏の立派な角に憧れた龍がムカデを証人に立ててこれを借りるが、返すのが惜しくなってそのまま逃げ去ってしまったというものだ。ムカデといえば鉄や五色の糸と並んで龍が苦手とするものの一つ。鱗の中に潜り込んで龍を苦しめたり、生贄を喰らう黄龍がムカデに変じた若武者によって退治されたりといったエピソードも多い。そのムカデも雄鶏には頭が上がらず、「証人なのに何たる様だ」と、会うたびに責められるのだ。龍はムカデに負け、ムカデは雄鶏に負ける。北方の龍に対して南西部では鳥が主要なトーテムとされていたため、このような力関係が出来上がったのだろう。

ART WORK	信州 初代彫金

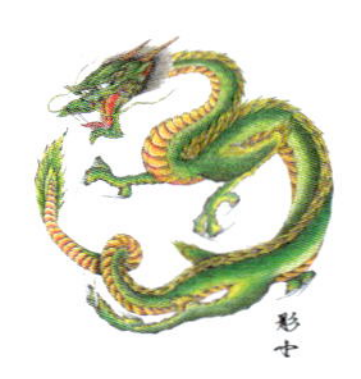

作画上のアレンジポイント

丸龍ということで、頭と尾を近づけ全体に円を描く様に…その中でも躍動感が失われないように注意しました。

使用画材

カラーペン

龍・ドラゴンについて

龍は神様の遣いであり、凄いパワーを持っていると言われております。神々の世界と人間界の中間を取り成してゆくのが龍の役目であると私は認識しております。龍の持っている優しさと厳しさを表現してみました。

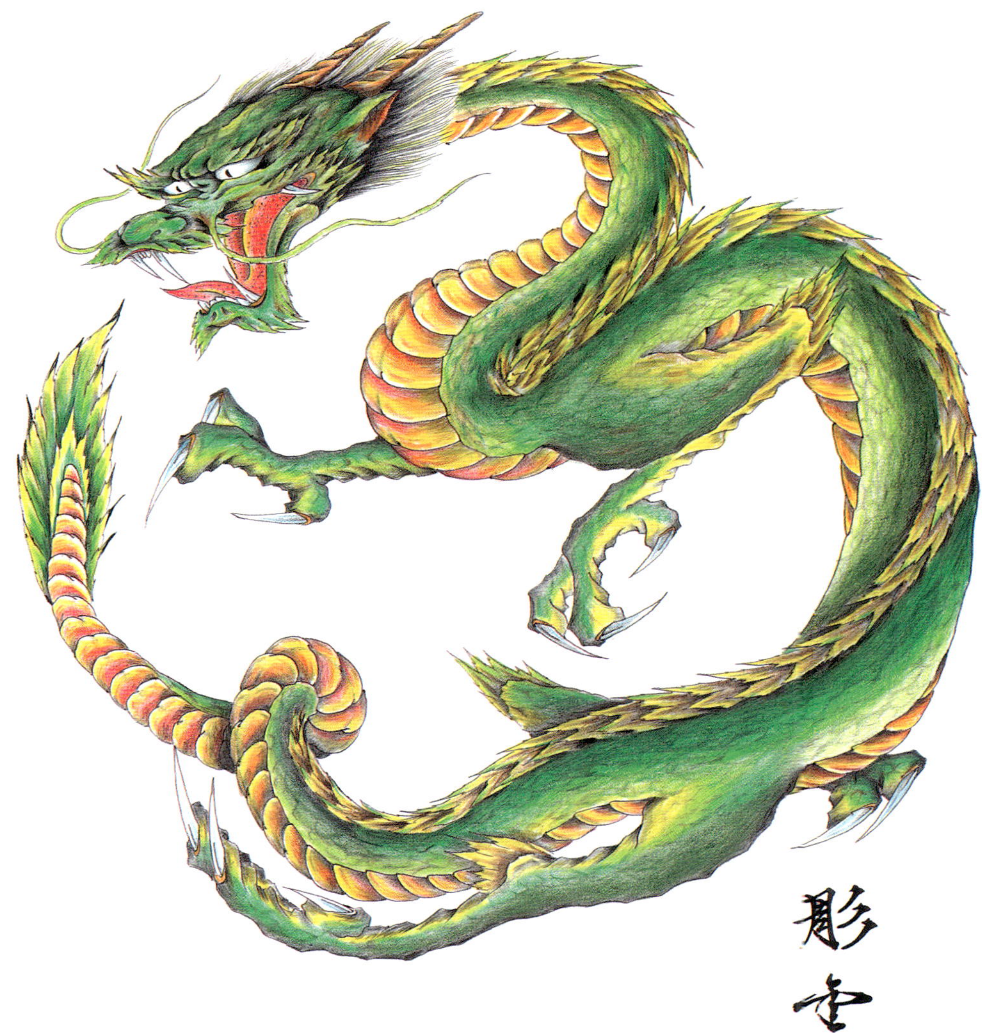

龍・色彩
龍・古典的意匠
古代中国
ドラゴン退治
西欧のドラゴン
キリスト教
古代オリエント
魔術・錬金術
龍・ギリシア神話
エキゾチック

龍魚

年を経た蛇は龍になるというが、鯉もまた、龍に化生する性質を持つ。黄河中流、山西省と陝西省の境に龍門と呼ばれる難所があり、激流に逆らいここを登りきった鯉は、龍になれると伝えられていた（この他、河南省、雲南省、貴州省などにも龍門という地名がある）。立身出世の難関を指す「登龍門」の語や、男児の成長を祈願して飾る鯉のぼりは、この伝承にちなんだものだ。中国では「魚」の音が富余の「余」に通じるとして古来よりこれを吉祥とし、中でも龍の幼生とされる鯉を珍重していた。神気を得て龍になる寸前の姿を表したものが龍魚で、刺青美術では鯉の滝登りや抱き鯉などと共に、大願成就の願いを込めた定番の意匠として好まれている。

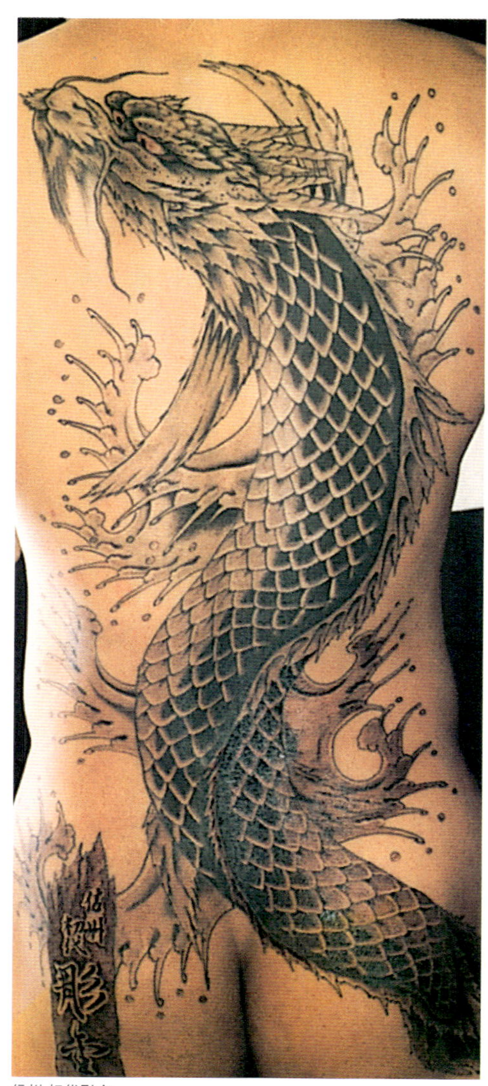

信州 初代彫金

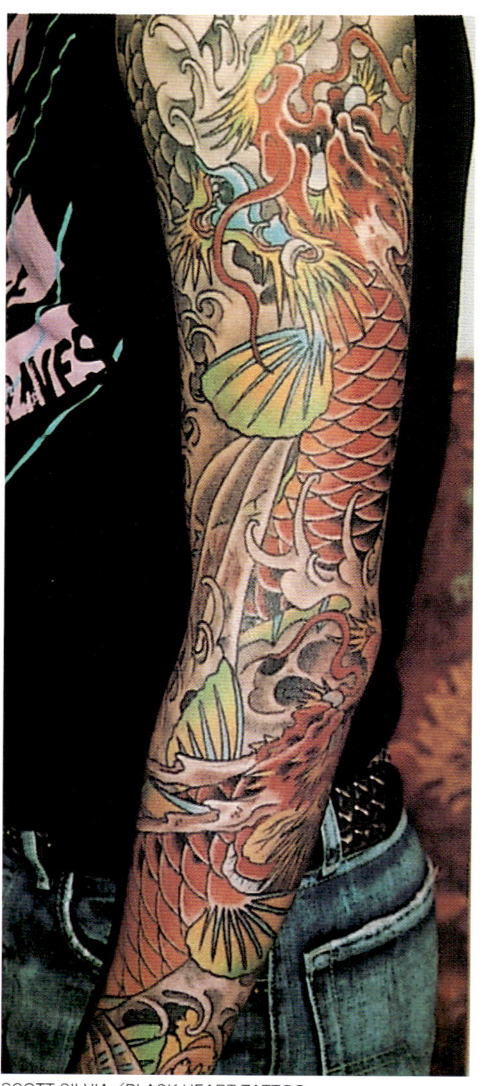

SCOTT SILVIA／BLACK HEART TATTOO

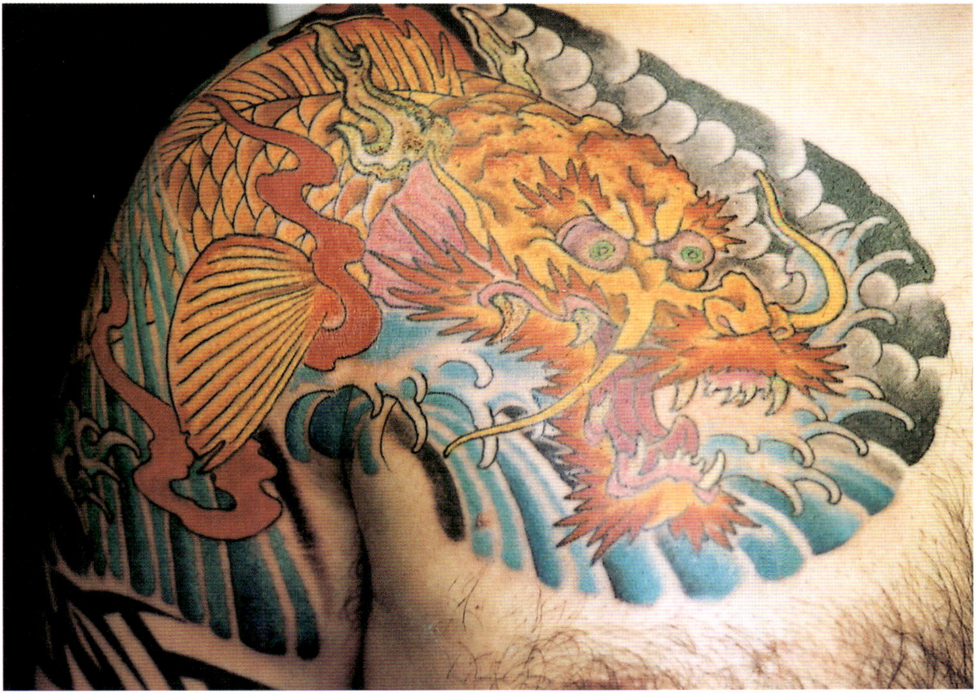

TIM LEHI／BLACK HEART TATTOO

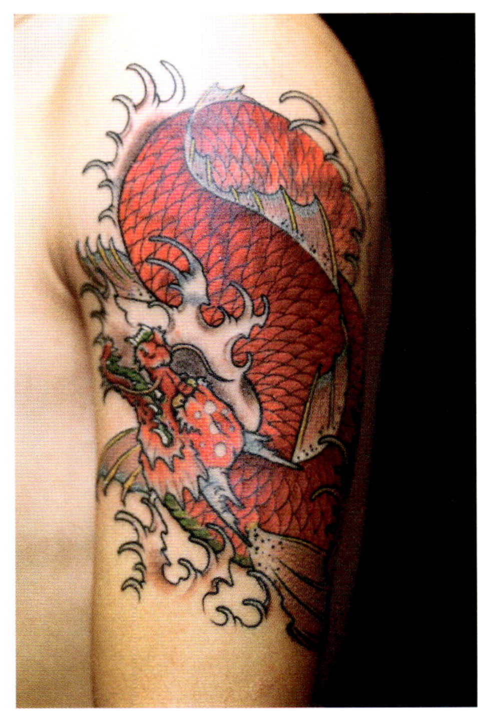

HIROYUKI／Cotton Pickin'

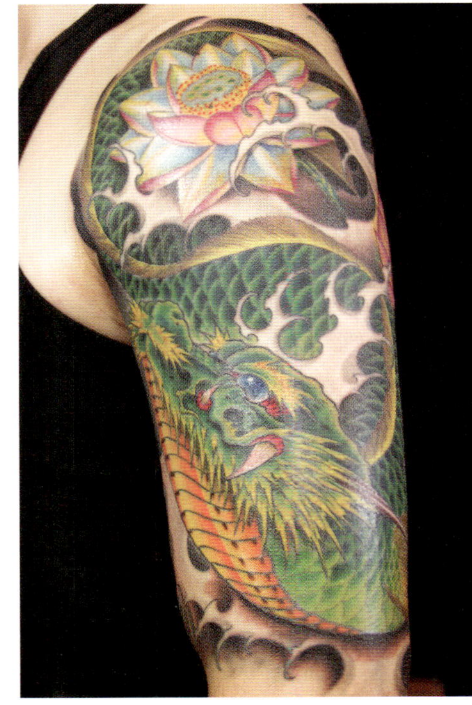

JAKOH／NEO-JAPANESE TATTOO

雲龍図 / **Unryu Zu**

天空に雲を従え

DATA

中国音：Yun Long

龍は雲海に潜む

　雨の予兆をはらんで重く垂れ籠める暗雲の中に、人々は龍の存在を感じた。晴れた青空を優雅に飛ぶ姿もそれはそれで魅力的だが、龍の背景にはやはり、湧き立つ雲が相応しい。雲海に舞う龍を題材としたのが雲龍図で、丸い枠内に龍が蟠るようなデザインのものは雲龍団とも呼ばれる。雲の表現は写実的な水墨画風のものから、雲菱、鬼雲、横雲、飛雲、霊芝雲などの図案化された瑞雲紋様を組み合わせたものまで様々だ。我が国の美術品では、京都・妙心寺の法堂に描かれた狩野探幽の天井画などが有名。幽霊画で知られる丸山応挙も六曲一双の雲龍図屏風（東京国立博物館所蔵）をはじめとして、優れた作品を多数遺している。

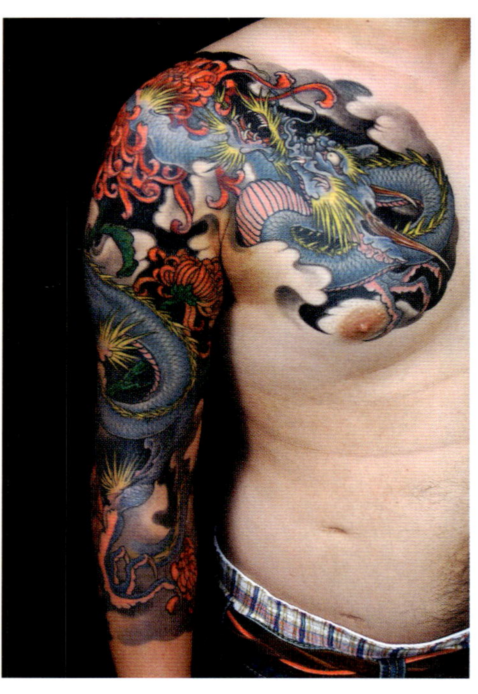

雲龍階石

　かつて皇帝の居城として用いられた北京の紫禁城（故宮）。その外廟、保和殿の北側に、雲龍階石と呼ばれる大理石のレリーフがある。幅3.07m、長さ16.57m、重量250tの巨大な一枚岩に九匹の龍と瑞雲を彫刻したもので、大階段の中央に敷かれたこのスロープを通行できるのは皇帝ただ一人だけであった。大理石は北京郊外の山から切り出され、運搬には延べ2万人の労力が費やされたという。映画『ラストエンペラー』には、3歳で即位した清朝最後の皇帝・溥儀が雲龍階石の上を歩くシーンがある。大勢の臣下が平伏す中、龍が舞う雲海を一人無邪気にゆく溥儀。その小さな姿には支配者の威厳と、幼くして国の行く末を担わされた者の孤独が漂っていた。

SHIGE／YELLOW BLAZE TATTOO STUDIO＋黄炎刺青処

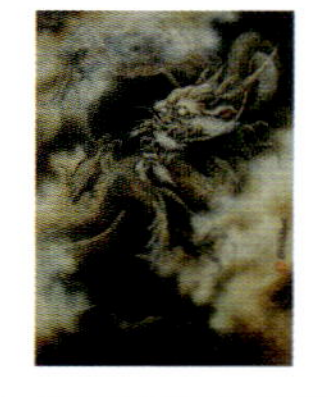

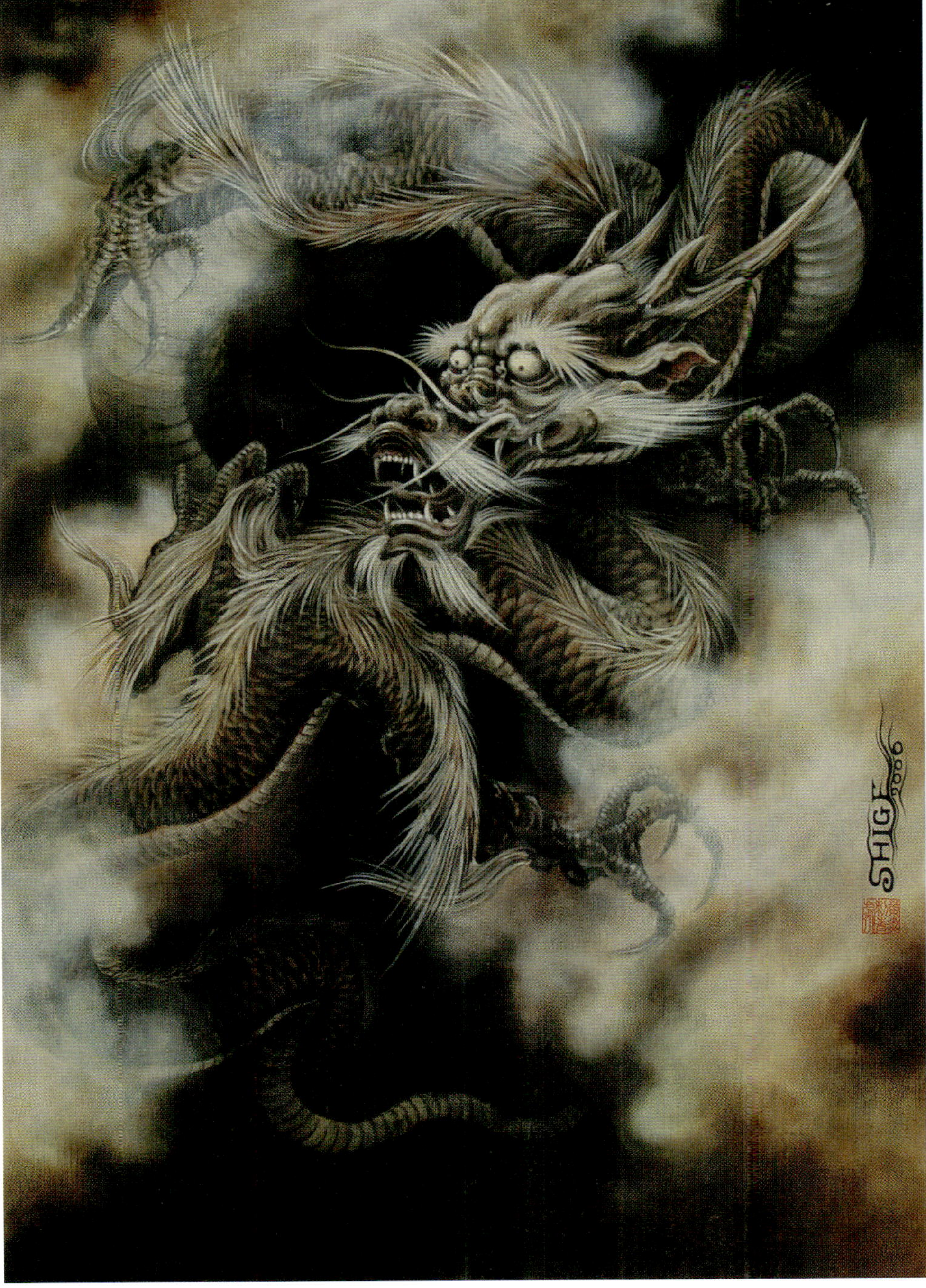

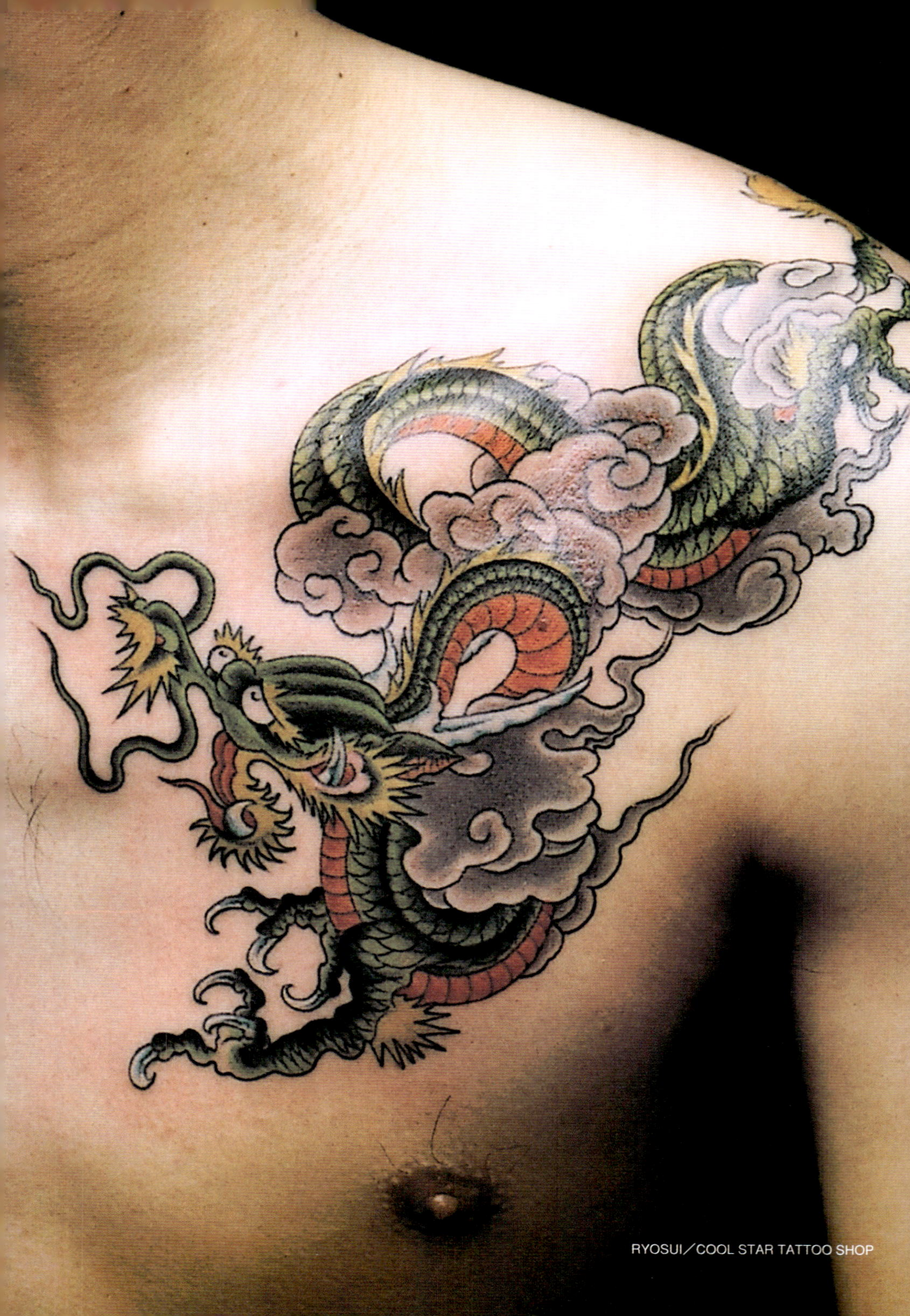

RYOSUI／COOL STAR TATTOO SHOP

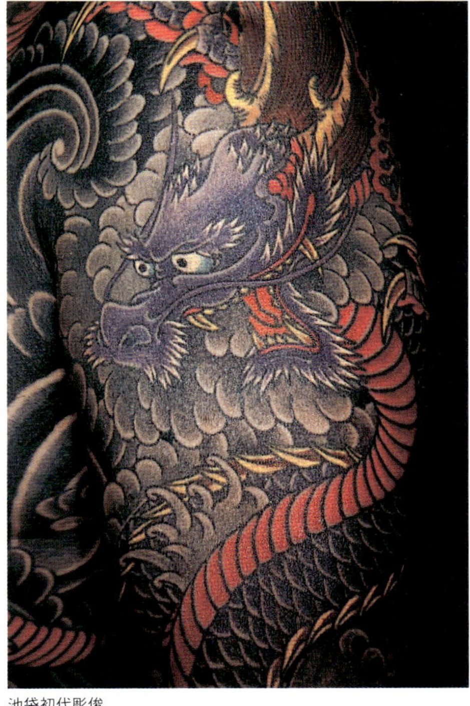

池袋初代彫俊

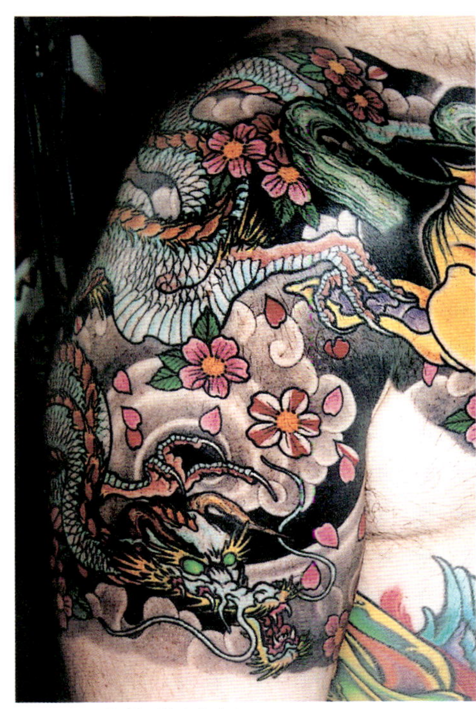

Jason Kundell／Art Work Rebels

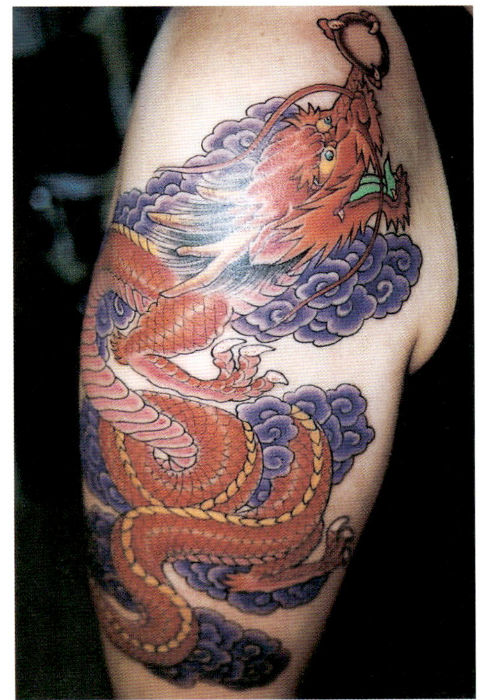

Kato／THE TATTCO SHOP

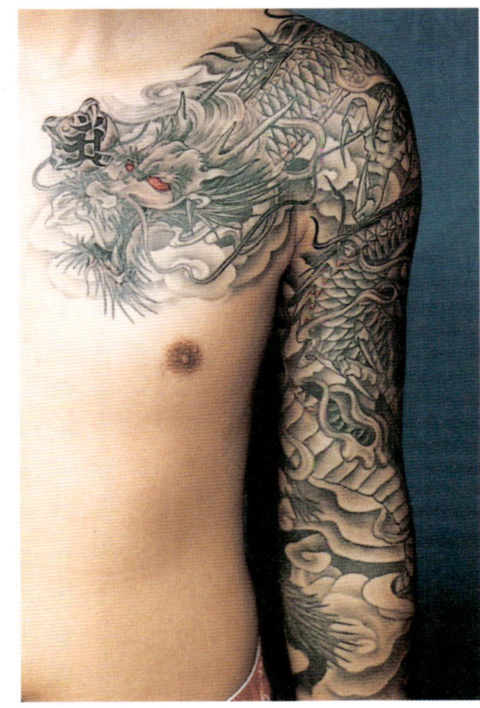

Leon／LEON FAMILY

応龍 / Ouryu

悠久を生きた翼龍

DATA

別名：飛龍、鷹龍
登場文献：『山海経』『述異記』
中国音：Ying Long

風雨を呼ぶ翼

　長い年月を生きて翼を得た、雨と風を司る龍。翼の形状はコウモリまたは猛禽類に似ており、四脚に三本の爪を備える。龍の中でも特に位が高く、神話上の王・黄帝に仕えていたが、四眼六臂の怪神・蚩尤と戦ったことで血の穢れを受け、天界に昇る力を失ってしまった。以来、南方の果てにそびえる霊山・恭丘山を棲家とするよ

うになり、中国南方に対して他地域の降雨量が不足しがちなのはこのためであるという。また、応龍は黄帝の他、同じく神話上の人物である舜王にも仕えている。このときの役目は戦闘ではなく、水を意のままにする力によって、人々を洪水から救うというものであった。現在でも応龍の図には、雨乞いの呪力があるとされている。

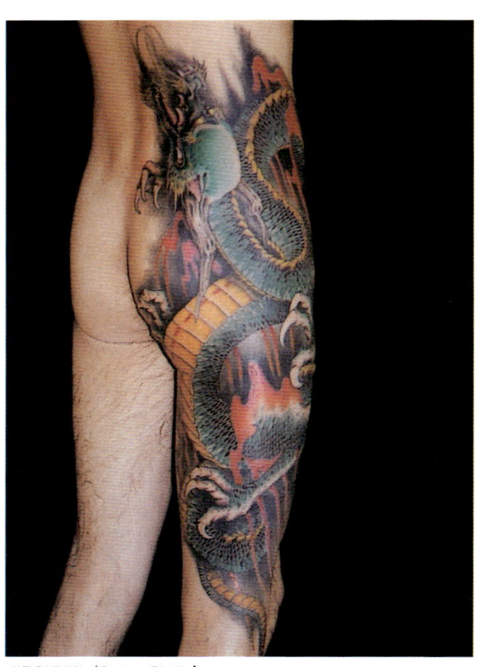

HIROYUKI／Cotton Pickin'

東洋の悪龍

　東洋の龍と西洋のドラゴンの違いについて、よく「前者は神として崇拝され、後者は悪と見なされる場合が多い」という説明がなされるが、中国の神話伝承にも家畜を襲い人々に害をなす悪龍が数多く登場する。

　世界を支配しようとした「共工」と、その配下である人面蛇身の九頭龍「相柳」。同じく九つの頭を持ち、火や水を吐いて民を苦しめた「九嬰」。川の魔物「馬絆蛇」。炎を吐く全身真紅の暴龍「銭塘君」等々。これらの悪龍は、崇敬の念を上回る大自然への恐怖が生み出したものかもしれないし、日本神話の「八岐大蛇」や「夜刀神」などと同じ、征服され歴史の闇へ消えた民の象徴だったのかもしれない。

ART WORK	HIROYUKI／Cotton Pickin'

作画上のアレンジポイント	使用画材	龍・ドラゴンについて
雷をつけました。	DR.MARTIN ARCHES 140Lb	初めて龍に羽（コウモリ）がついているのを描いて難しかったです。

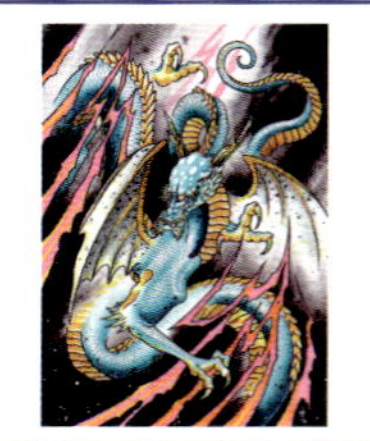

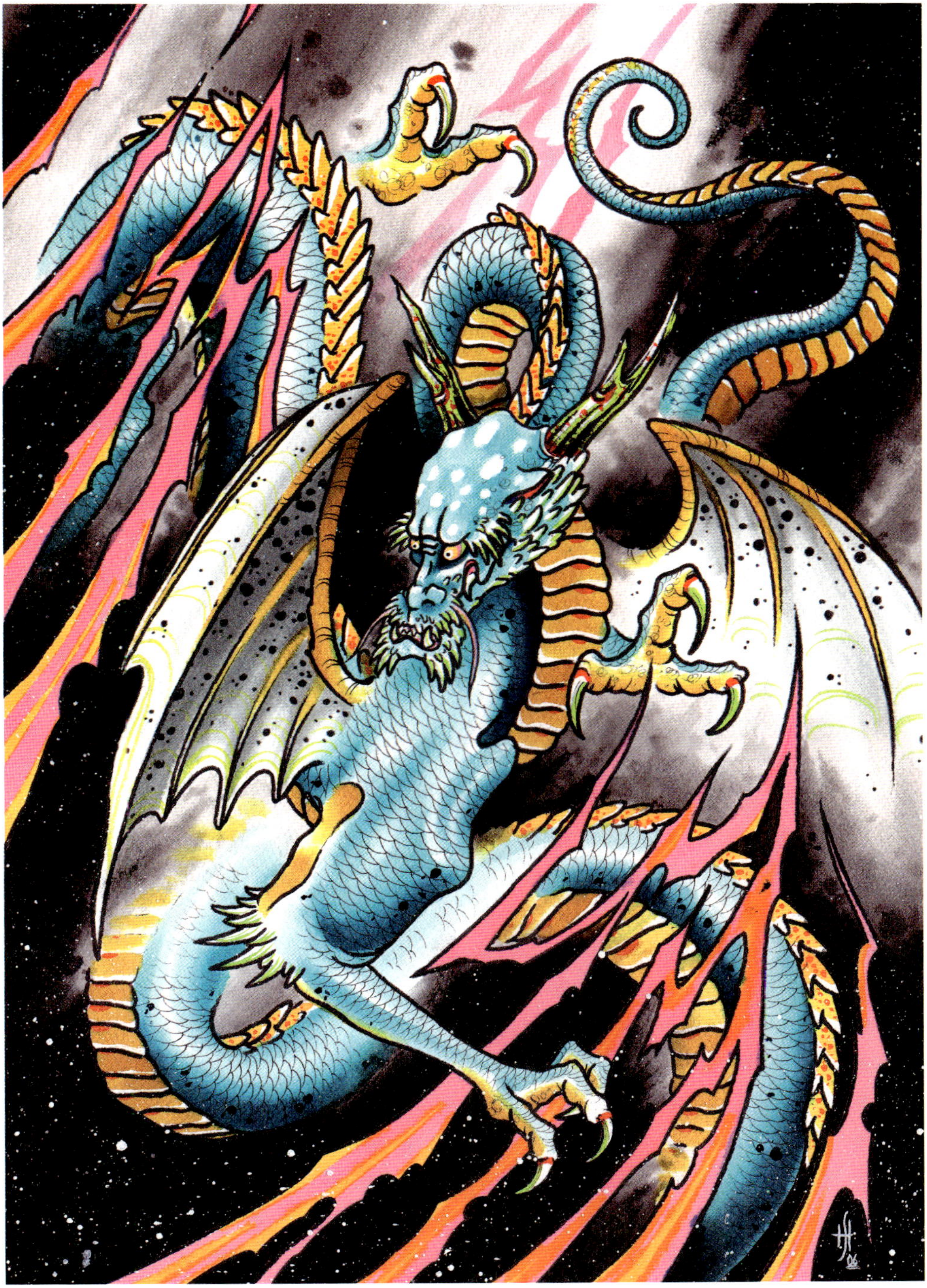

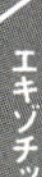

龍・色彩
龍・古典的意匠
古代中国
ドラゴン退治
西欧のドラゴン
キリスト教
古代オリエント
魔術・錬金術
ギリシア神話
エキゾチック

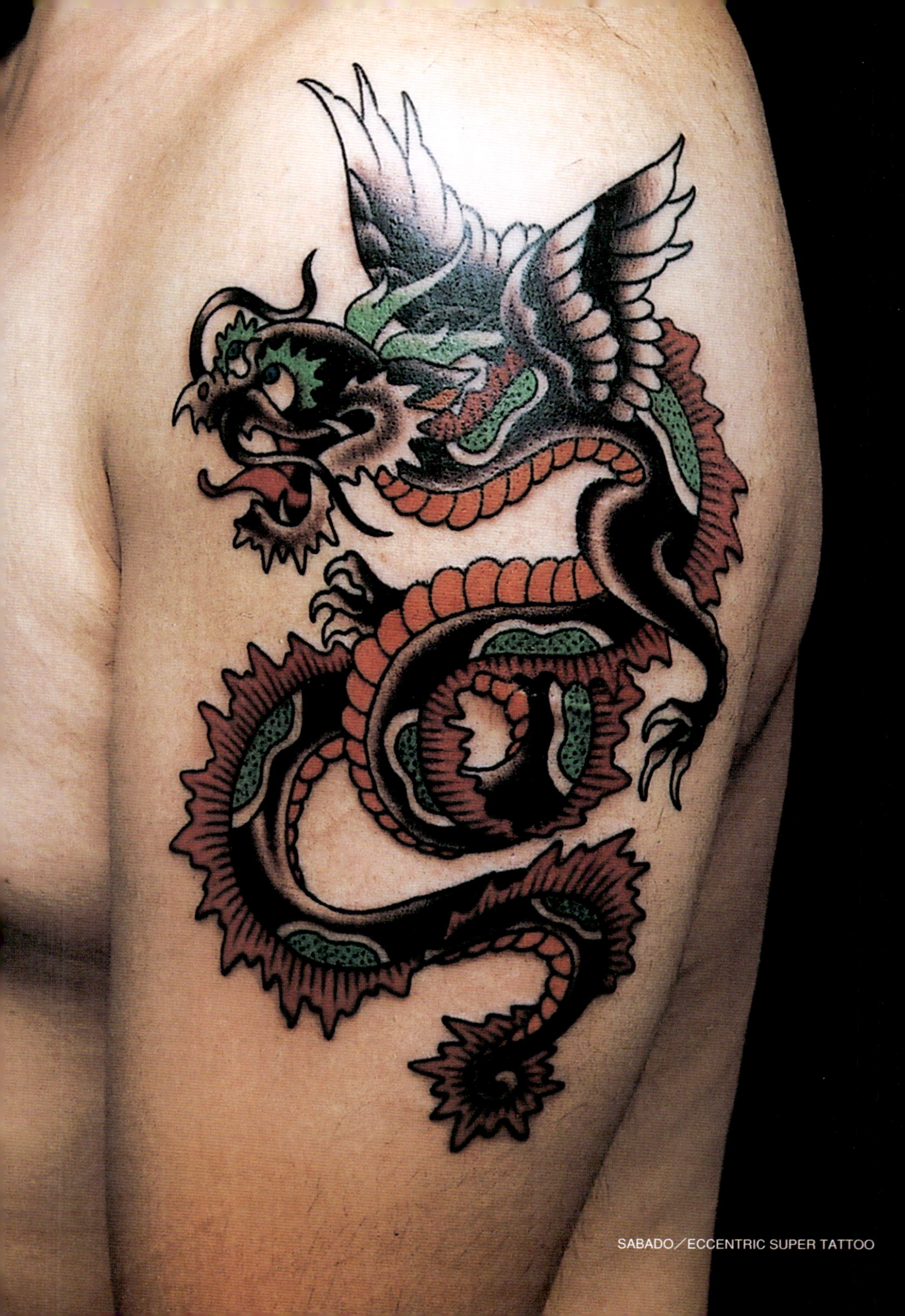

SABADO／ECCENTRIC SUPER TATTOO

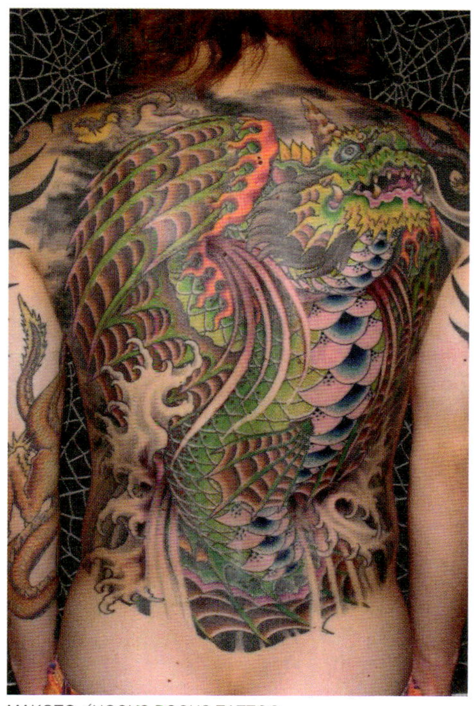

MAKOTO／HOCUS POCUS TATTOO

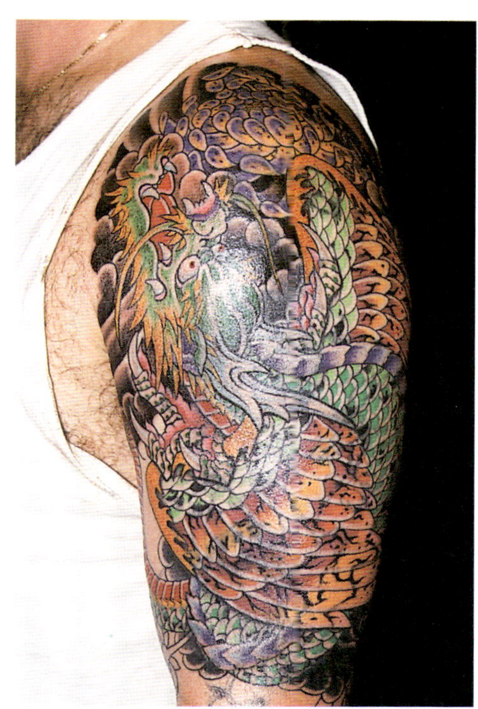

Joel Long／BOLDER INK

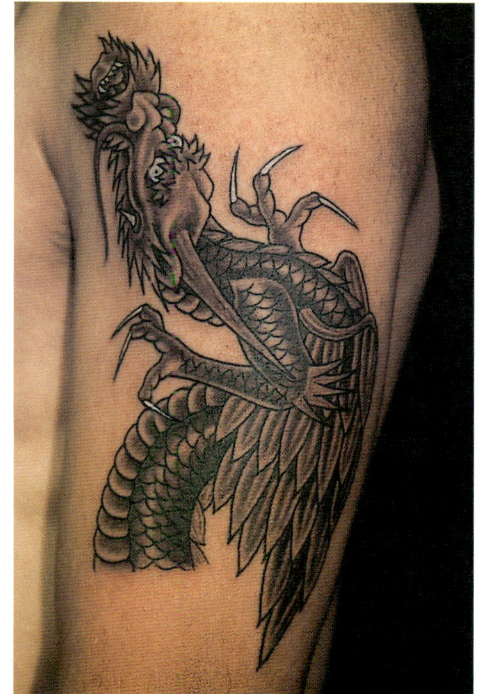

初代彫元®／H.G.TATTOO

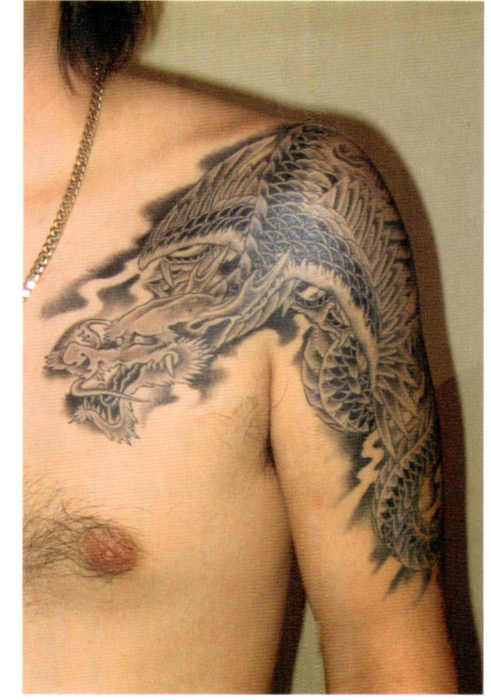

SHIGETOSHI／Dropout,inc

龍と雷 / Dragon and Thunder

龍吼招雷
りゅうこ　うしょうらい

季節を告げる光の龍

中国では旧暦の2月2日を龍抬頭、春龍節などと呼ぶ。元は農耕に関係する節句で、神に捕らわれていた龍王が釈放され、久しぶりの雨が降ったという伝説にちなむそうだ。その年最初の雷鳴が轟く日と伝える地方もある。二十四節季で言えば春分の頃。年の半分を水中で過ごした龍が、再び天に昇る季節だ。天を引き裂く雷光は、龍の姿そのものであった。人々は稲妻の輝きを見て、実りの雨がもたらされ田畑を耕す季節になったことを知ったのである。また、龍と雷といえば寛政3年5月、因幡（現・鳥取県東部）の城下に雷龍が墜落したという記録がある。体長2.4メートルほどで獣面蛇体。長い鉤爪の生えた腕を持ち、胸には毛が生えていたそうだ。

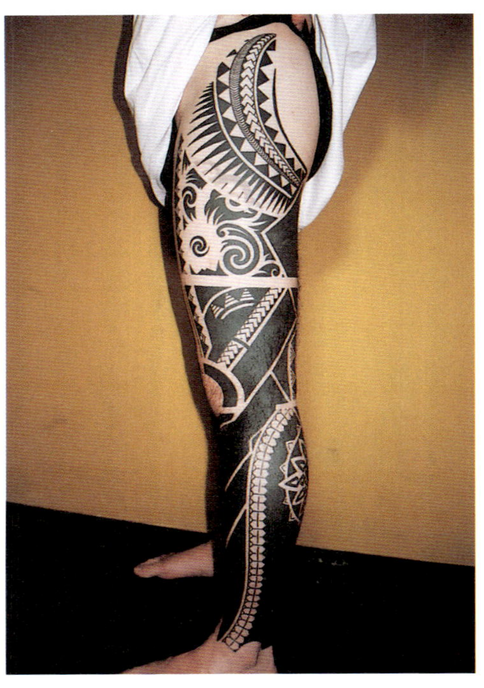

雷文
らいもん

雷文とは角形の渦巻を基調とした連続紋様のことで、元々は殷・周時代の青銅器に見られる虺龍文を簡略化したもの。「虺々」は雷鳴の意であるというから、龍と雷がいかに強く結び付けられていたかがうかがえる。日本では主として陶磁器の絵付けや家紋の意匠などに用いられたが、着物の柄に使われることは不思議と少なく、雷文の変形である紗綾形の地紋に花を散らした小袖が、江戸期に少し流行した程度。特に、ギザギザに折れ曲がって走る稲妻の意匠ともなると、これをあしらった衣服は能や歌舞伎の装束ぐらいしか見当たらない。当時の人々にとって、日常の衣服に用いるには少々派手で荒々しい柄とされていたようだ。

YAS／FATE ARK

 | **YAS／FATE ARK**

作画上のアレンジポイント	使用画材	龍・ドラゴンについて
龍が引き立つように描いた。白龍をイメージ。どちらもしっぽで、どちらも頭になる。どこから見てもOKな龍。	水彩絵の具	（龍は）描くのが、難しい題材だと思いました。（本当に龍がいたら）怖いな、と思います。

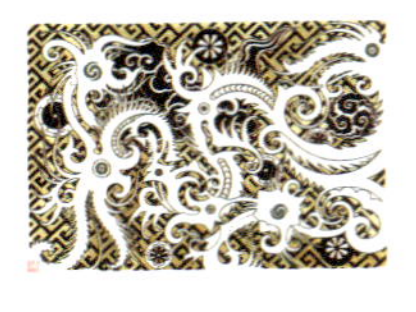

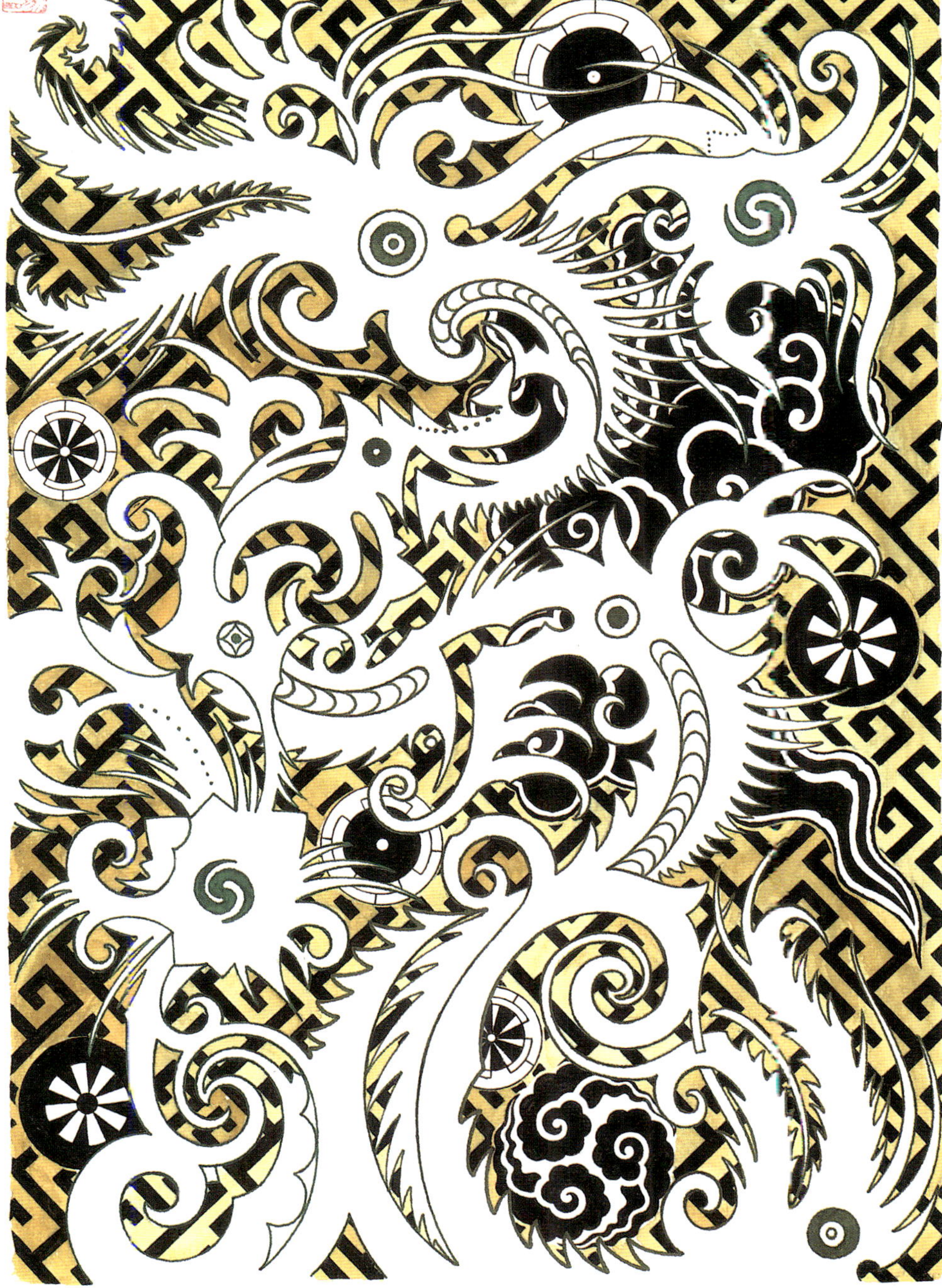

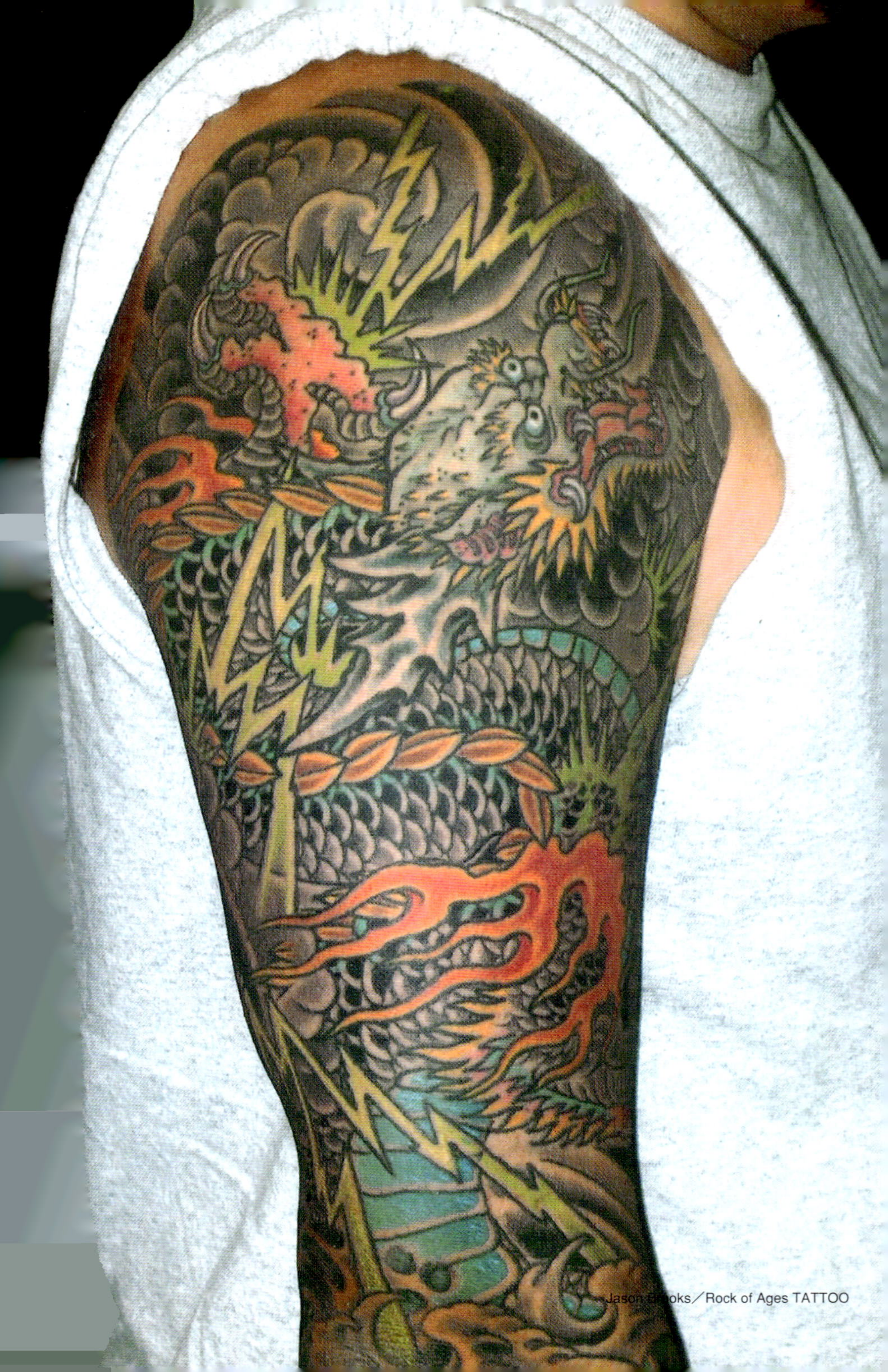

Jason Brooks／Rock of Ages TATTOO

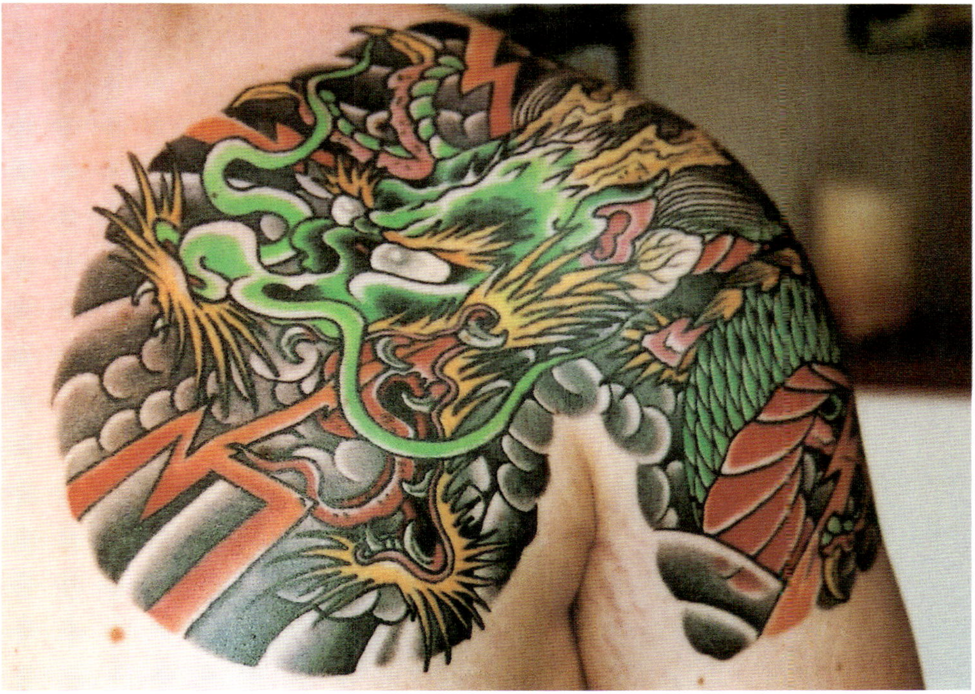

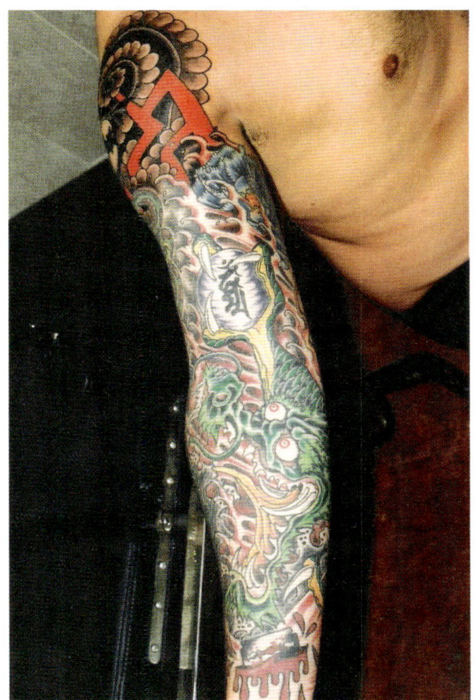

SCOTT SILVIA／BLACK HEART TATTOO

MONGA／ALOHA TATTCOS

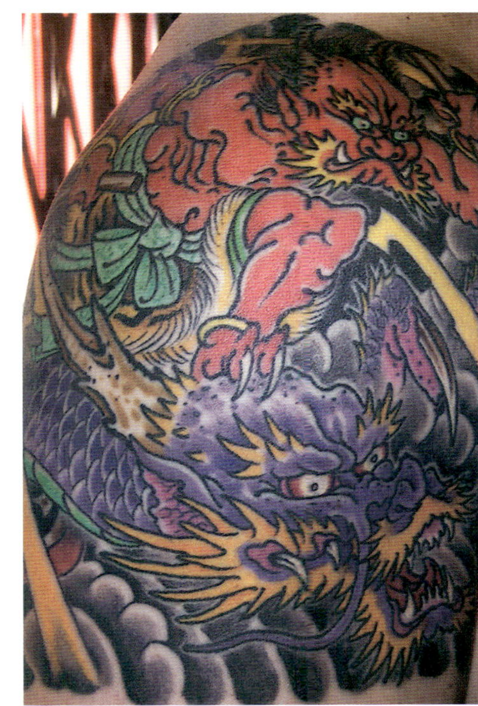

TIM LEHI／BLACK HEART TATTOO

双龍 / **Souryu**

寄り添いて九天に遊ぶ

DATA
別名：双つ龍、二つ龍
中国音：Shuang Long

時に戯れ、時に諍い

　龍二匹によって表わされる図柄の総称。横向きで左右対称に顔を向かい合わせたもの、双方とも昇り龍としたもの、激しく絡み合う夫婦龍など様々なヴァリエーションがあり、円形レイアウト中央の宝珠を奪い合って巴状に旋回しあうものは珠取龍とも呼ばれる。昇龍降龍を対で描いたものなども、広義の双龍紋と呼べるだろう。絢爛な彩色のなされた陶磁器では二匹の体色を赤・青、赤・緑などの組み合わせにして、コントラストの美を強調したものも多い。また、我が国の刺青美術では仁王像や狛犬などの影響か、一方の龍が口を開けてもう一方が口を閉じた、阿吽の形をなすものも好まれているようだ。

龍の宮殿

　1420年に明の永楽帝が完成させて以来、清のラストエンペラー溥儀が退去を命じられた1924年までの約500年間、皇帝の居城とされてきた北京の紫禁城（故宮）。ここは明、清の工芸技術を結集させた、龍の宮殿だ。瓦から天井、壁、柱まで、いたるところが皇帝の象徴たる龍によって埋め尽くされ、各種式典を執り行う太和殿だけで実に1万3822頭もの龍が装飾されているという。北京では紫禁城の他にも、明朝歴代13帝を葬った明十三陵や、祭祀場として用いられていた天壇、色とりどりの瑠璃煉瓦で造られた九龍壁（北海公園）などで、華麗な龍の装飾を目にすることができる。龍を描く者ならば、一度は訪れてみたい場所だ。

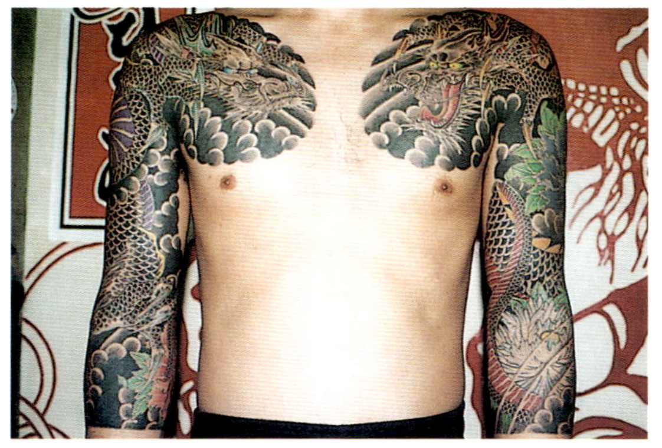

初代彫ひと

ART WORK　初代彫ひと／**TATTOO STUDIO BAKU**

作画上のアレンジポイント
背中一面に彫れるように描いた。アート性を意識するよりも、刺青のデザインとして。

使用画材
色鉛筆

龍・ドラゴンについて
天の覇者なのだから、力強くないとダメだと思う。

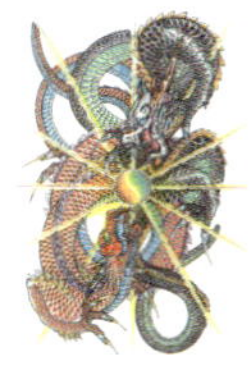

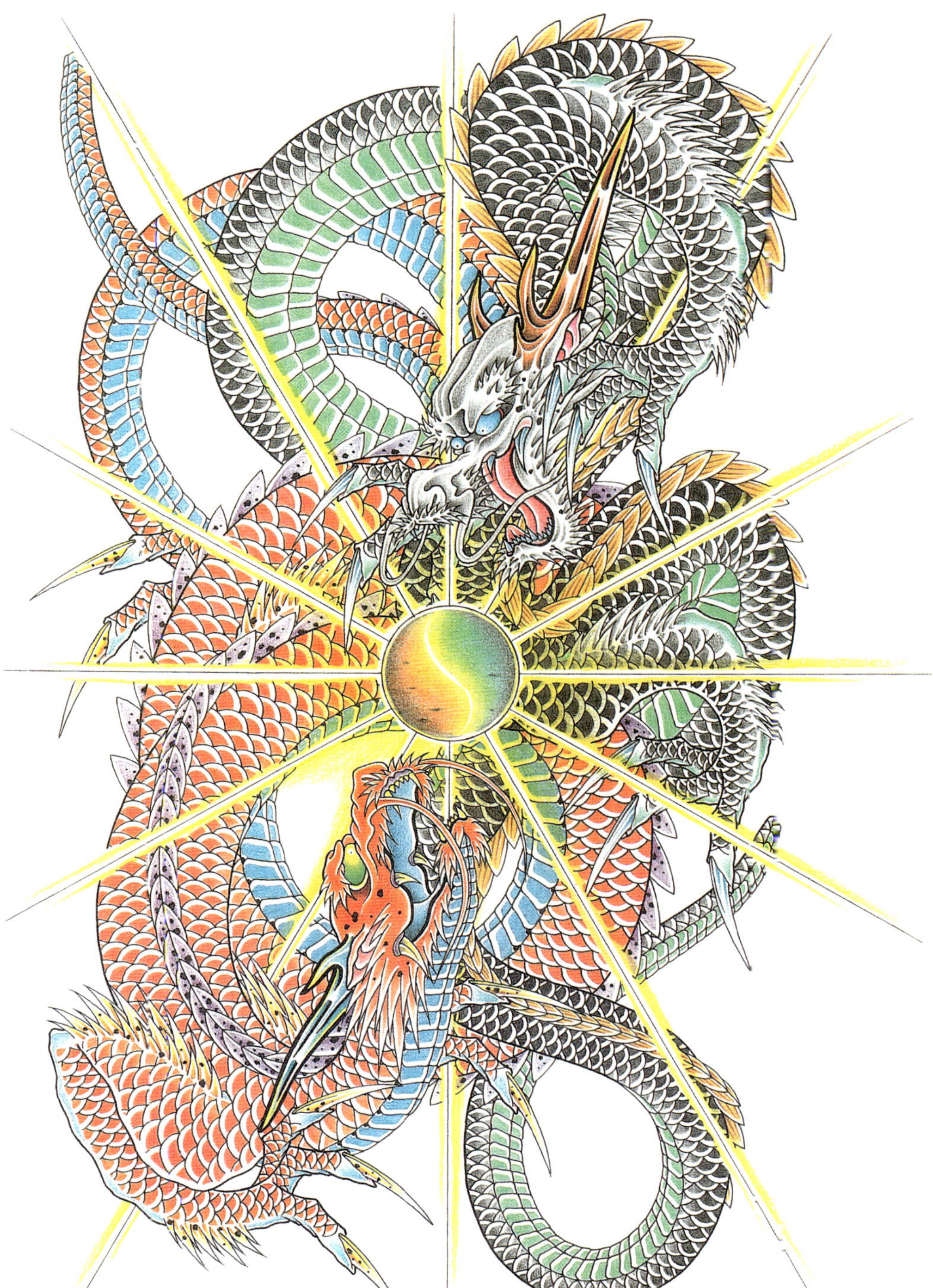

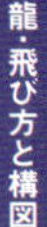

龍・色彩
龍・古典的意匠
古代中国
ドラゴン退治
西欧のドラゴン
キリスト教
古代オリエント
魔術・錬金術
龍・ギリシア神話
エキゾチック

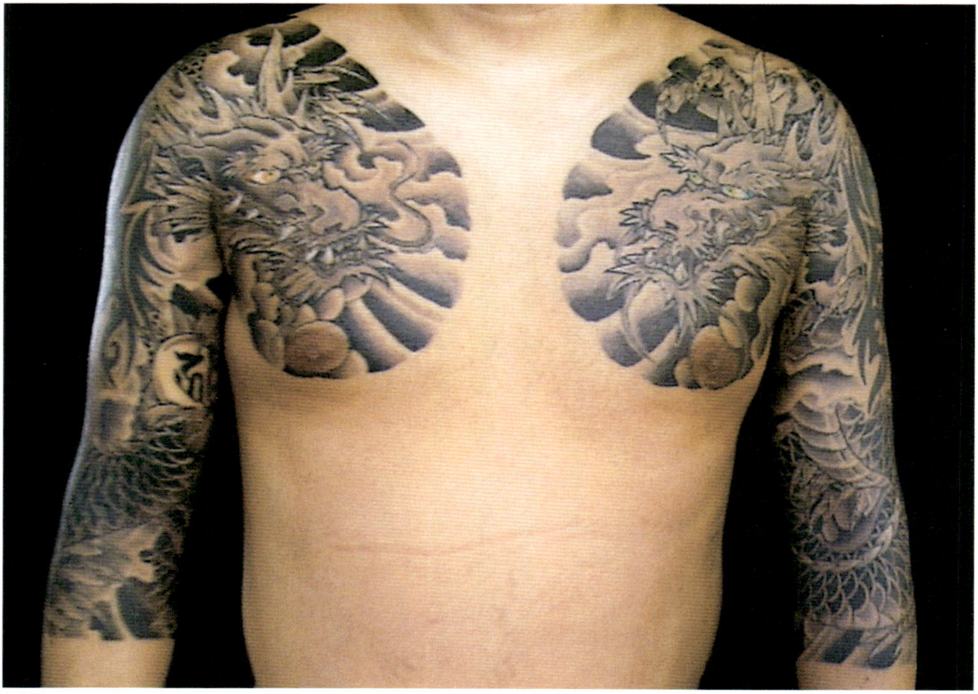

初代小春

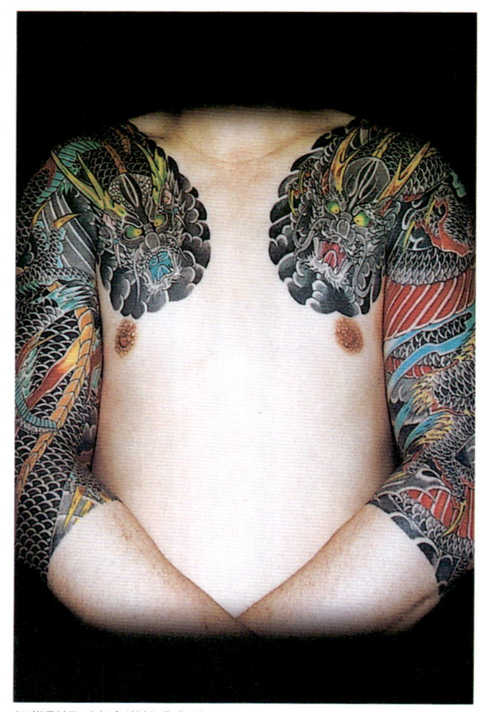

初代彫鯉／文身道錬成屯所

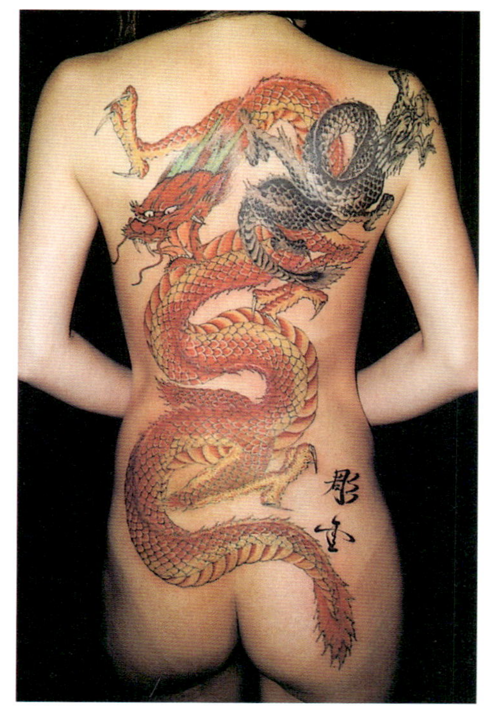

信州 初代彫金

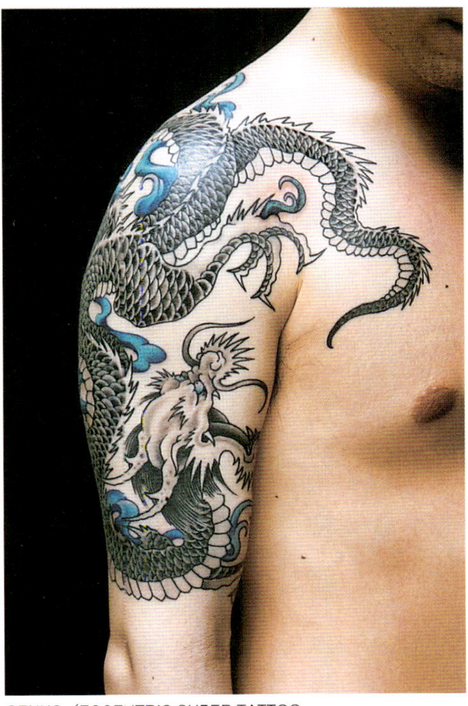

GENKO／ECCENTRIC SUPER TATTOO

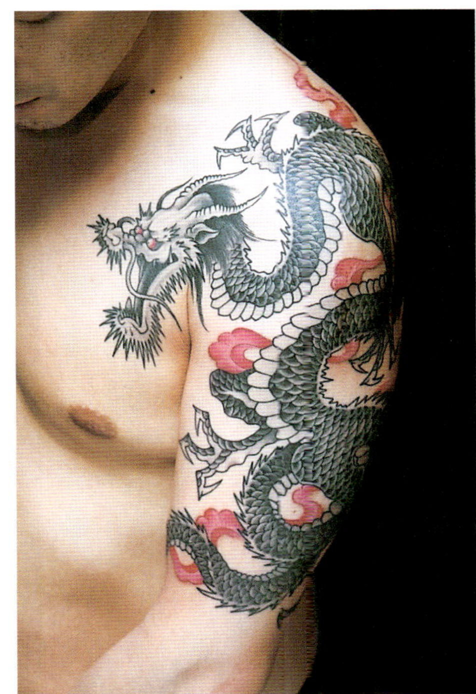

GENKO／ECCENTRIC SUPER TATTOO

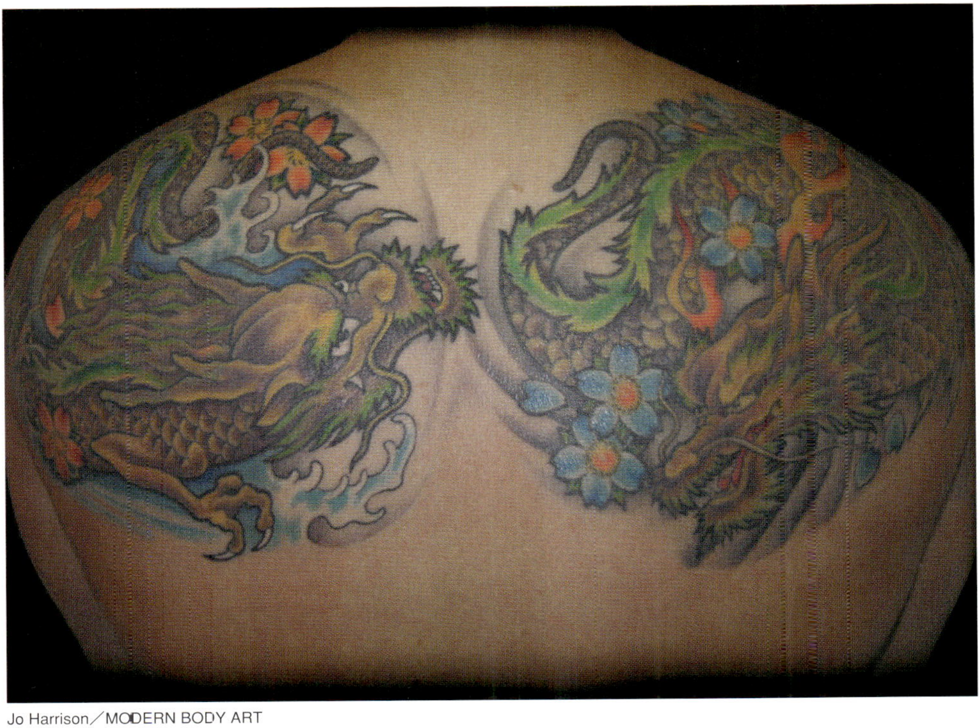

Jo Harrison／MODERN BODY ART

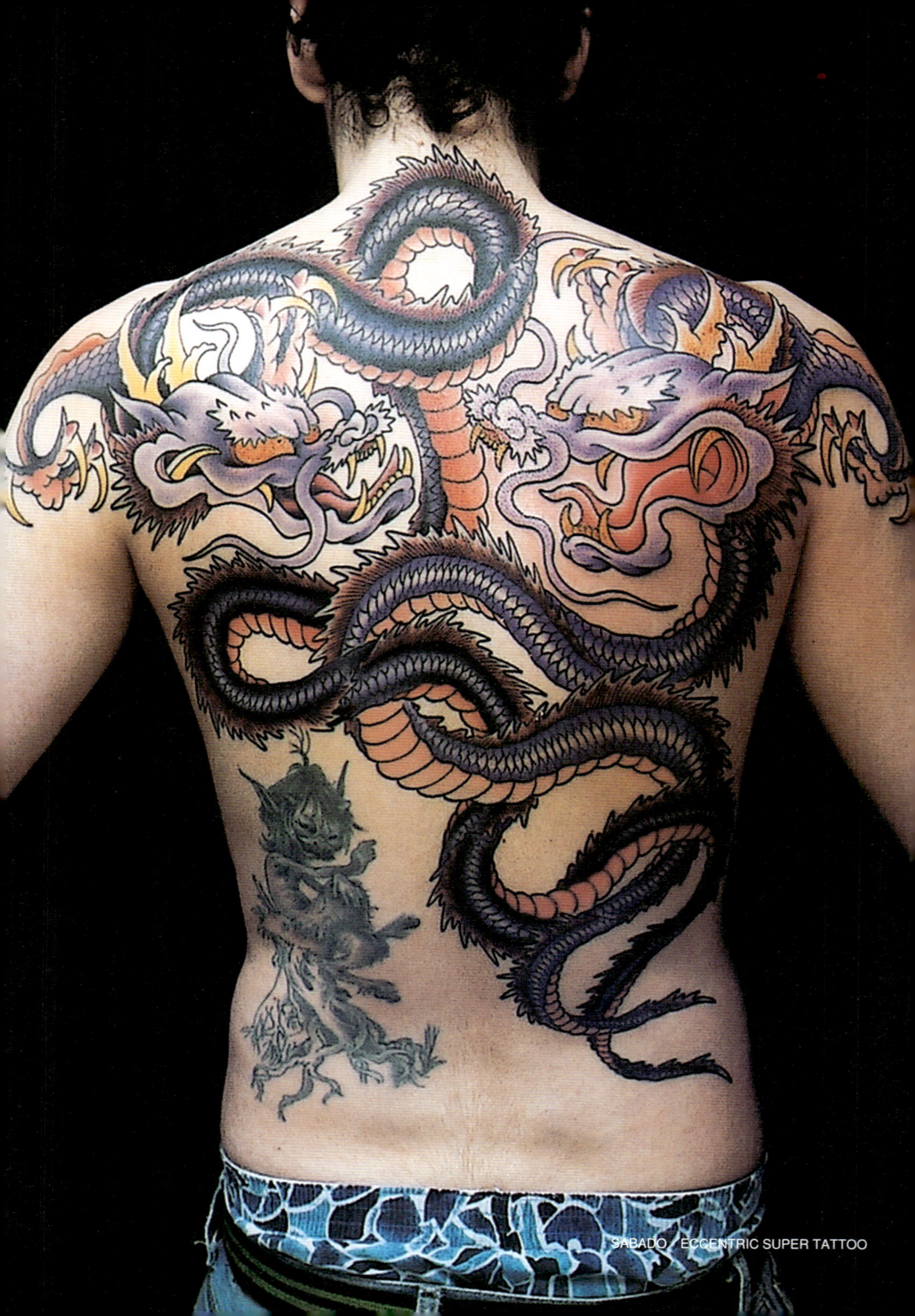

SABADO / ECCENTRIC SUPER TATTOO

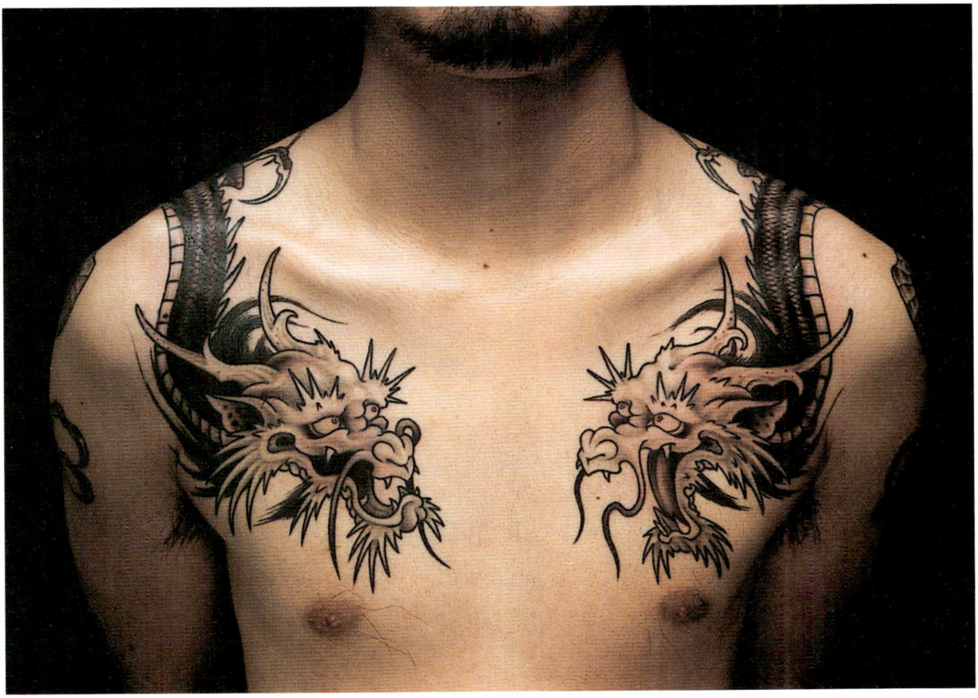

GENKO／ECCENTRIC SUPER TATTOO

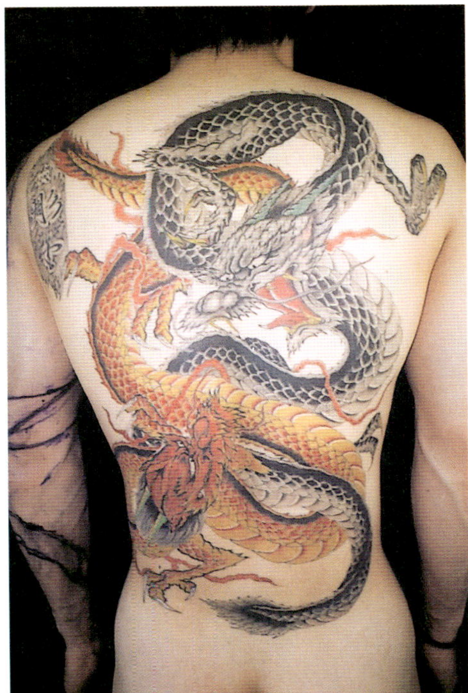

信州 初代彫金

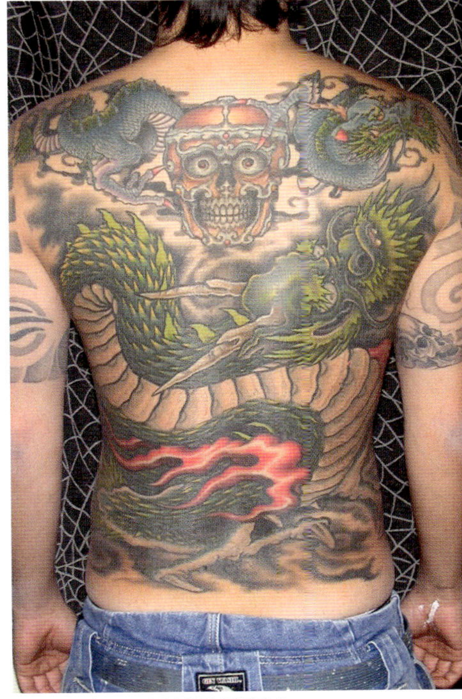

MAKOTO／HOCUS POCUS TATTOO

青龍 / Seiryu

東方守護の聖獣

DATA

別名：蒼龍
中国音：Qing Long

陰陽五行の理

　木火土金水の五属性からなる陰陽五行のうち、樹木や雷のエネルギーである「木気」を司る聖獣。南の朱雀、中央の黄龍（または麒麟）、西の白虎、北の玄武らと共に、東方守護の役割を担っている。仁礼信義智の五徳では仁、青赤黄白水の五色では青、四季（五行説では春夏秋冬に土用を加える）では春に相当。

　「青龍」のほかに「蒼龍」とも表記。青（蒼）の音が「痩」に通じることから、通常の龍よりもやや細身に描かれることが多いようだ。銅鏡など、聖獣を題材とした美術品を見ると、四本脚で爪は各脚とも三本、宝珠などは持たず、舌を突き出した姿のものが多い。

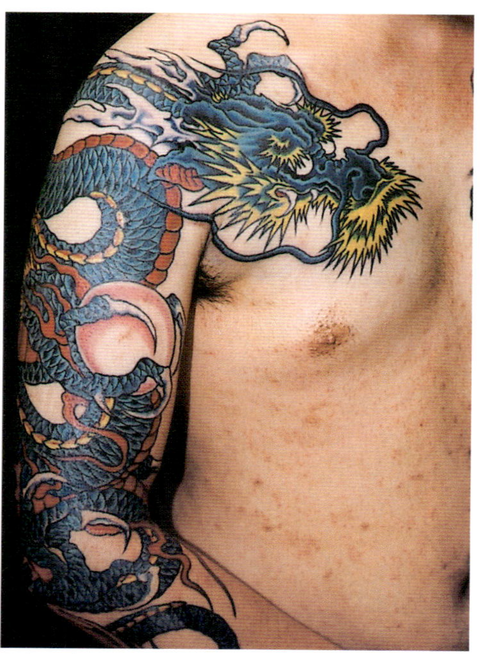

RYOSUI／COOL STAR TATTOO SHOP

龍の好物と弱点

　龍の好物は美しい宝珠と空青（銅青石または藍銅鉱の古称）、燕の肉。嫌いなものはムカデと鉄、五色の糸と、センダンもしくは笹の葉である。こうした伝承を読み解いてみると、古代の人々が龍を神聖視すると同時に恐れてもいたことが解かり興味深い。燕を食した者は龍に襲われぬよう水辺に近寄るのを避けていた。鉄を嫌うというのは蛇除けの呪いがルーツであろう。漁師の間では、海に鉄を落とすと龍神の怒りを受けると伝えられている。また、楚の王族・屈原の慰霊で汨羅江へ供え物を沈める際、蛟龍に横取りされぬよう、邪気を祓う五色糸と龍が嫌いな匂いのする葉でモチ米を巻いたという故事があり、これは端午の節句に食べるちまきのルーツになっている。

ART WORK

RYOSUI／COOL STAR TATTOO SHOP

作画上のアレンジポイント

インパクトと迫力が出るように。限られたスペースを有効に使い描いた。龍の爪は敢えて大きく描いている。

使用画材

STAEDTLER－
Pigment Liner
Dr ph Martins
アルシュ　ペーパー

龍・ドラゴンについて

龍は自分自身にとっても特別な存在。自分らしさを大切にしながらもトラディショナルな雰囲気が出るように。

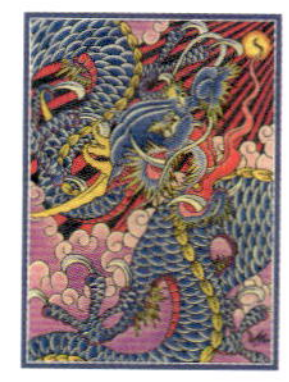

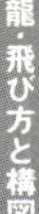

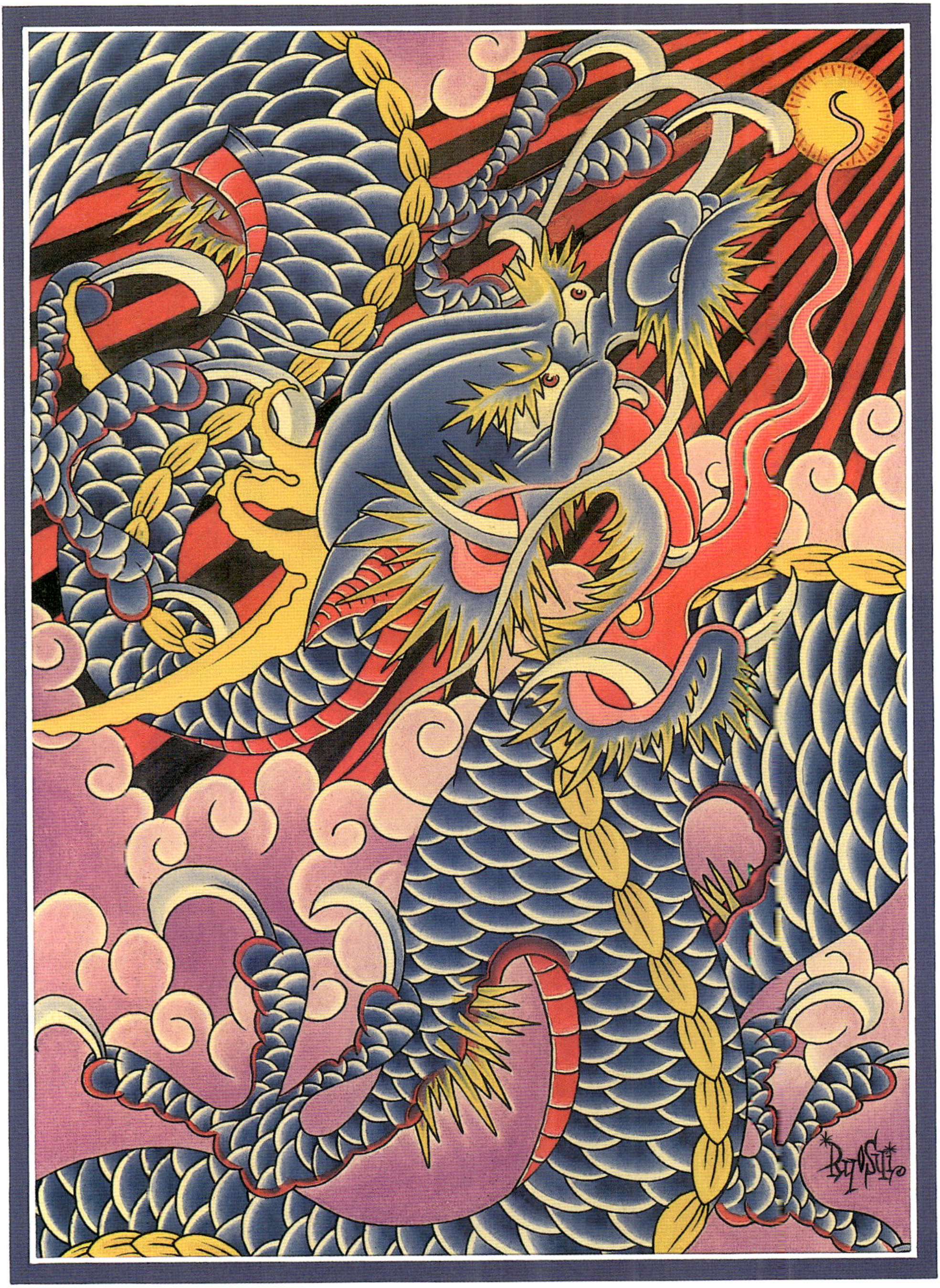

龍・飛び方と構図
龍・色彩
龍・古典的意匠
古代中国
ドラゴン退治
西欧のドラゴン
キリスト教
古代オリエント
魔術・錬金術
ギリシア神話
エキゾチック

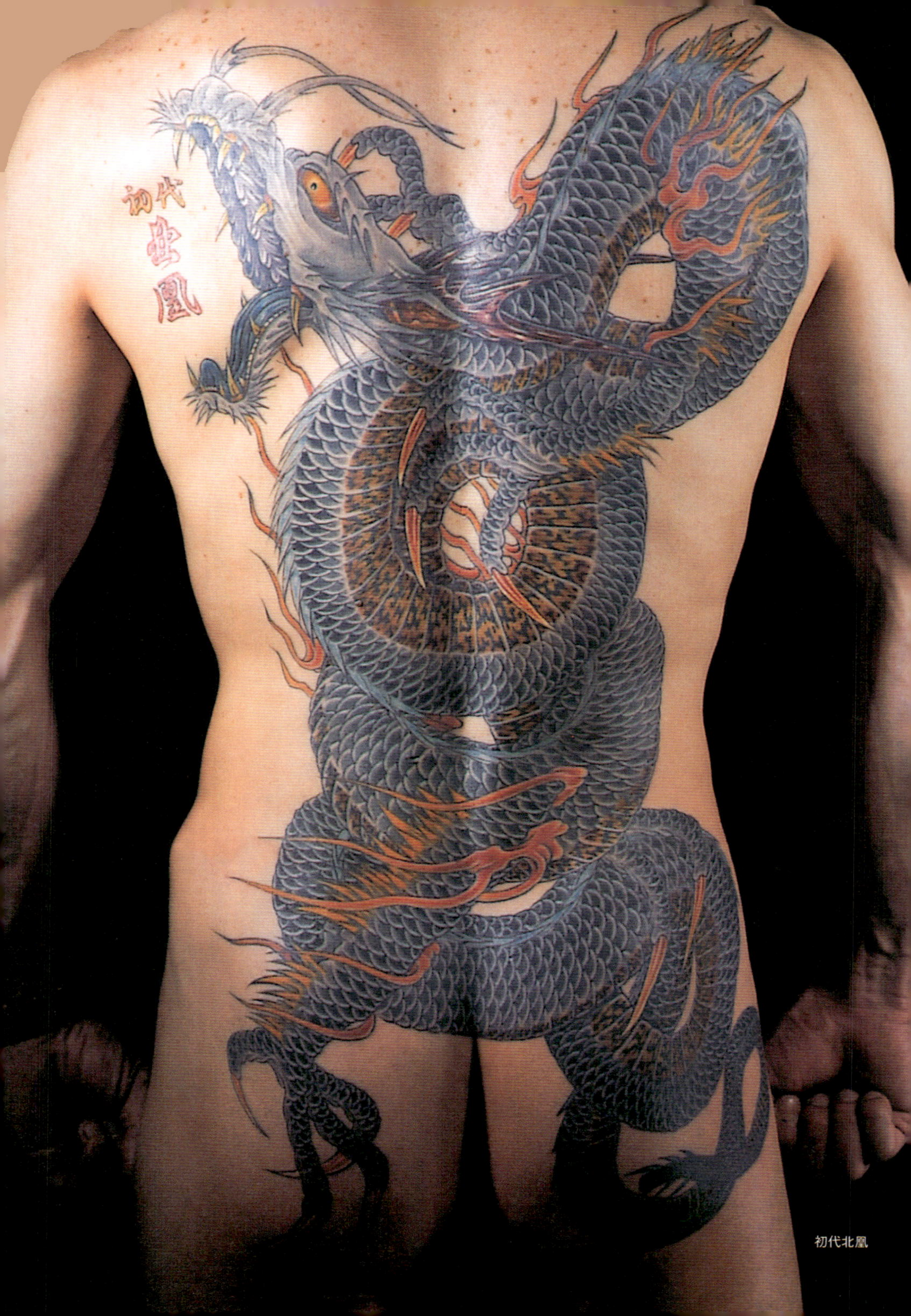

初代北凰

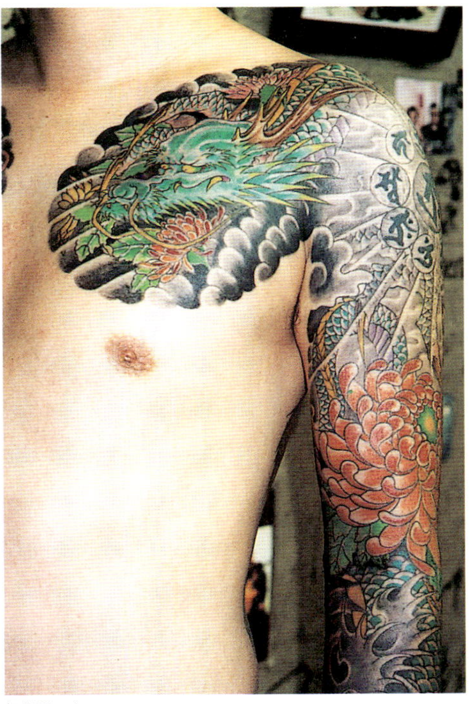

初代彫ひと

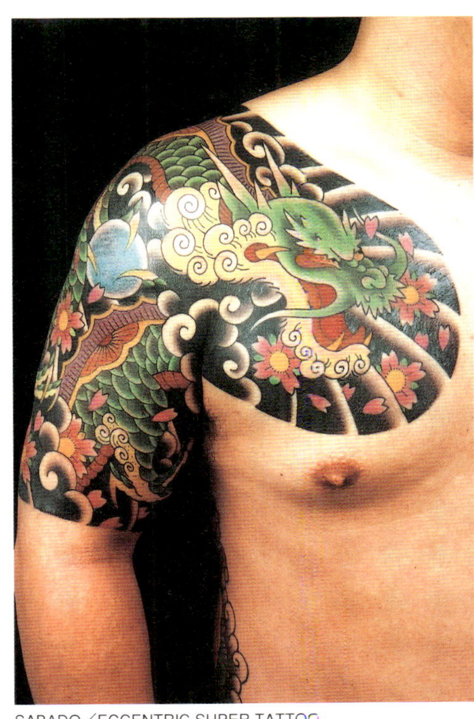

SABADO／ECCENTRIC SUPER TATTOO

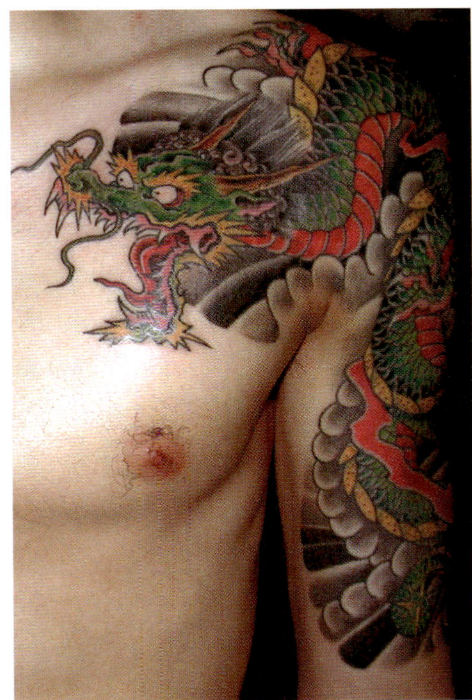

STEVE BOLTZ／RED ROCKET TATTOO

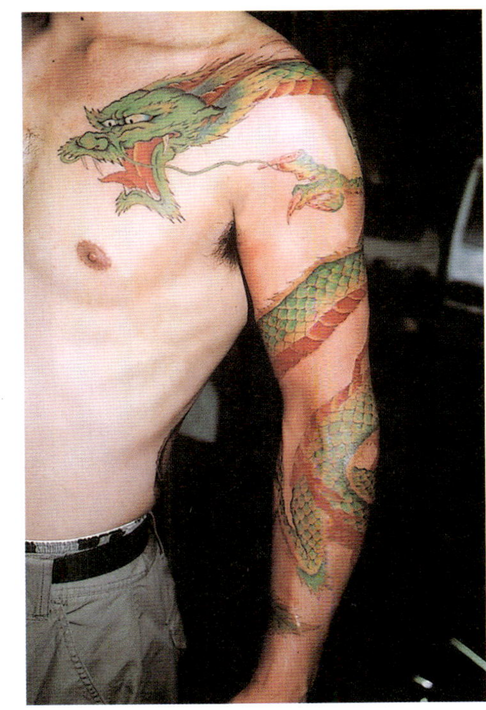

信州 初代彫金

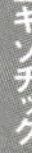

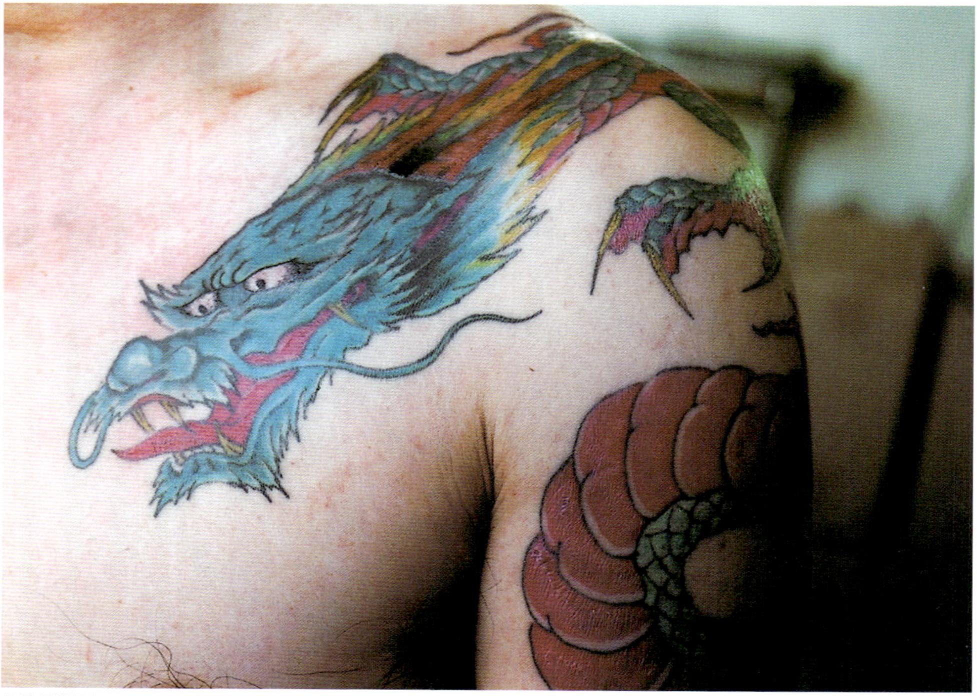

信州 初代彫金

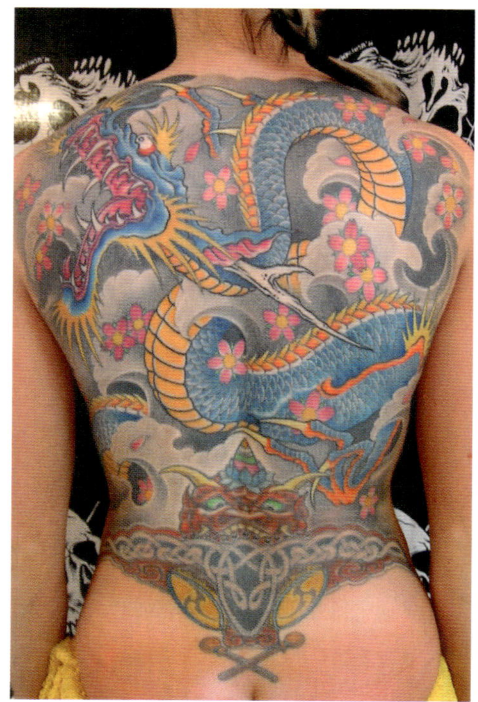

Luke Atkinson／Checker Damon Tattoos

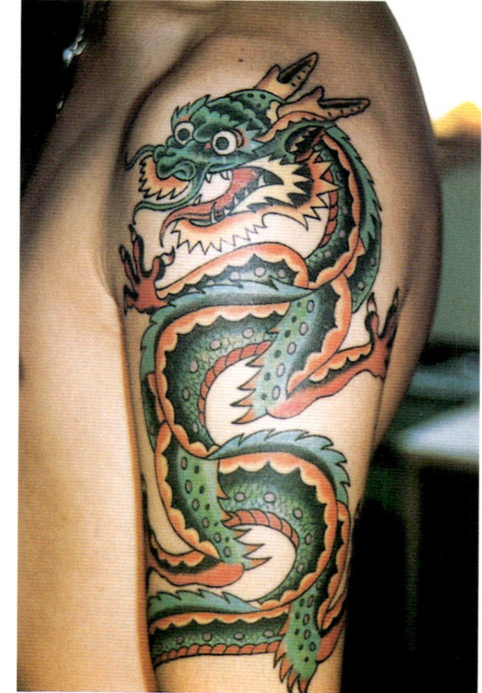

Kato／THE TATTOO SHOP

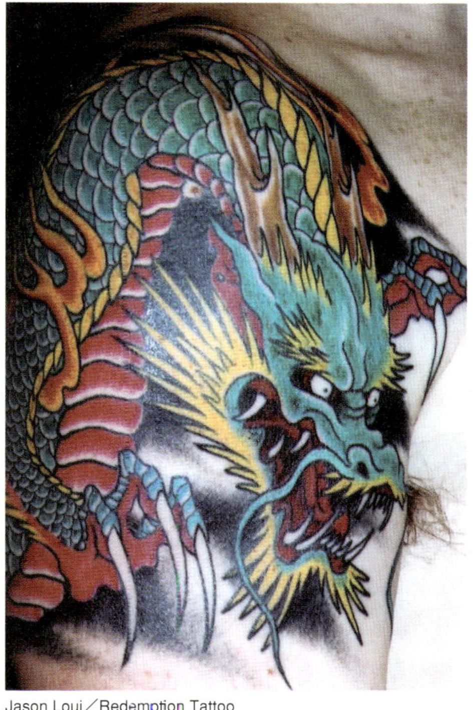

Jason Loui／Redemption Tattoo

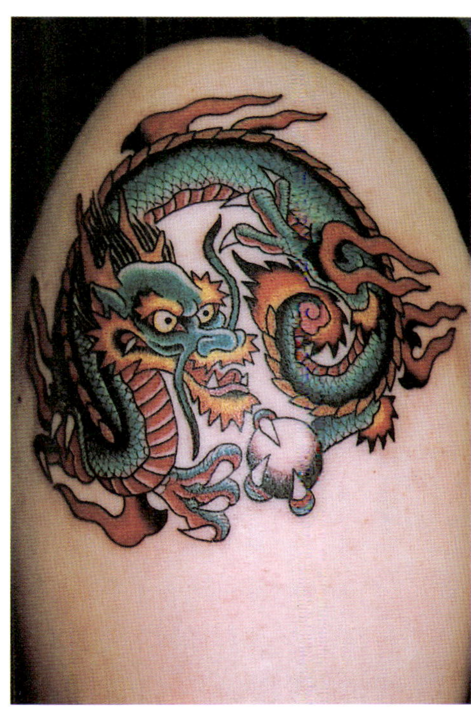

RYOJI／HYPER DRAGON

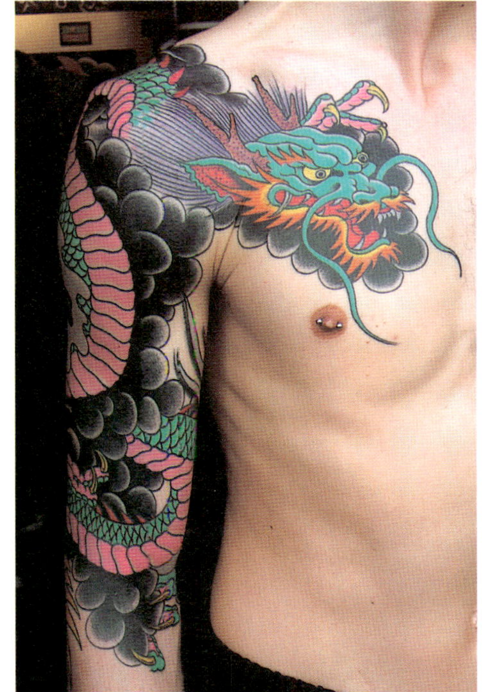

Rudy Fritsch／ORIGINAL CLASSIC TATTOO

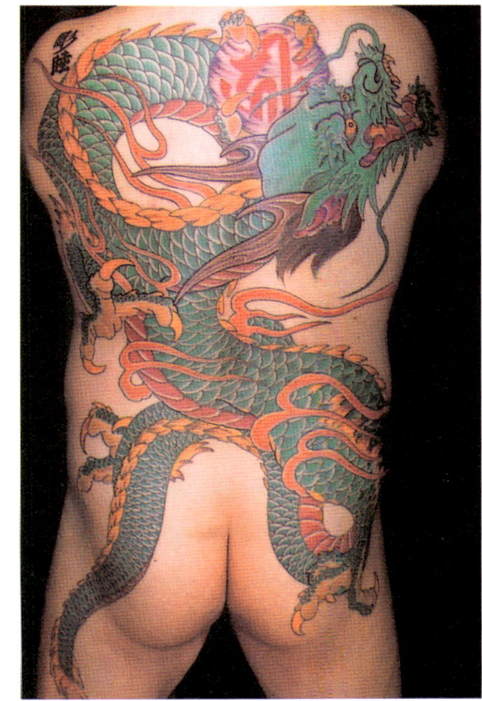

MUTSUO／THREE TIDES TATTOO

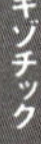

黒龍 / **Kokuryu**

ほの暗き水面の下に

DATA

中国音：Hei Long

黒い水神

神楽の曲目に、五龍、五神、五郎王子などの名で呼ばれるものがある。陰陽五行説に基づいた創世物語で、五聖獣の代わりに木火土金水を司る青赤黄白黒の五龍王が登場するという内容だ。この神楽において玄武に相当する「北方の黒い水神」が黒帝黒龍王である。こうした道教思想は我が国の神道にも影響を与えたようで、天地開闢の頃、四方の国に四柱の神が降り立ったとする神話がある。東の常陸には鹿島大明神。西の安芸には厳島大明神。南の紀伊には熊野大明神。そして北の越前には黒龍大明神。日本には川や湖の主として黒龍を祀る土地が多い。例えば福井県北部の九頭竜川はその昔、黒龍大明神にちなみ黒龍川の名で呼ばれていた。

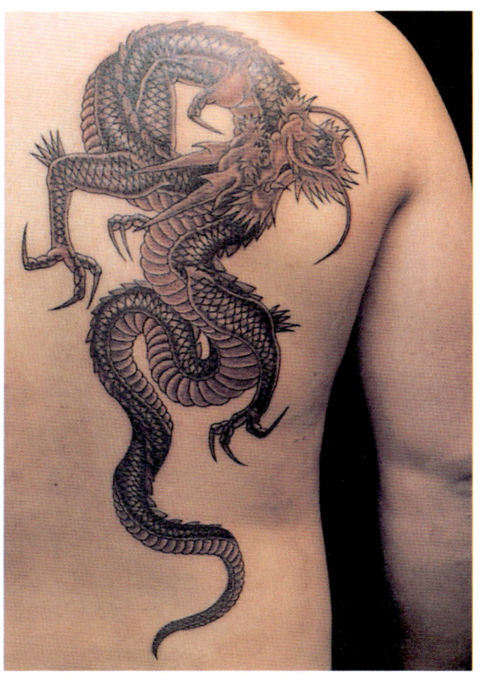

龍に嫁いだ姫

黒龍が登場する物語の中でも一風変わった趣を持つのが、信州中野に伝わる黒姫伝説である。

この地を治める武将・高梨政盛には、黒姫という自慢の娘がいた。あるとき立派な身なりの若武者が現れて、「我は大沼池に棲む黒龍。花見の席でお見かけした黒姫を、是非とも我妻に迎えたい」と申し出る。熱心な求愛に姫もまんざらではない様子。渋る政盛は乗馬での決着を提案し、罠を仕掛けて黒龍を抹殺しようとした。怒りに駆られ大洪水を起す黒龍。姫からも「どうか私を黒龍様のもとへ」と懇願され、政盛はようやく婚姻を認める。黒龍は姫を乗せて飛び去り、二人の暮らす姫嶽山は以後、黒姫山と呼ばれるようになった。

初代彫元®／H.G.TATTOO

ART WORK　　初代彫元®／H.G.TATTOO

作画上のアレンジポイント　　使用画材
夜、お花見に行った時にイメージ　　コピック
したもの。　　鉛筆

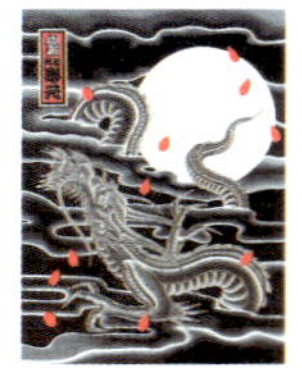

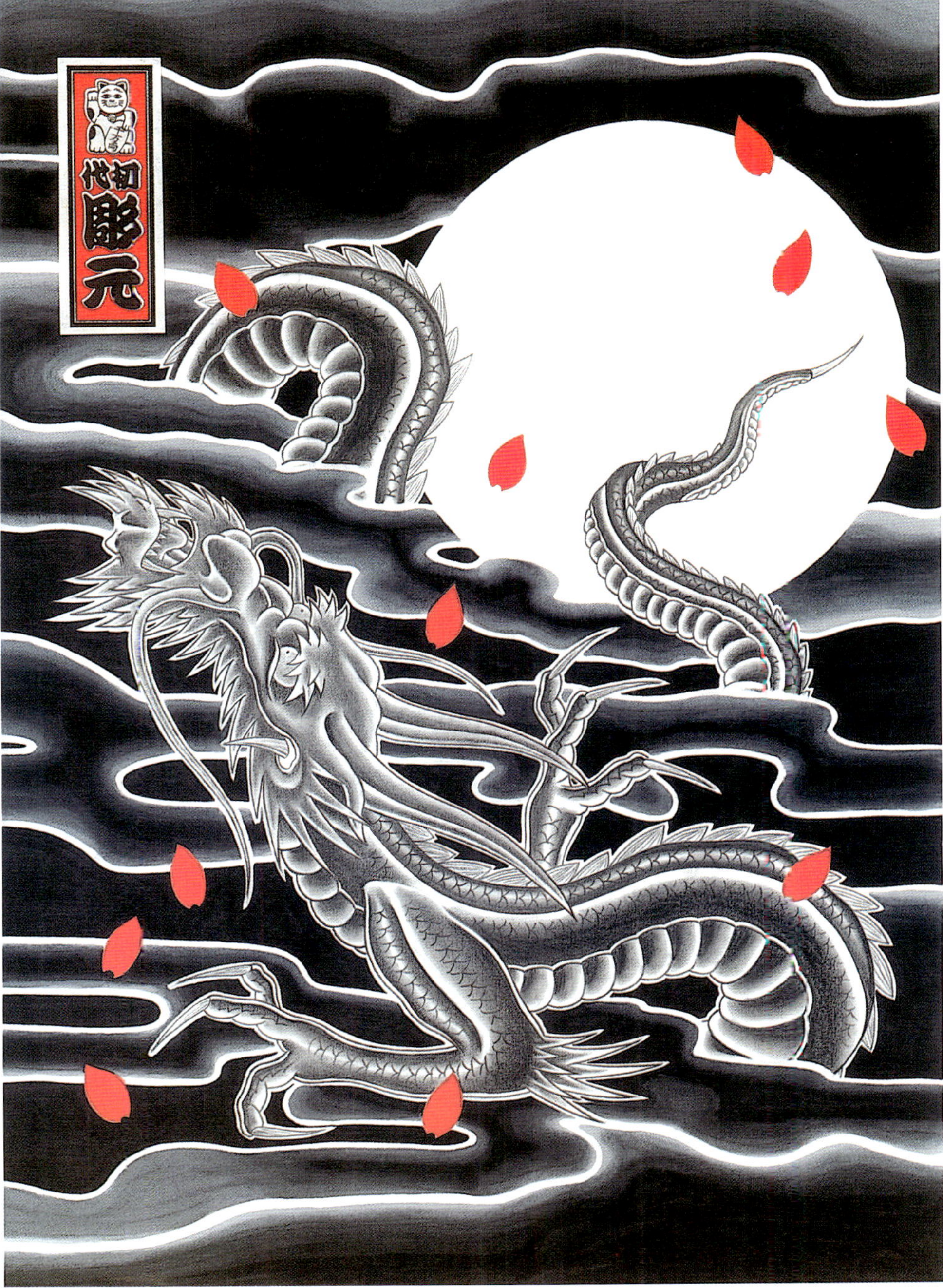

初代
彫元

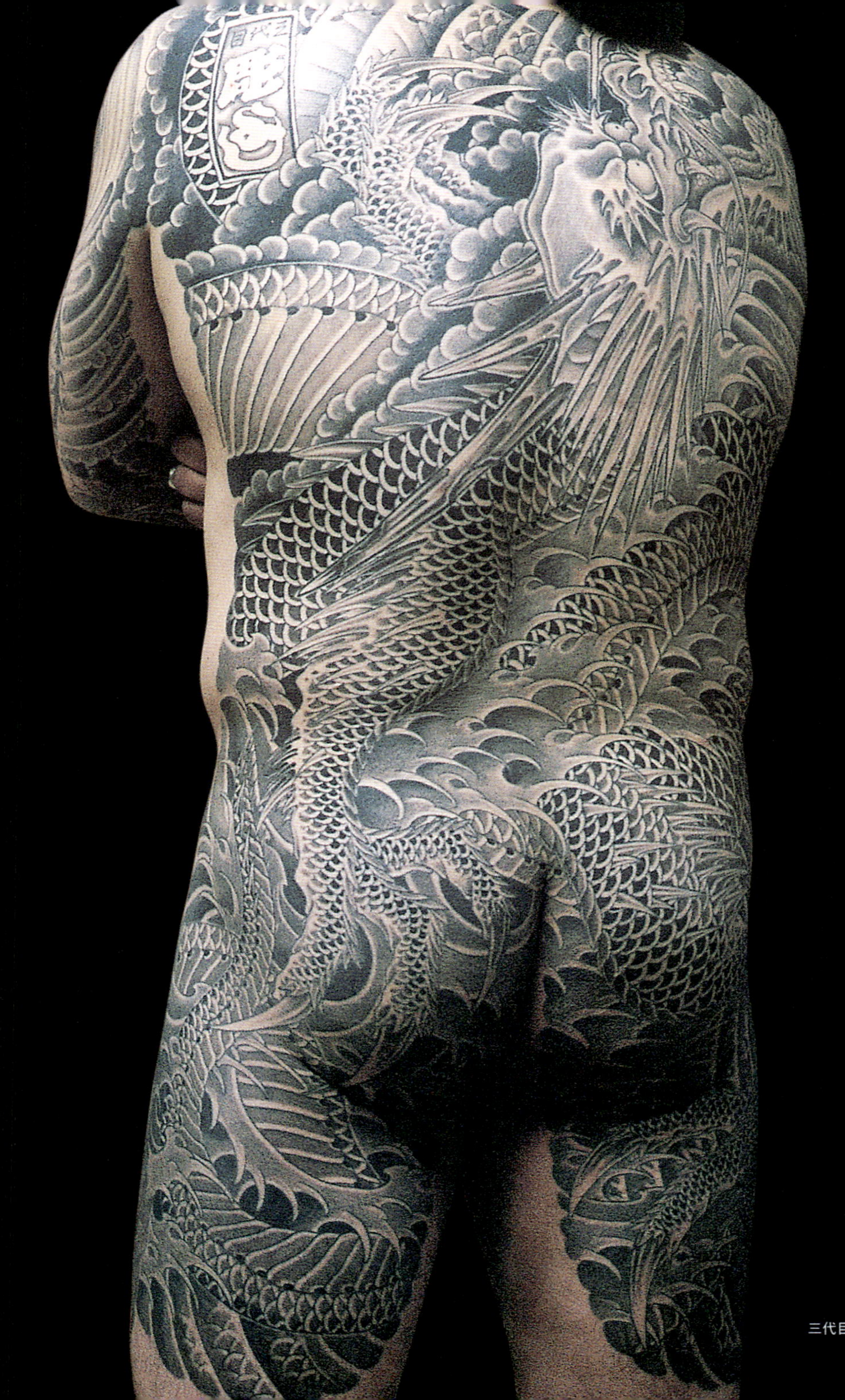

三代目彫よし

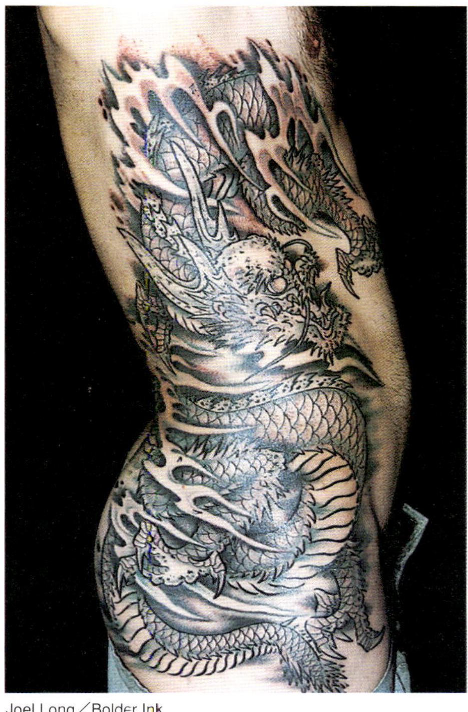

Joel Long／Bolder Ink

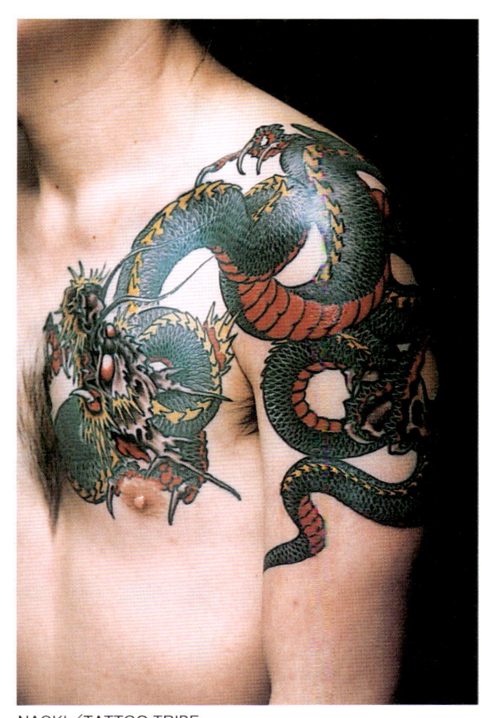

NAOKI／TATTOO TRIBE

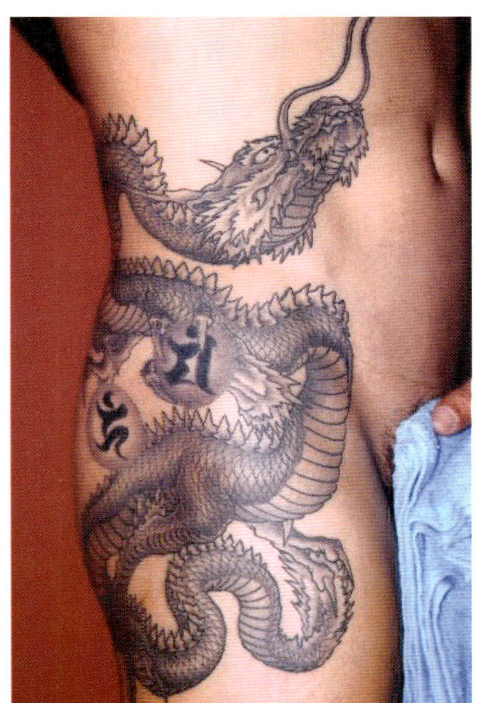

MAKOTO／HOCUS POCUS TATTOO

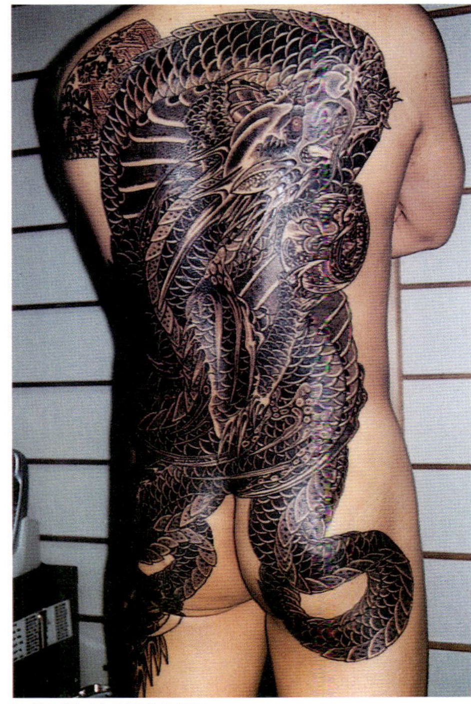

初代彫鯉／文身道錬成屯所

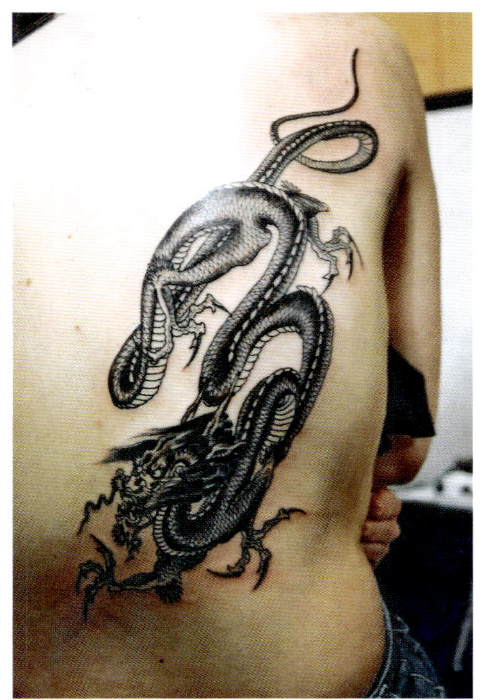

MONGA／ALOHA TATTOOS

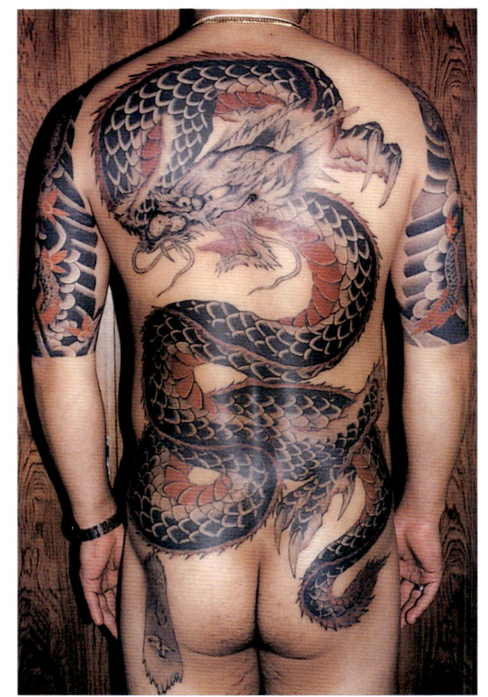

信州 初代彫金

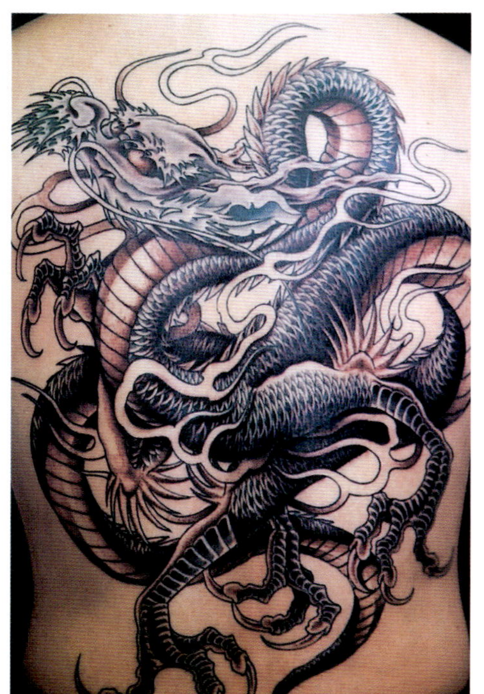

HORIGYN／8 BALL TATTOO STUDIO

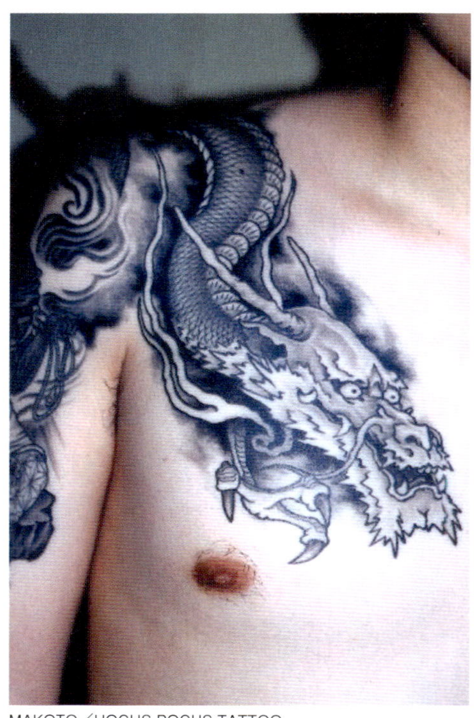

MAKOTO／HOCUS POCUS TATTOO

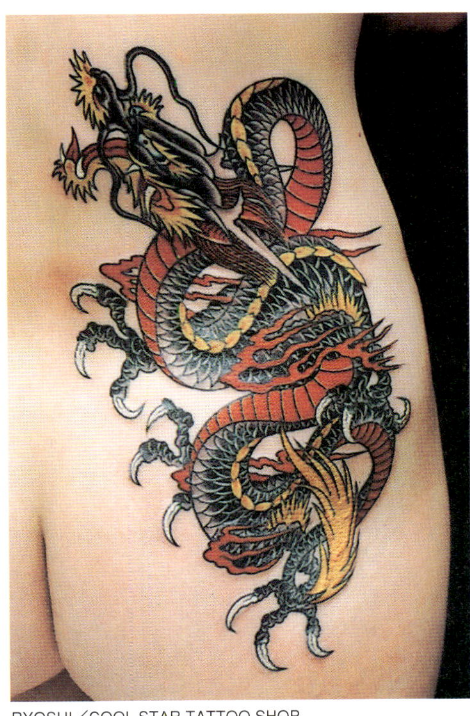

RYOSUI／COOL STAR TATTOO SHOP

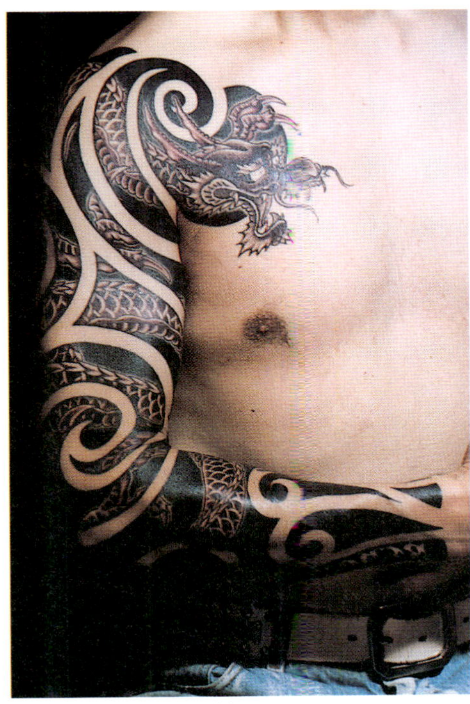

hiro／2nd CAT CLAW TATTOO

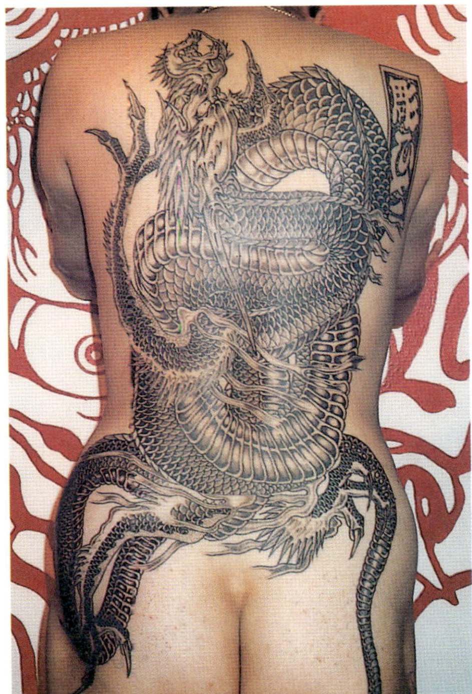

初代彫ひと

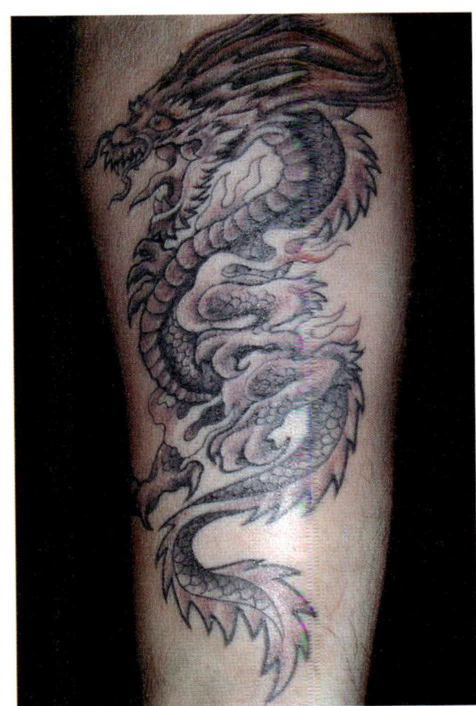

Jo Harrison／MODERN BODY ART

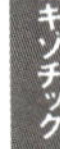

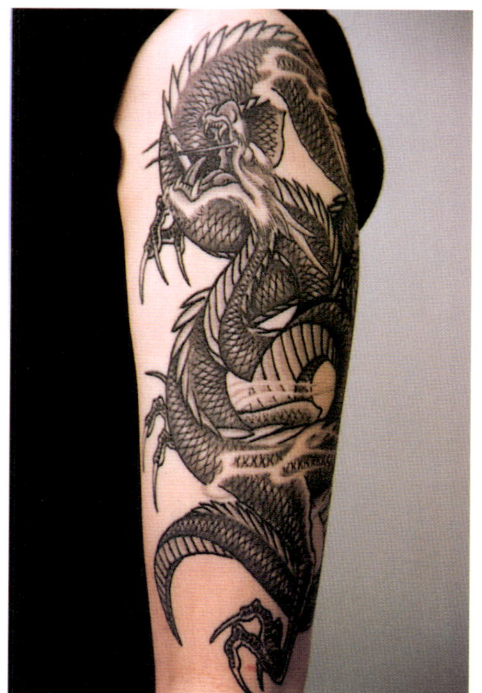

HORIGYN／8 BALL TATTOO STUDIO

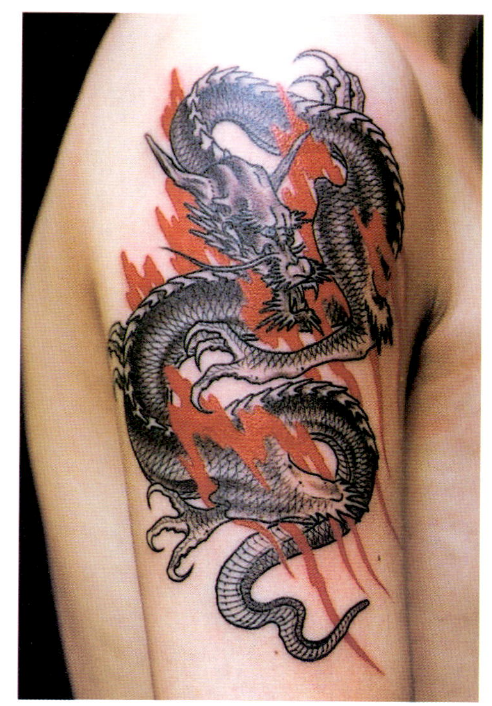

HIROYUKI／Cotton Pickin'

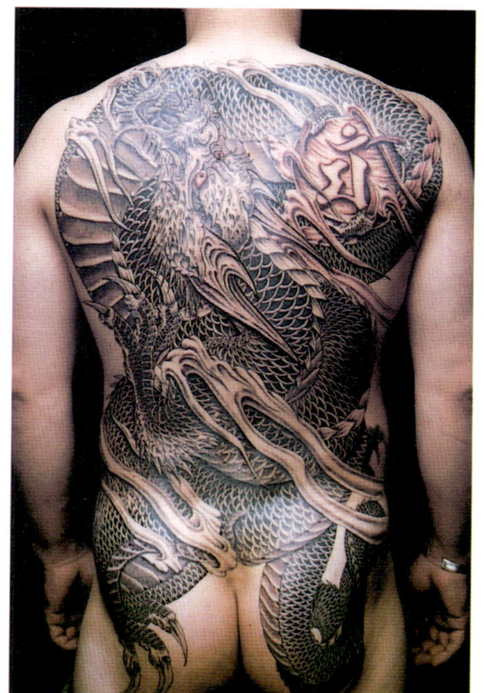

MUTSUO／THREE TIDES TATTOO

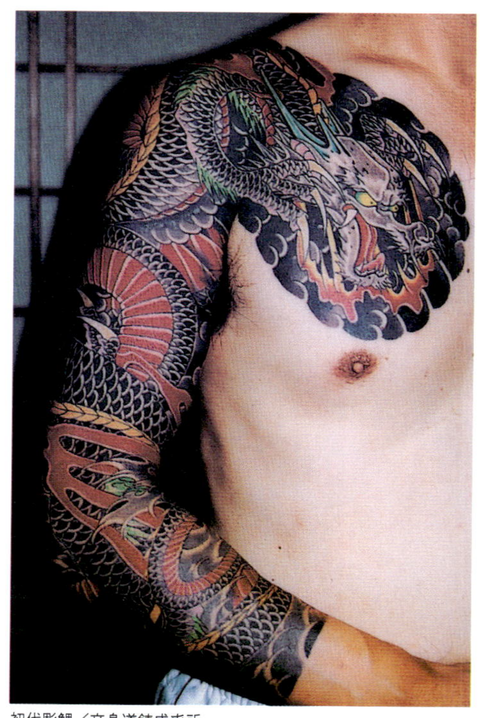

初代彫鯉／文身道錬成屯所

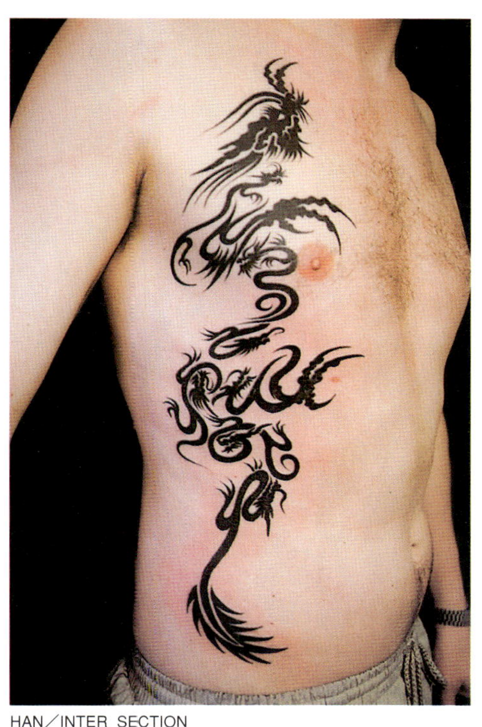
HAN／INTER SECTION

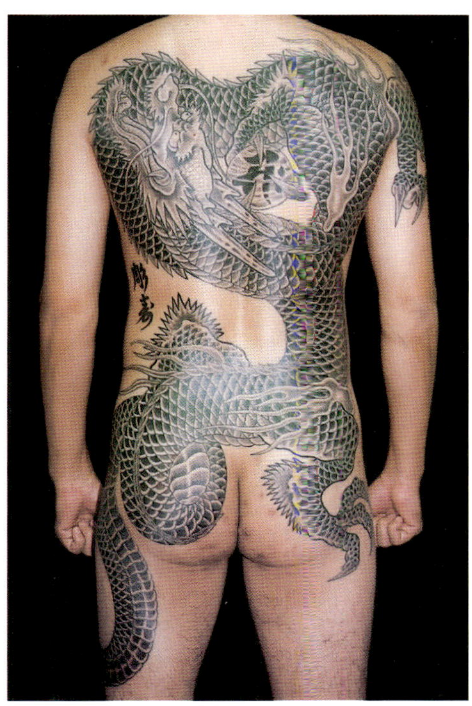
熊本彫寿

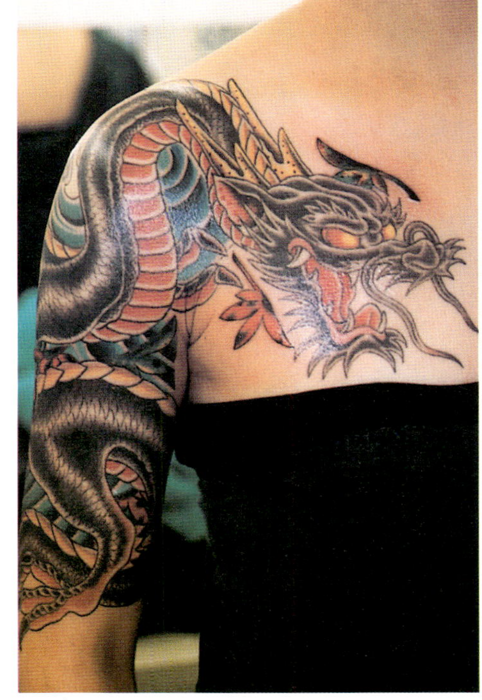
Kato／THE TATTOO SHOP

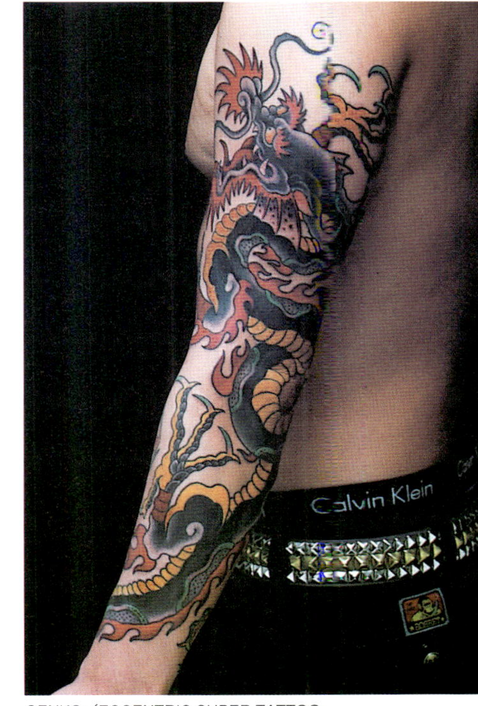
GENKO／ECCENTRIC SUPER TATTOO

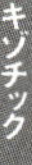

黄龍 / Kouryu

天地の中央に座す

DATA

中国音：Huang Long

陰陽五行の理

　森羅万象を陰陽二つの属性に分け、両者の循環によって世界が成り立つとする陰陽説。世の一切を木火土金水の五気に分類し、木が燃えて火が生じるような「相生（そう・しょう）」や、水が火を消すような「相剋（そうこく）」の関係によって五気が結ばれているとする五行説。この二つを組み合わせたものが陰陽五行説である。木火土金水は五色でいえば青赤黄白黒、五方位でいえば東南中央西北、四季でいえば春夏、土用、秋冬に相当（土用は各季節の終わりにくる18日間のこと）。木火が陽、金水が陰の属性を持つのに対し、土気は陰陽両方の性質を併せ持つ。こうした宇宙観は我々日本人の生活とも関わりが深い。たとえば暦の十干十二支なども、陰陽五行説から派生したものだ。

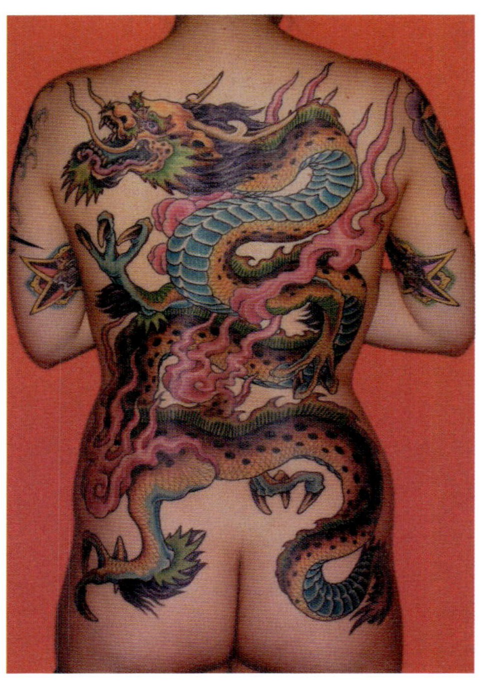

四神を統べる王

　黄龍は東に青龍（せいりゅう）、南に朱雀（すざく）、西に白虎、北に玄武（げんぶ）を従えて中央に座す「四神の王」であり、世の中心に立つ皇帝の象徴でもある。しかし、なぜ龍だけが青と黄の二種存在するのだろうか？　四季や四方位に霊獣を配するという思想は元々、五行説とは別個に成立したものである。森羅万象を四属性に分類する思想と、五属性に分類する思想。この両者を組み合わせようとした結果、対等な関係であった木火土金水のうち木気が中央へ置かれることになった。元は龍、鳳凰、虎（または麒麟）、亀の四種であったものに黄＝中央の霊獣を加えねばならず、皇帝の象徴であった龍をもう一種入れることになったのだ。後世には黄龍の代わりに麒麟を配置する説も唱えられた。

MAKOTO／HOCUS POCUS TATTOO

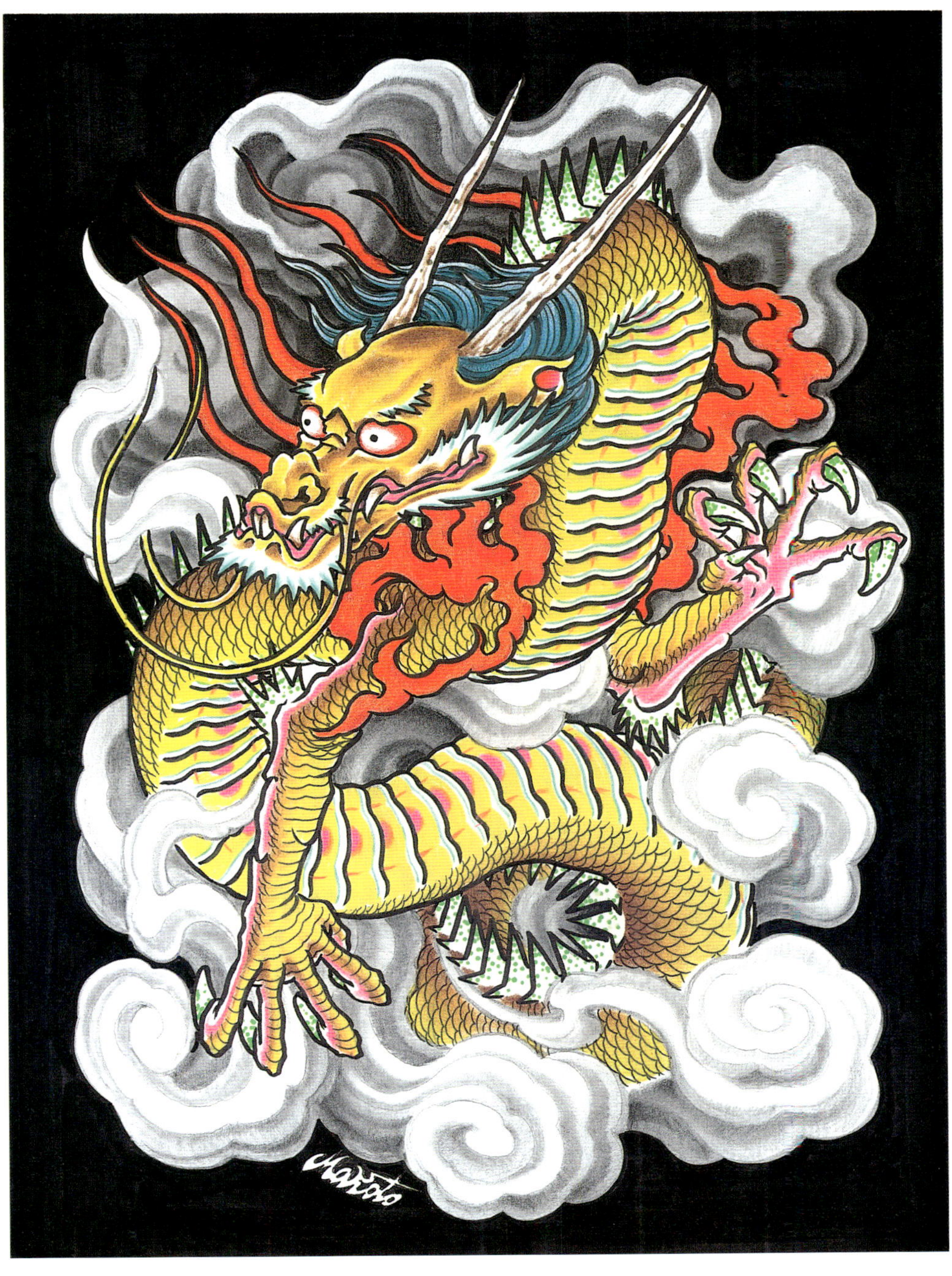

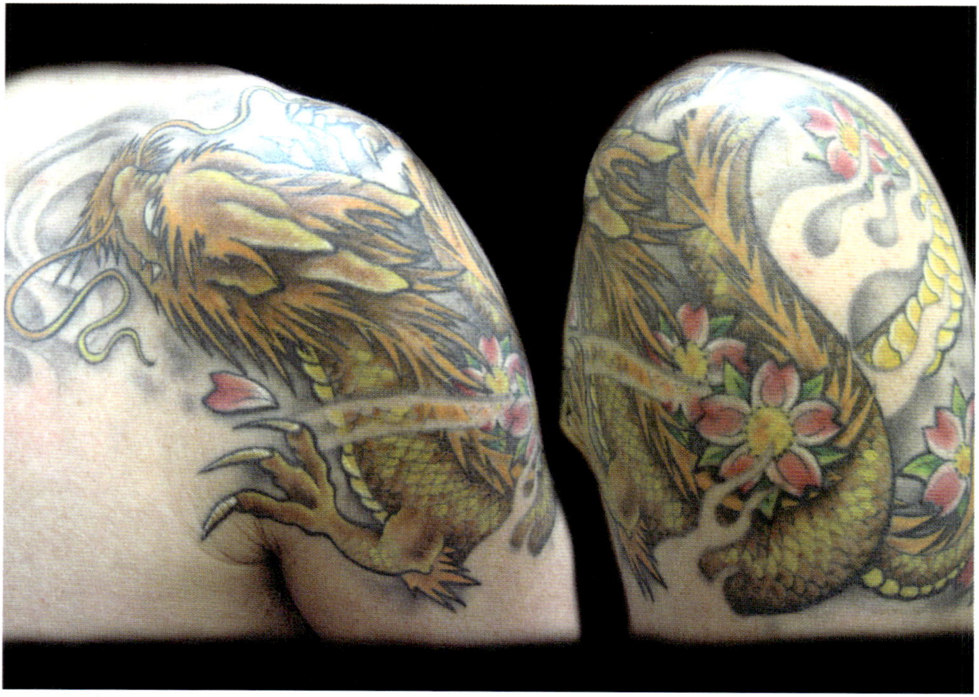

Jo Harrison／MODERN BODY ART

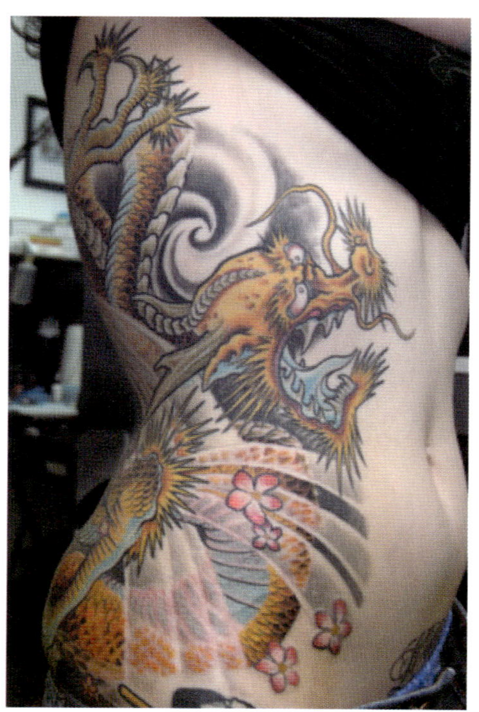

Chad Koeplinger／American Graffiti

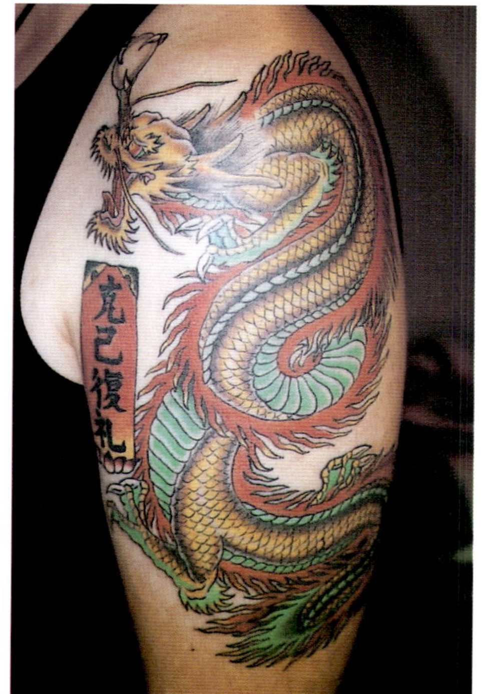

Kato／THE TATTOO SHOP

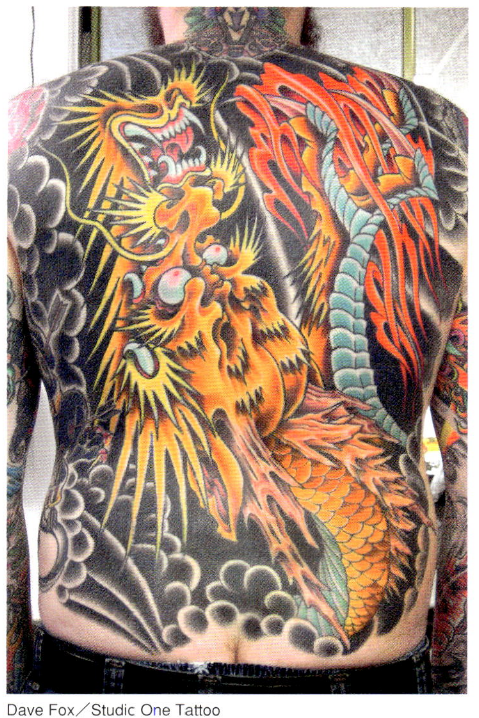

Dave Fox／Studio One Tattoo

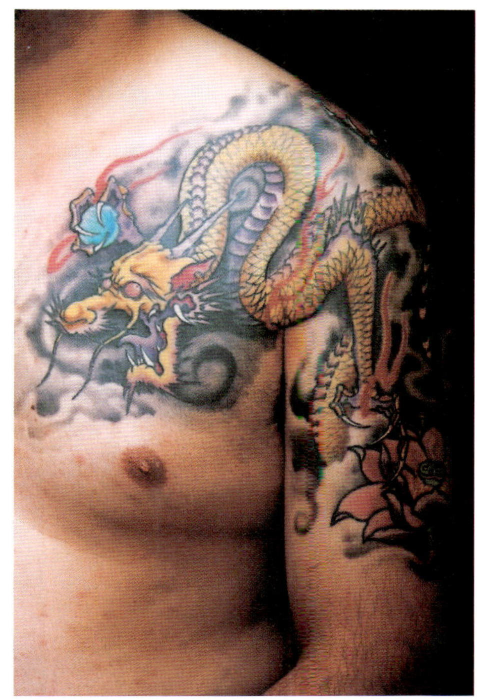

NAOKI／TATTOO TRIBE

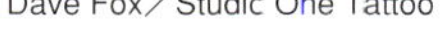

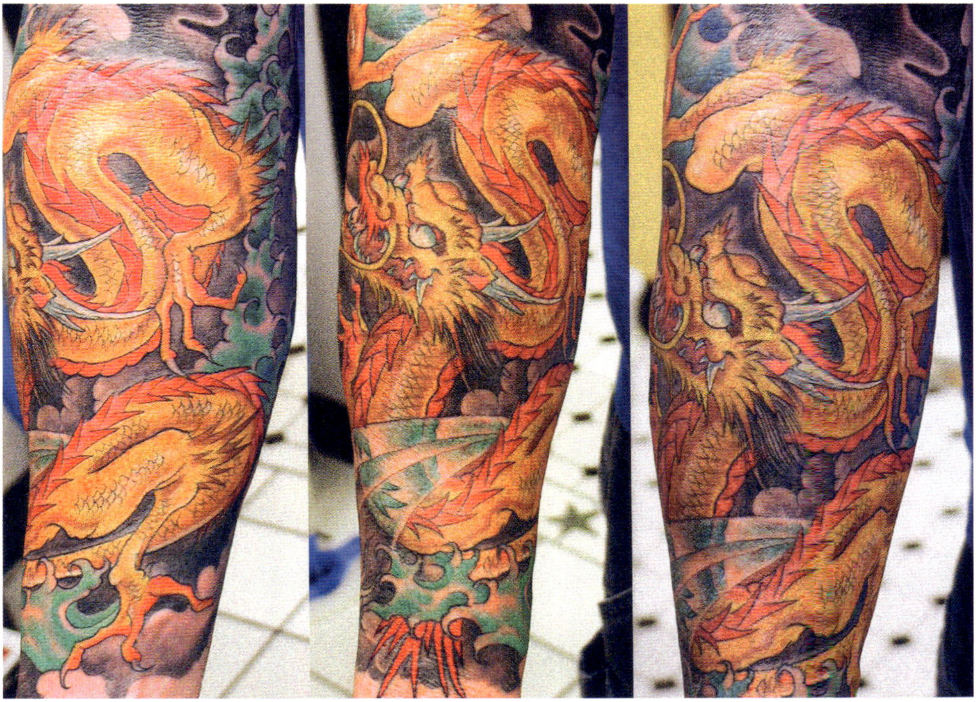

Joe Capobianco／HOPE Gallery

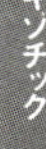

赤龍 / **Sekiryu**

狂乱の炎

DATA

別名：紅龍
中国音： Chi Long / Hong Long

五行思想の束縛を受けぬ美

　赤は聖域の色、祝いの色である。寺社仏閣を彩る朱の顔料は辰砂という赤色硫化水銀を原料としており、これには防虫防腐の他、魔除けの効能があるとされてきた。東洋人は赤を好む。が、不思議なことに赤龍を描いた神話伝承は、驚くほど少ないのである。おそらくは五行思想で火の属性色とされ、水神の性質を持つ龍とは馴染みにくいことが原因であろう。だが人々は神話的な背景を持たぬこの赤龍を、古くから愛好し続けていた。陶磁器には赤龍を絵付けしたものが少なくないし、春節（旧正月）の蛇踊りでも色鮮やかな赤い龍の姿をよく見かける。紅蓮の炎を思わせるその姿には、魂の奥底から力が沸きあがるような、理屈を超えた美しさがないだろうか。

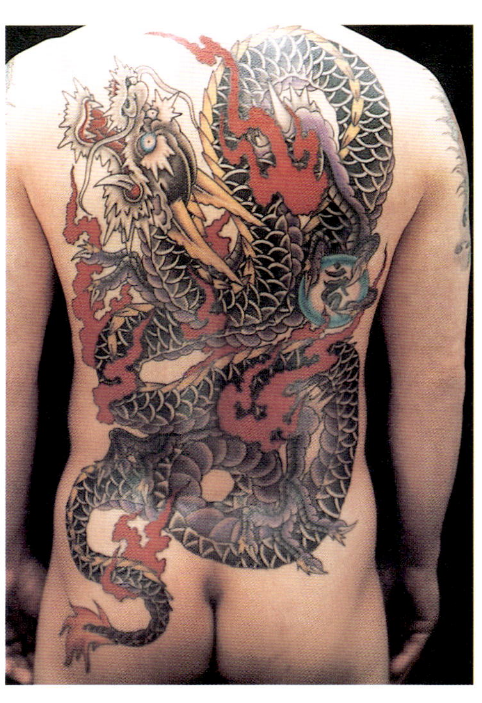

豪雨を止めた赤龍

　龍にまつわる民間伝承は河川や雨に関したものが多いのだが、大阪府南河内郡、龍池山弘川寺の由来を伝える昔話は、少し毛色が変わっている。

　天武天皇の御世であった673〜686年頃のこと。河内の民は日照りのため水不足に悩んでいた。そこへ現れたのが修験道の開祖として名高い行者、役小角である。行者は弘川山中で雨乞いの呪法を行い、天から白龍を呼び出した。たちどころに雨が降り出し人々は大いに喜んだのだが、今度はこの雨が降り止まず、川の堤防まで決壊する始末。二度目の祈祷で行者は赤龍を呼び、雨雲を追い払ったという。体色によって龍が雨の神にも日照り神にもなるという、珍しい物語だ。

HORINAO／CAT CLAW TATTOO

HORINAO／CAT CLAW TATTOO

作画上のアレンジポイント
赤い龍なので黒を使わず、炎を黒で表現して龍が浮き立つように。リアルになりすぎず、いつも通りの感じで。

使用画材
ウォーターカラー
ウォーターカラー専用紙

龍・ドラゴンについて
龍の注文は多いので、なるべく同じものにならない様、顔の表情などに気をつけている。自分の中で『今年の龍』のイメージがあり、そこからアレンジしている。

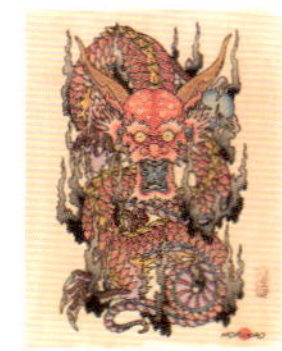

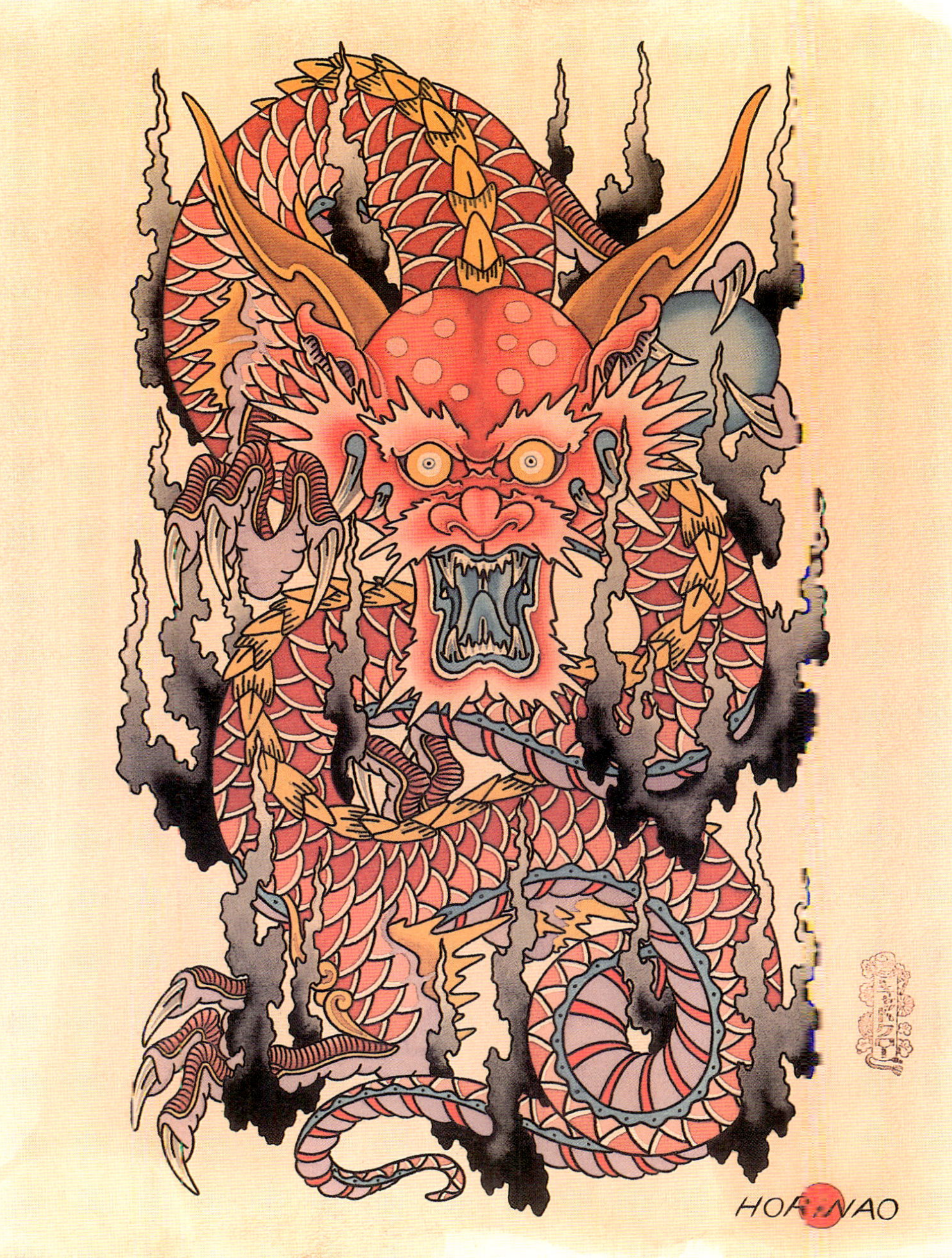

HORINAO

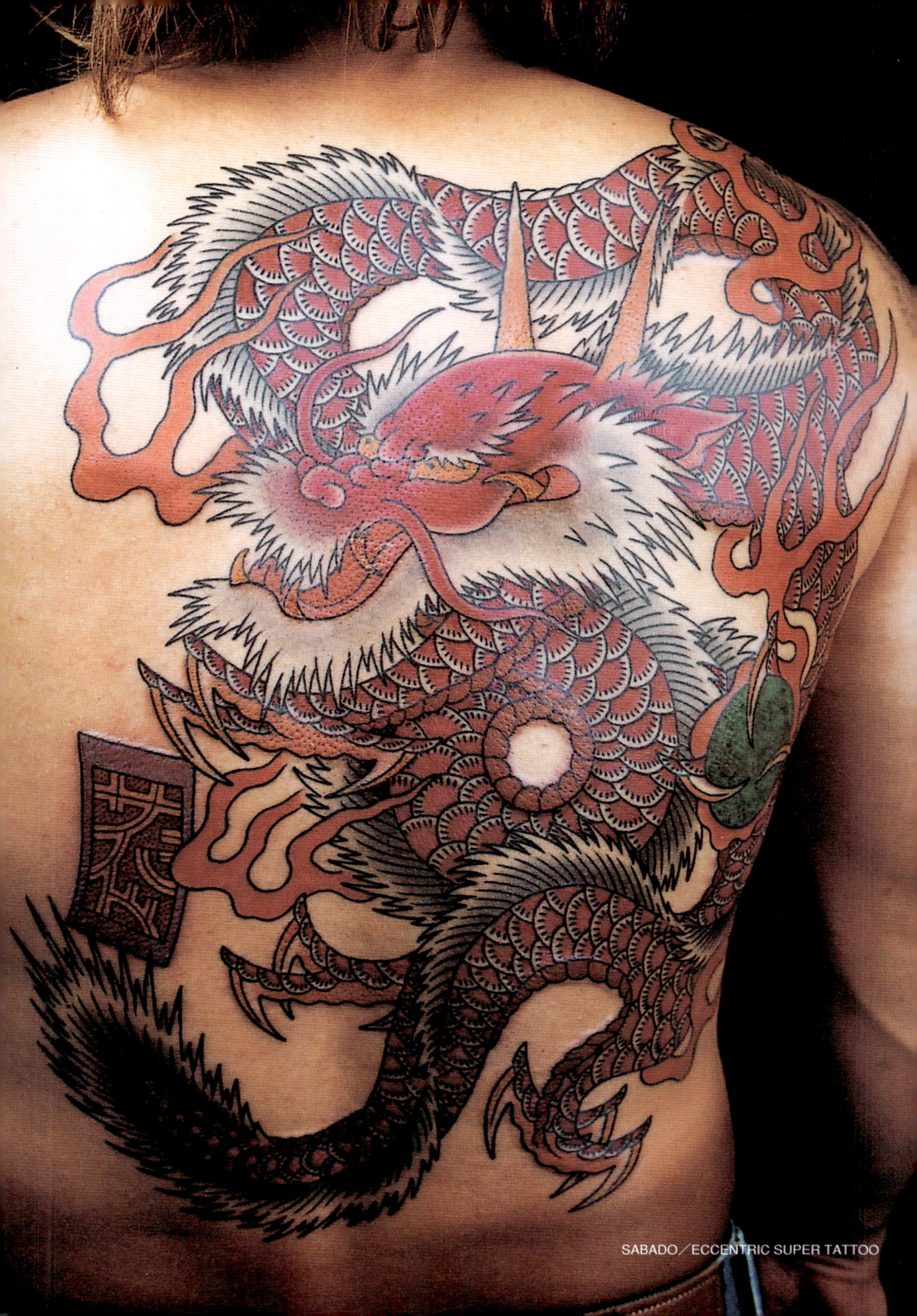

SABADO／ECCENTRIC SUPER TATTOO

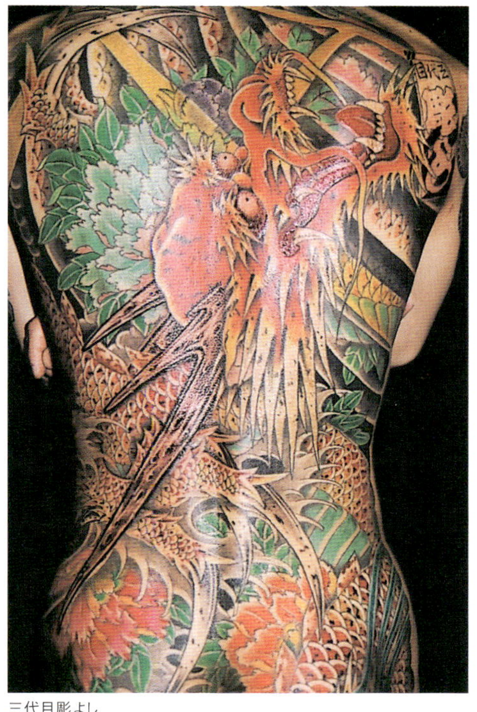

三代目彫よし

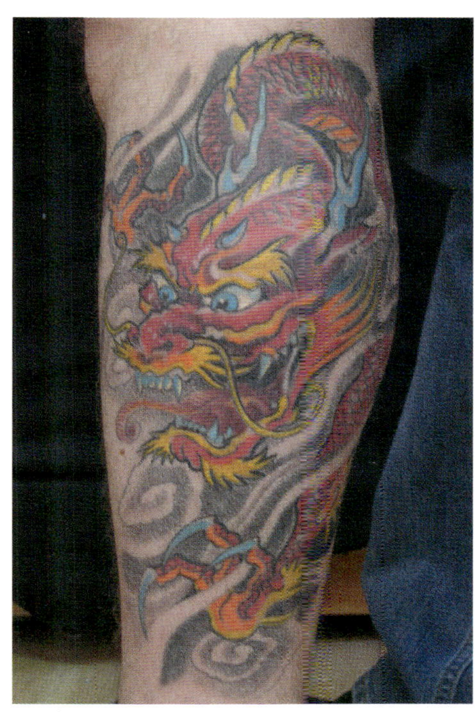

LEO／Naked Trust Tattoo

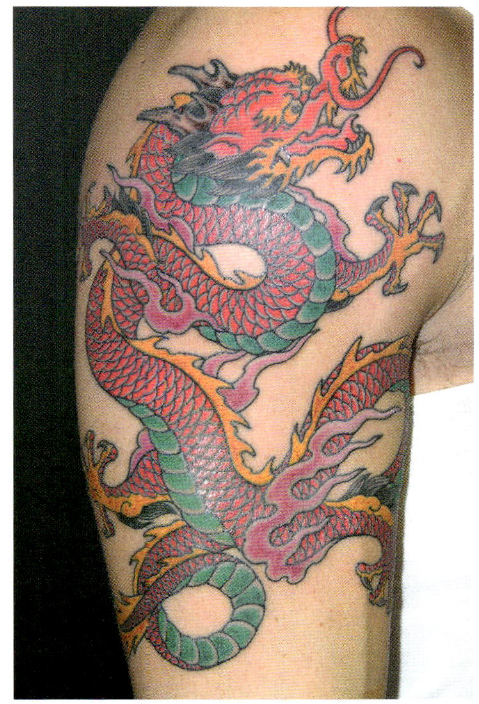

Chris O'Donnell／New York Adorned

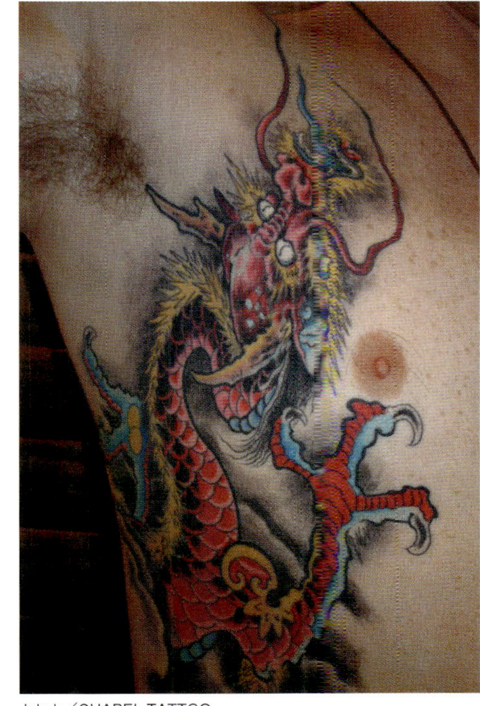

Jakob／CHAPEL TATTOO

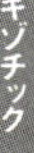

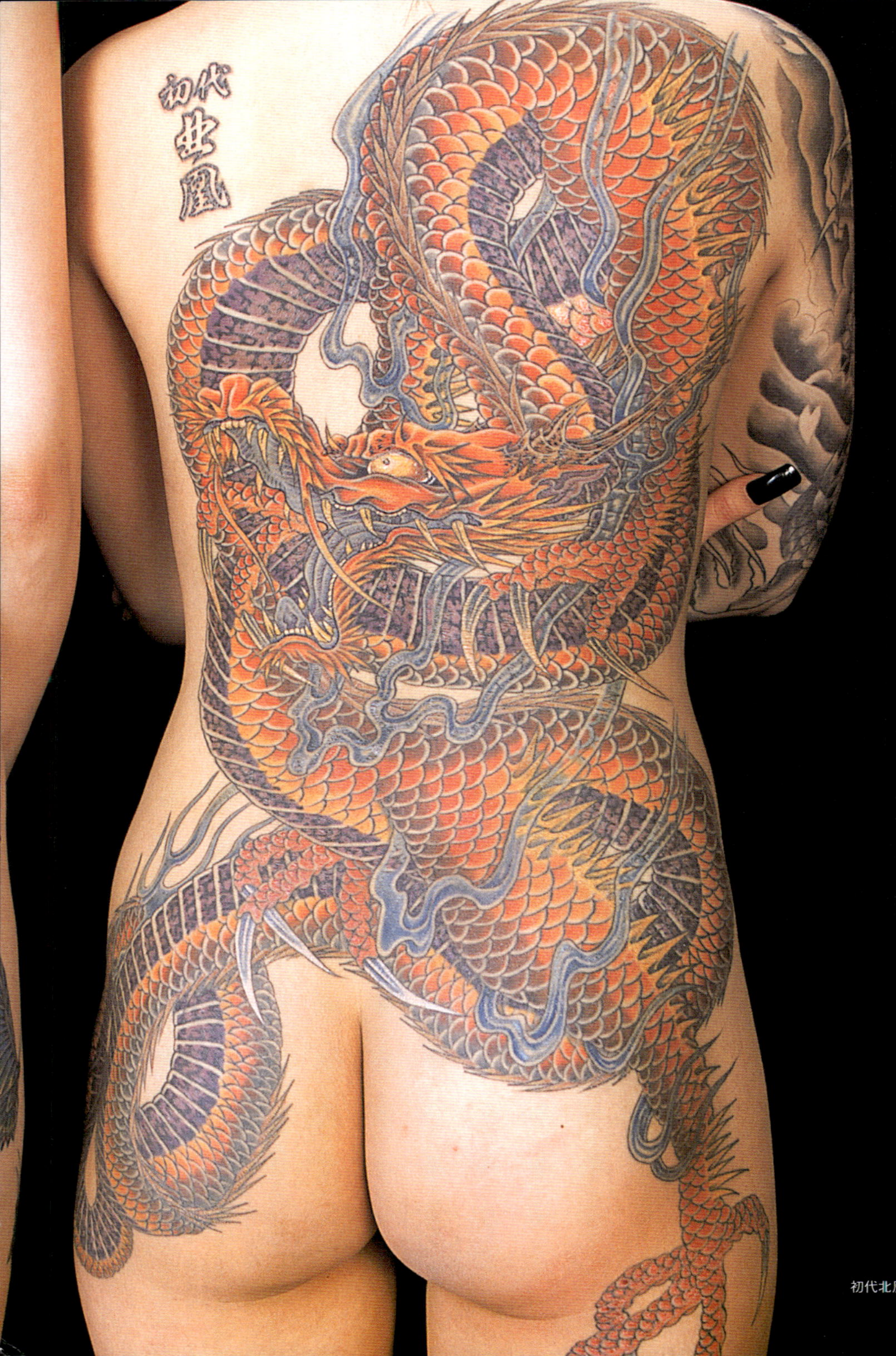

初代北龍

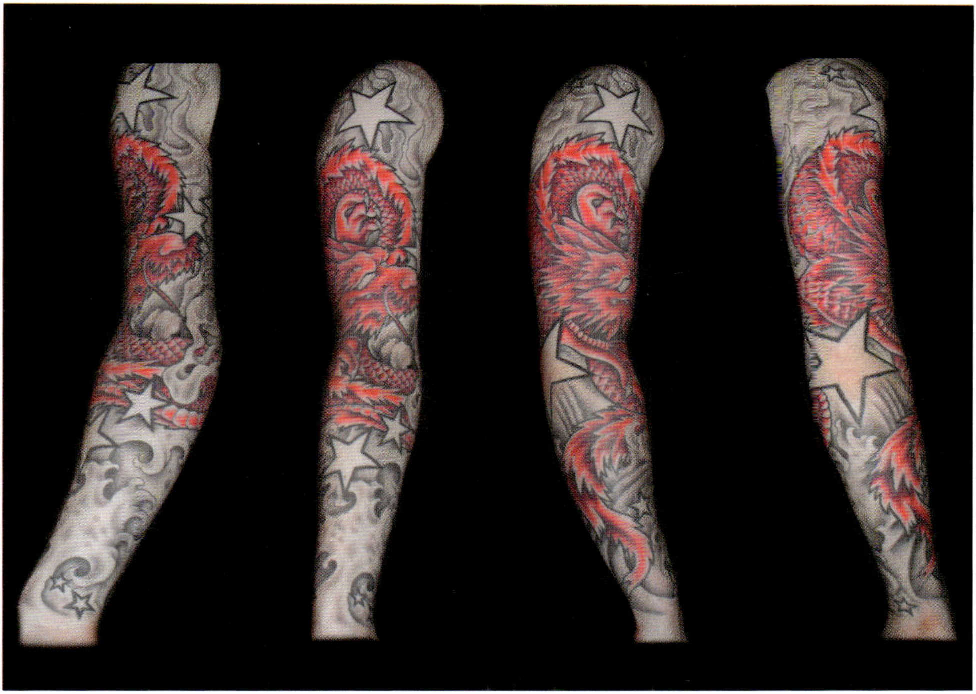

Jo Harrison／MCDERN BODY ART

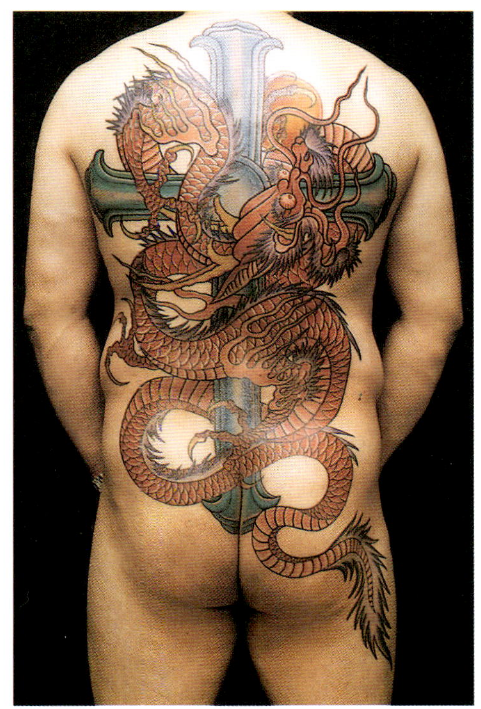

RYOSUI／COOL STAR TATTOO SHOP

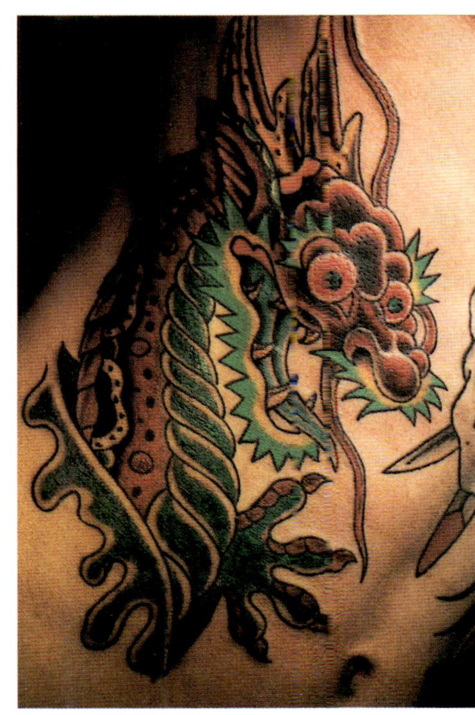

Kato／THE TATTOO SHOP

白龍 / **Hakuryu**

白蛇から白龍へ

DATA

中国音：Bai Long

白の瑞獣（ずいじゅう）

中国の神話によれば天界の支配者たる天帝の使いであり、あらゆる龍の中で最も速く飛翔するという。白龍は我が国でも古くから信仰の対象となっていたが、これは中国道教の白龍をそのまま輸入したものではなく、土着の白蛇信仰が発展したもののようだ。白蛇は古来より、神社や家屋を護り財運をもたらす霊獣とされてきた。

やがて白い龍蛇は宇賀神（うがじん）（仏教の福徳神と、神道の穀物神・宇迦御魂（うかのみたま）が習合した神）の眷属（けんぞく）とされるようになり、さらには弁財天（河川の女神サラスヴァティを原型とし、日本では宝冠に人身蛇体の宇賀神像を頂くことが多い）への信仰とも結びついて、水難を退け富と豊穣をもたらすという霊性を帯びてゆく。

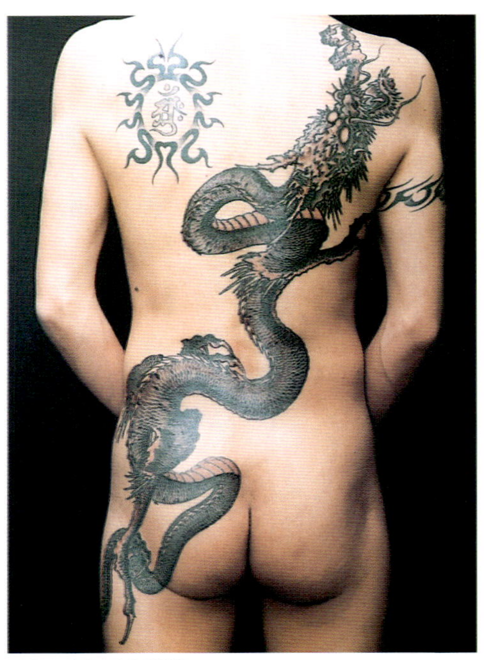

NAOKI／TATTOO TRIBE

龍の成長

龍の交尾は暴風雨の中、小さな蛇の姿に変じて行われ、この光景を見た者は三年以内に死ぬと言われていた。産まれた卵は両親の念＝思抱（しほう）によって温められ、龍の幼生が孵化（ふか）するのだが、この段階ではまだ龍の姿をしておらず、蝮（ふく）（マムシの古称）と見分けがつかない。孵化から五百年を経て蝮は蛇身に鯉の頭を持つ水霊、蛟（みづち）に成長。蛟はさらに千年生きて四脚を備えた蛟龍（こうりゅう）となり、続く五百年で角が生え、ようやく成体になるという。ただしこれは、数ある説の一つに過ぎない。龍の生態については『述異記』（じゅついき）や『広雅』（こうが）、『本草綱目』（ほんぞうこうもく）など文献によって違いが見られ、蛟、蚪（きゅう）、螭（ち）などを、成長過程の龍ではなく眷属とする説もある。

ART WORK **NAOKI／TATTOO TRIBE**

作画上のアレンジポイント
バックピースとして使える事を意識し、迫力が出るように。紙の白さを利用し、白龍の白さを出せるように心掛けました。

使用画材
ウォーターカラー
パステル
色鉛筆
水彩紙

龍・ドラゴンについて
龍は注文で一番多い題材。毎回違ったものを描くように心掛けている。表情・体型で変化をつけやすいと同時に奥の深いモチーフだと思っています。

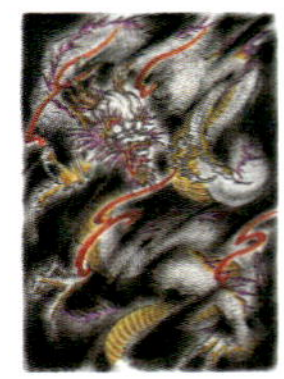

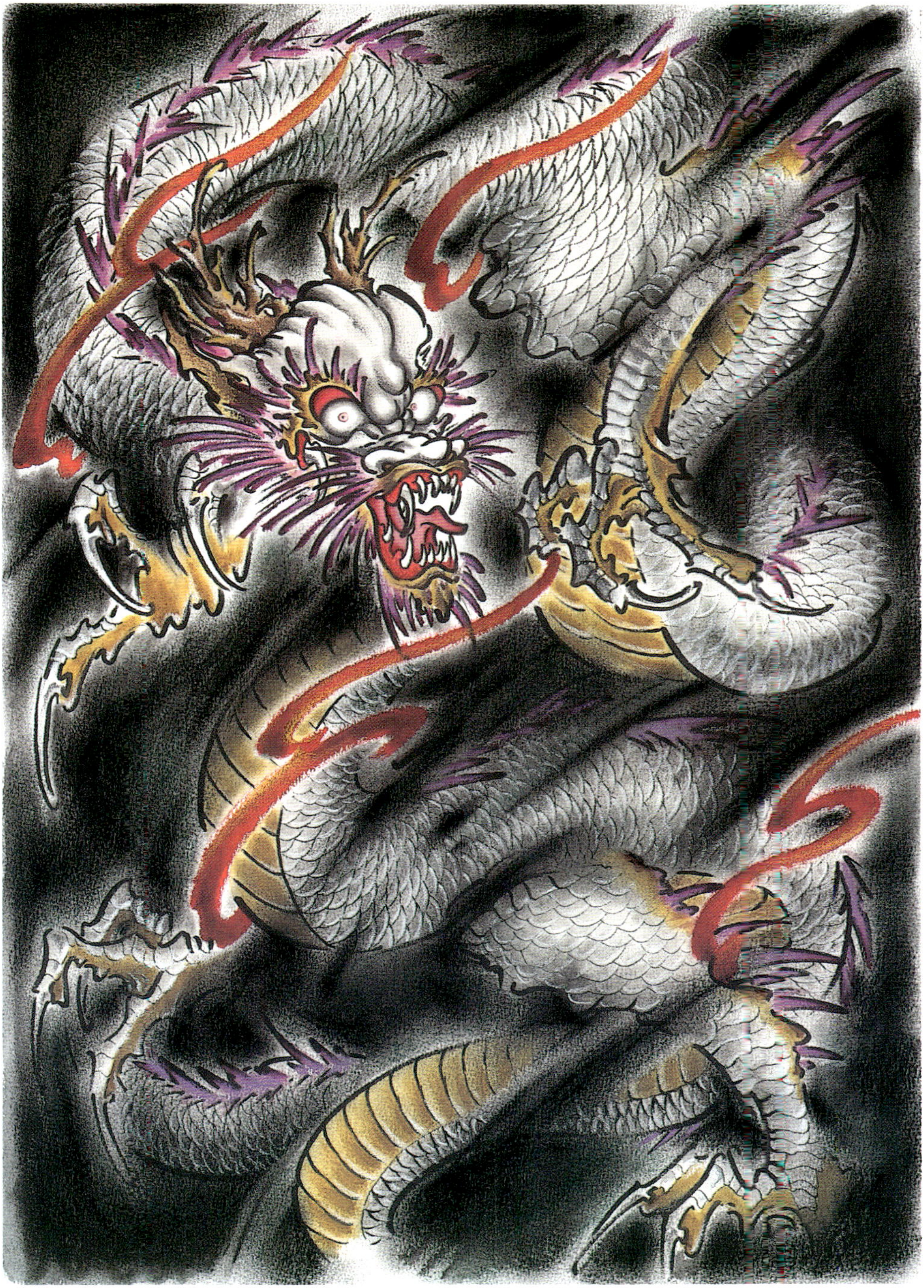

倶利迦羅龍王 ／ Kurikara Ryu Ou

魔を断つ剣

DATA

別表記：倶梨伽羅龍王、矩里迦龍王など

伝統の龍身呑剣図

不動明王の眷属、または不動明王そのものの化身と伝えられる龍。磐石（岩の台座）の上に立てられた、魔を断ち煩悩を斬り祓う法具「利剣」に巻き付き、憤怒の火焔に身を包みながら剣先を飲み込もうとする姿で描かれる。我が国では9世紀以降、不動信仰の隆盛と共に広く親しまれるようになり、仏教美術や刀剣装飾の題材として好まれてきた。日本伝統刺青の図案としても古来より人気が高く、この図案の彫り物は俗に「倶利迦羅紋紋」と呼ばれている。不動明王の種字（その仏尊のイニシャルとなる梵字）である「カン」や、利剣と対をなす持ち物「羂索」と共に描いた図像も多い。

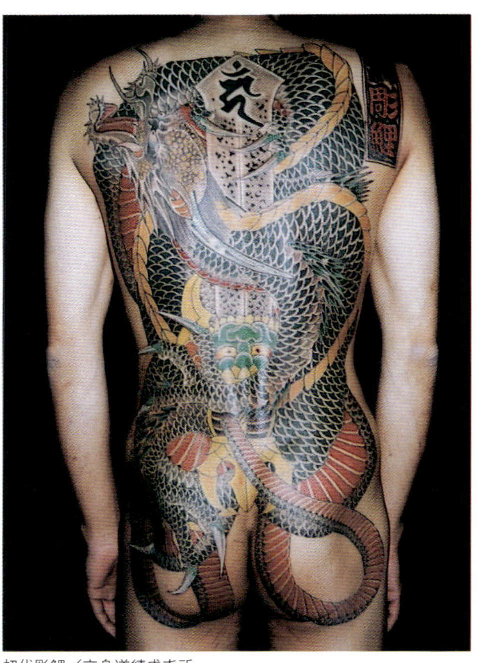

初代彫鯉／文身道練成屯所

龍王

「龍王」と呼ばれる存在にはいくつかの種類がある。ひとつはヒンドゥー教神話の蛇神族＝ナーガに起源を持つ仏教系のもので、八大龍王や倶利迦羅龍王など。『大仏母孔雀明王教』には150以上もの龍王が名を連ねている。もう一つは中国土着の龍蛇信仰から生まれた、道教の神々。『西遊記』の物語中で孫悟空に如意棒などの宝を強奪された、東西南北の四海龍王が代表例だ。初期の仏教経典ではナーガの漢訳に「竜」の字をあてたため、論者によっては「仏教系が竜王、道教系が龍王」と厳密に区分する場合もある。また、日本各地の「龍王祭」で祀られるものは、海や河川、山などの守り神として信仰されていた土着の「ヌシ様」であることが多い。

<table>
<tr><td></td><td colspan="3">初代彫鯉／文身道練成屯所</td><td rowspan="2">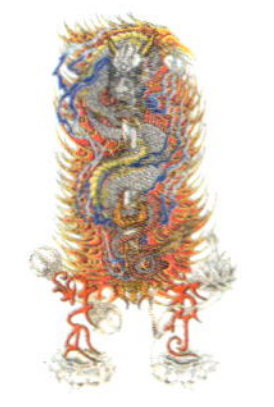</td></tr>
<tr>
<td>

作画上のアレンジポイント

北斎の「倶利迦羅龍王」を元に、背景に横の広がりを持たせる為に炎を描きました。

</td>
<td>

使用画材

アルシュ水彩紙
水性ペン（三菱PIN）
（マービーマーカー）
色鉛筆、鉛筆

</td>
<td>

龍・ドラゴンについて

実際に彫るならば、剣を割る訳にはいかず、腰上でデザインが終わる為、腰下左右に矜迦羅・制吒迦などの梵字を使いアレンジした物を彫ってみたい。※右イラスト参照

</td>
</tr>
</table>

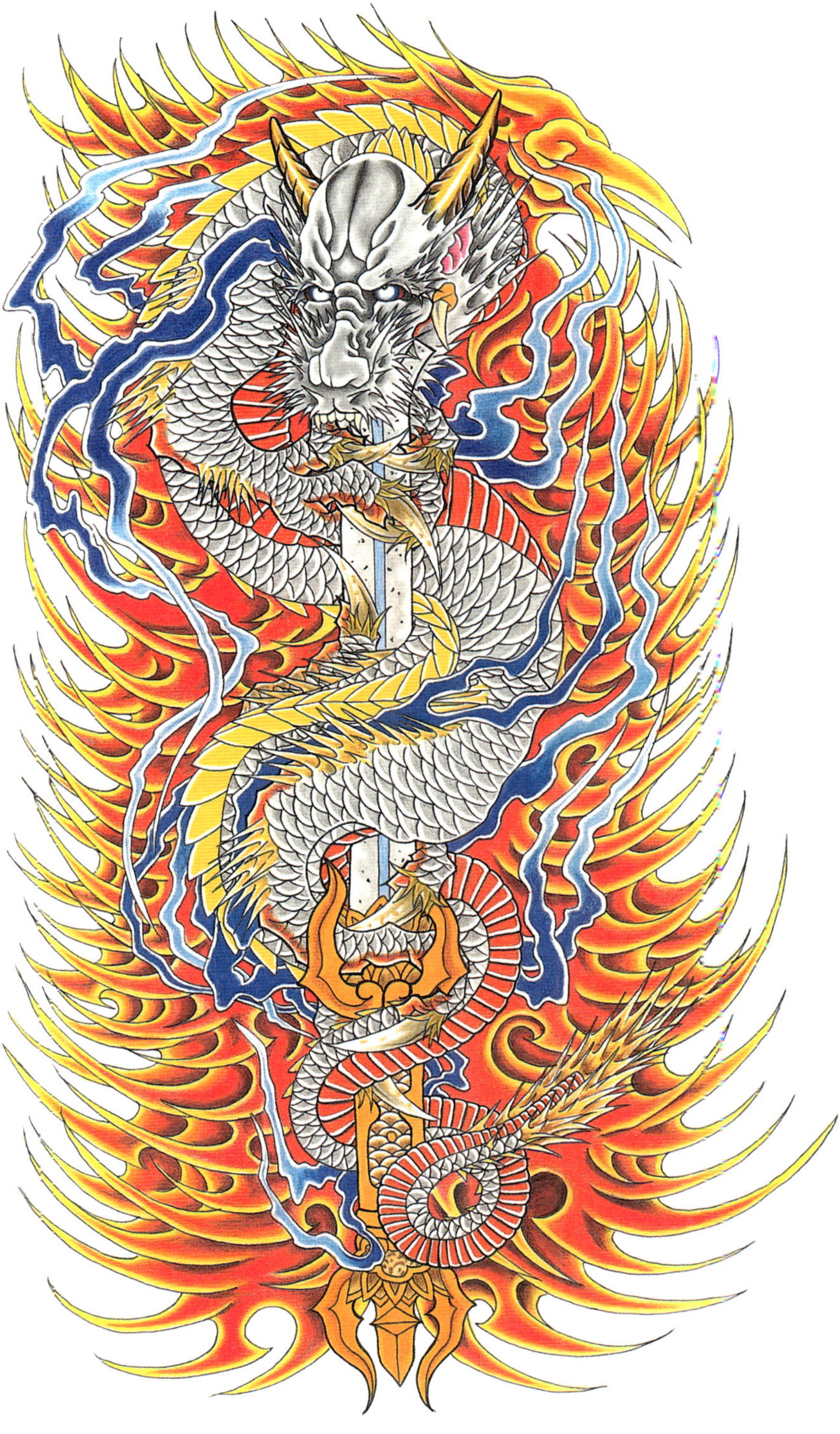

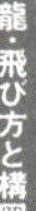

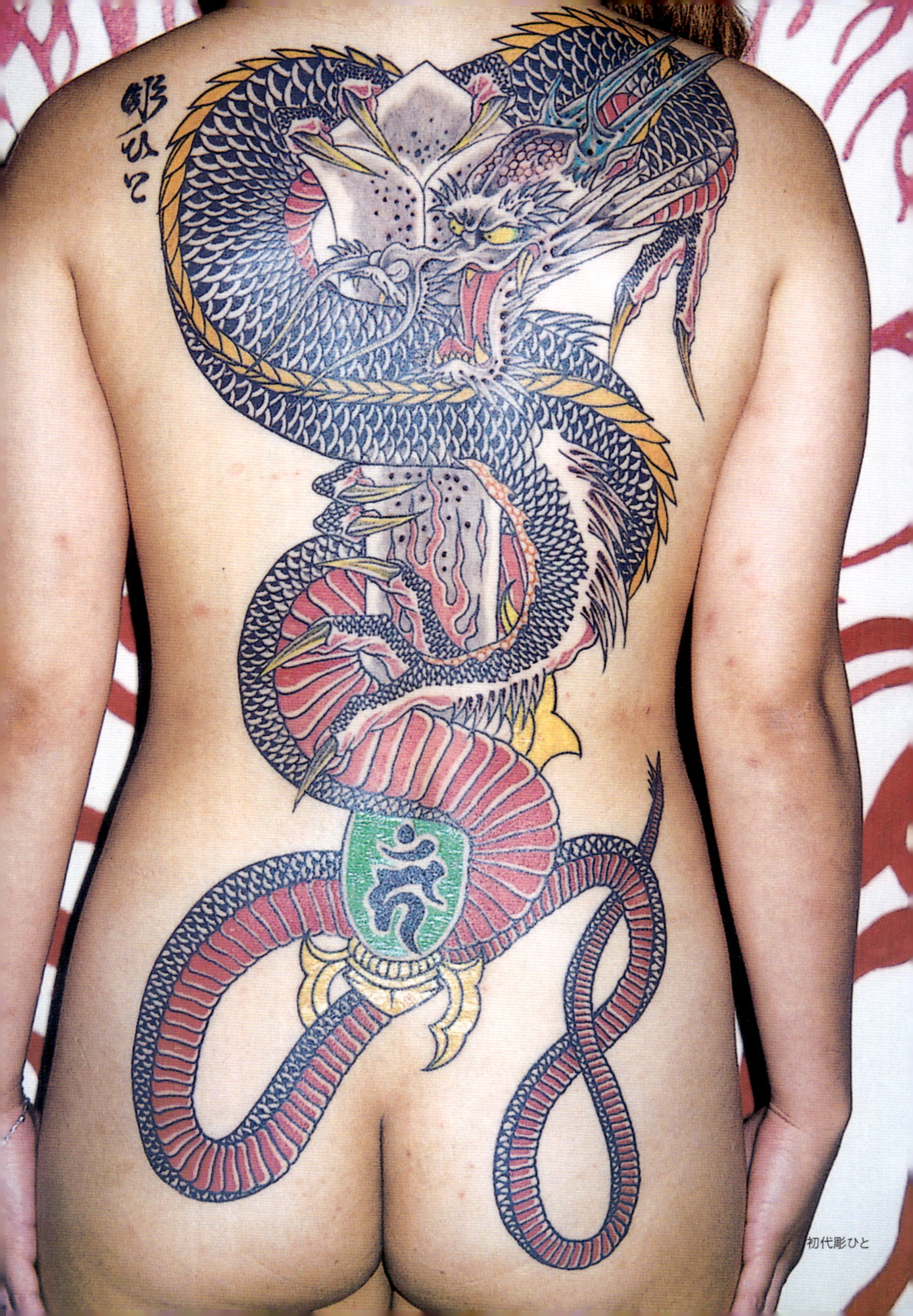

初代彫ひと

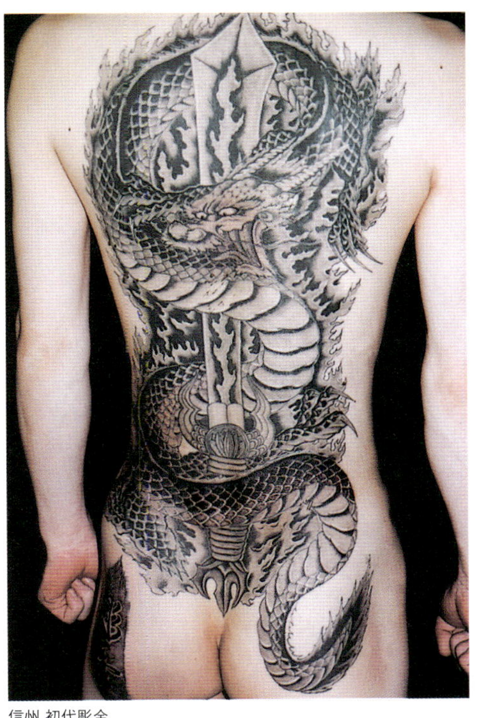

信州 初代彫金

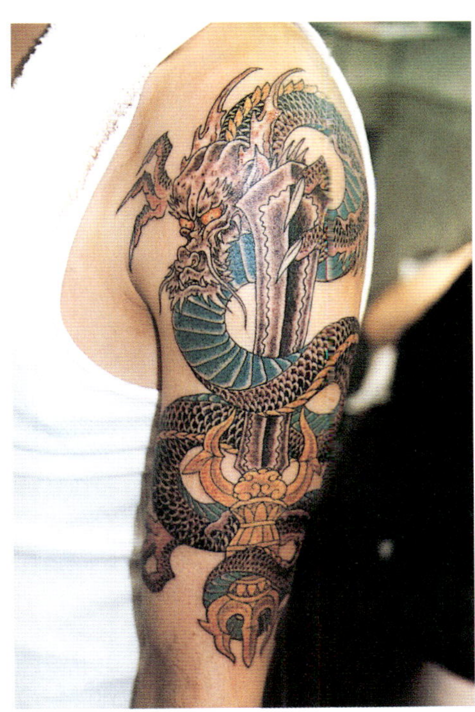

TIM LEHI／BLACK HEART TATTOO

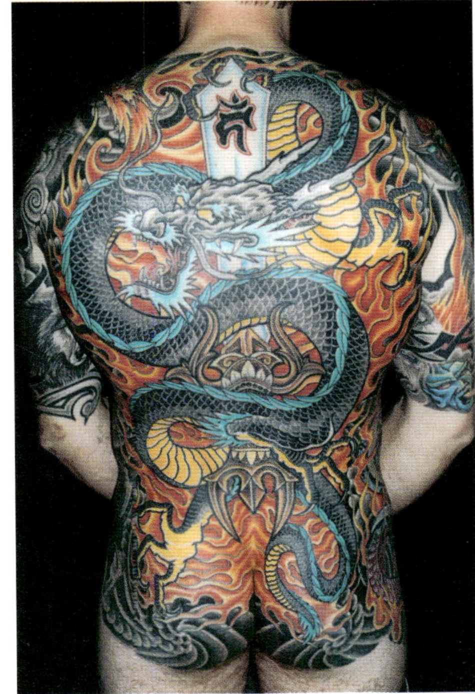

Henning Jorgensen／Royal Tattoo

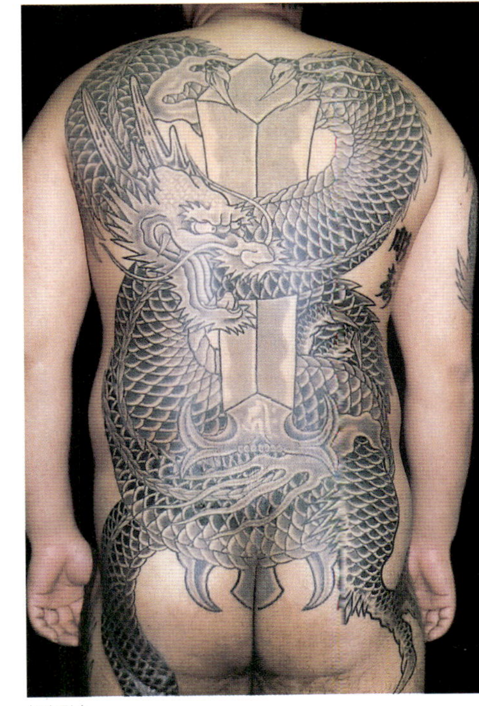

熊本彫寿

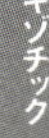

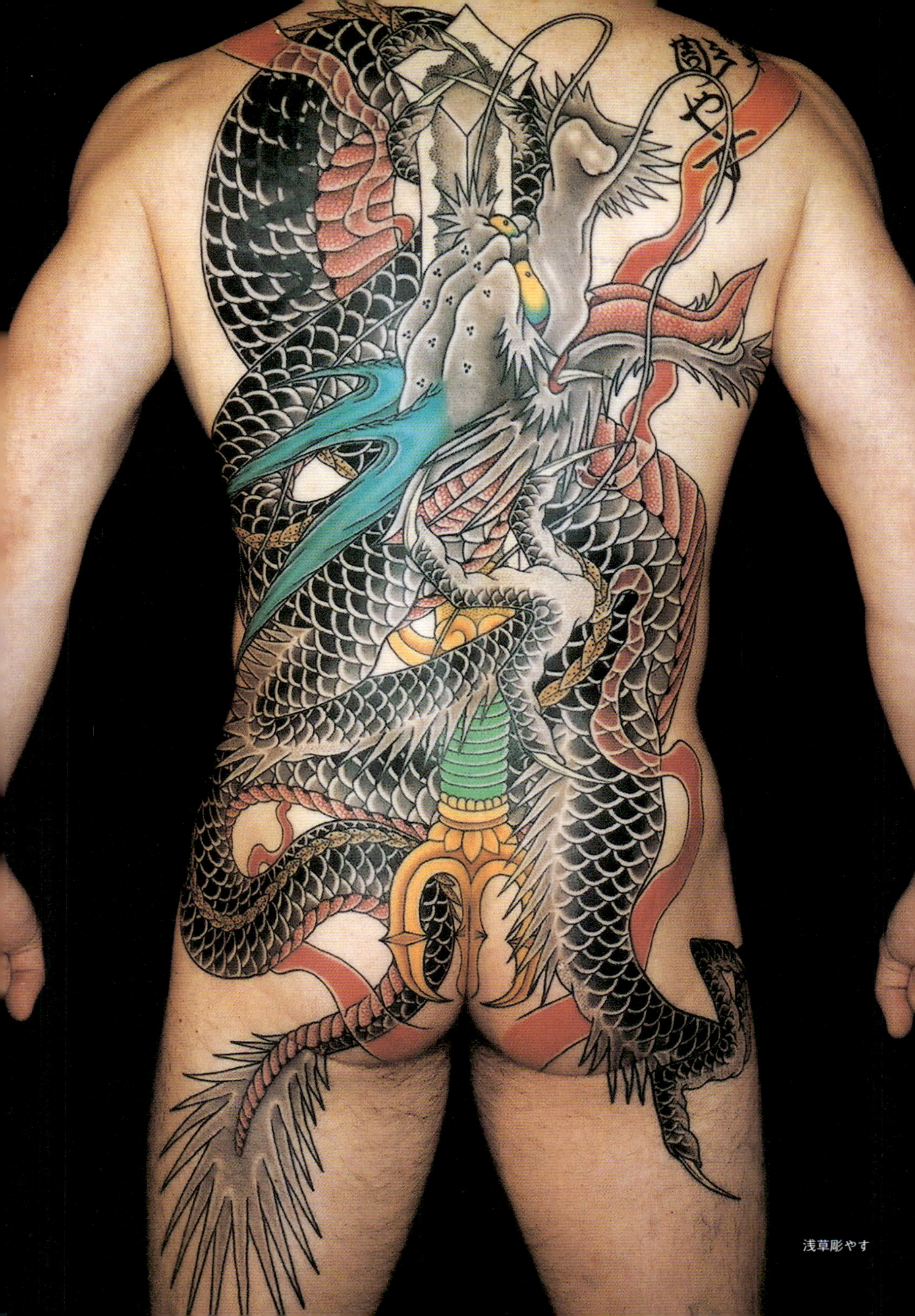

浅草彫やす

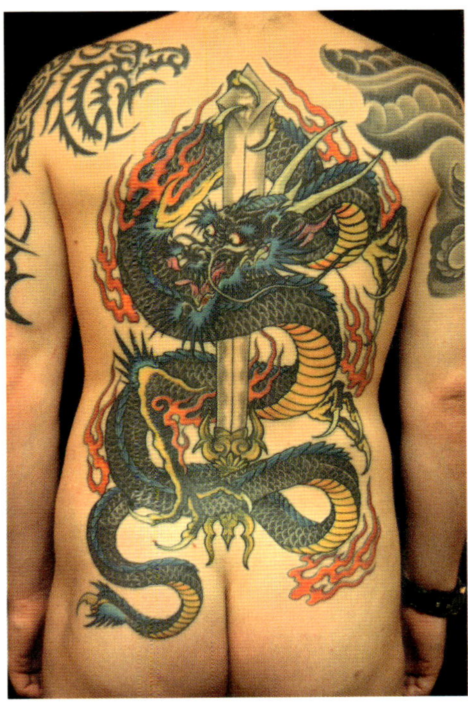

Luke Atkinson／Checker Damon Tattoos

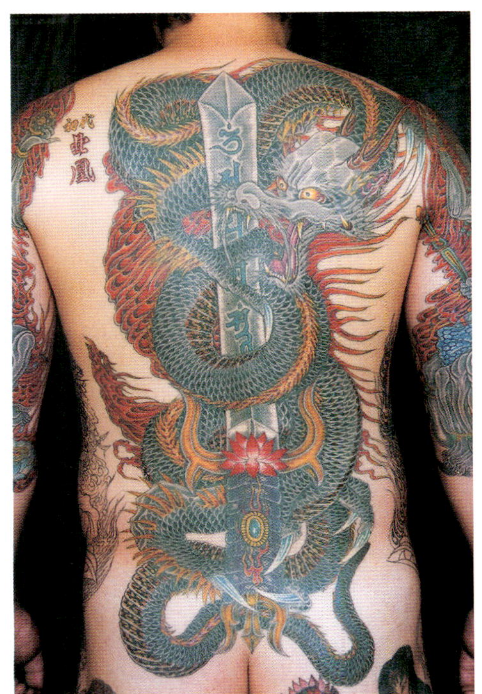

初代北凰

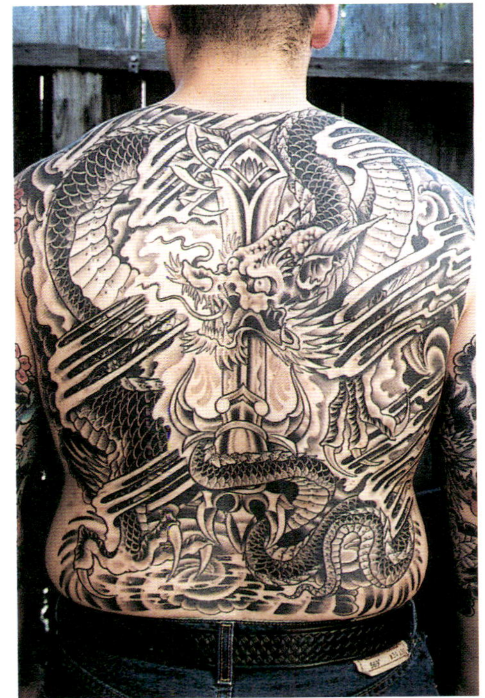

KLEM／Samuel O'Reilly's Tattoo Parlour

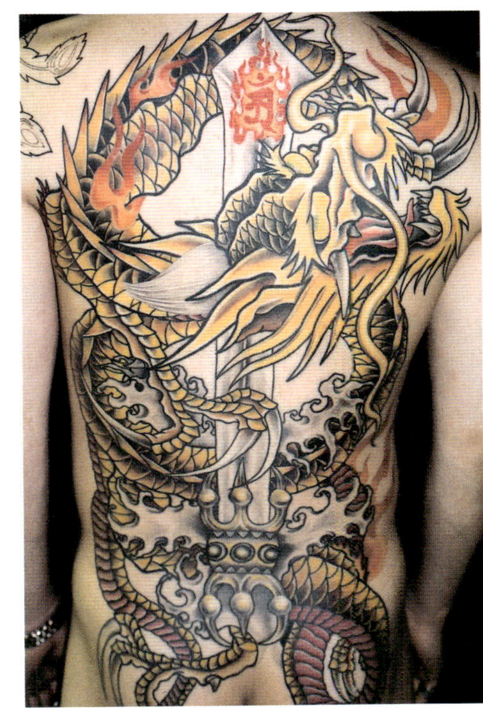

オオキ／Skin Evolution TATTOO STUDIO

龍鳳図 / Ryu Hou Zu

りゅうしょうほうぶ
龍翔鳳舞

DATA

中国音：Long Feng

古代中国の二大トーテム

　瑞祥として好まれる二つの神獣、龍と鳳凰を対にした意匠。優れた人物の象徴でもあり、いずれ大成するであろう若者を眠る龍や鳳凰の雛に喩えて「臥龍鳳雛」とも呼ぶ。この両者は古代中国における二大トーテムであったようだ。北方の人々は河川への信仰から龍蛇を生み出し、南方では太陽信仰を背景として鳳凰が誕生。中国統一の過程で出会った両者は一つの神獣に混ざり合うことなく、共に王権のシンボルとなった、という説である。また、龍の緑と鳳凰の赤は補色（色を赤→橙→黄と色相順に並べた「色相環」で正反対に位置する色。混ぜると無彩色になる）関係にあるため、並べた際のコントラストも美しい。

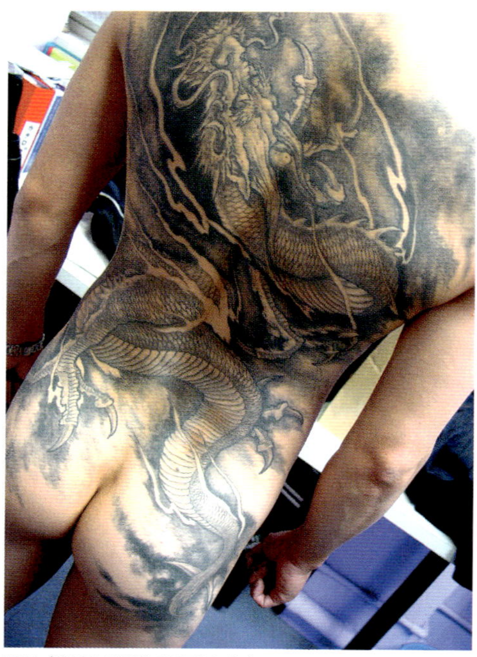

TON／CHOP STICK TATTOO 本店

龍の爪

　五爪の龍はかつて、中国皇帝にのみ使用が許されていた。周辺諸国に見られる龍の意匠が基本的に四爪なのは中国に敬意を払っていたためで、皇帝の持ち物を下賜する際も、爪の本数に修正を加え四爪にするのが習いであったという。日本の龍が主に三爪であったのは地理的にも政治的にも遠い「格下の国」であったからとされているがこれは誤りで、事実、明の建文帝から日本国王に冊封された足利義満は、他国の王と同じ四爪待遇である。日本で三爪龍が好まれたのは、奇数を吉、偶数を凶とし、四は死に通じるとする文化があったために過ぎない。もちろん現在では身分に関わらず誰もが自由に五爪龍を描き、これをあしらった品を所有することができる。

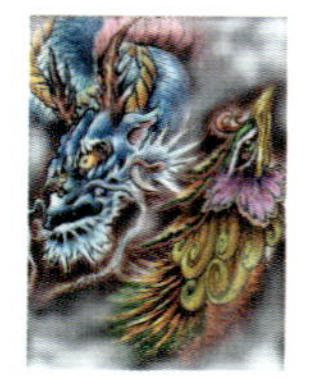

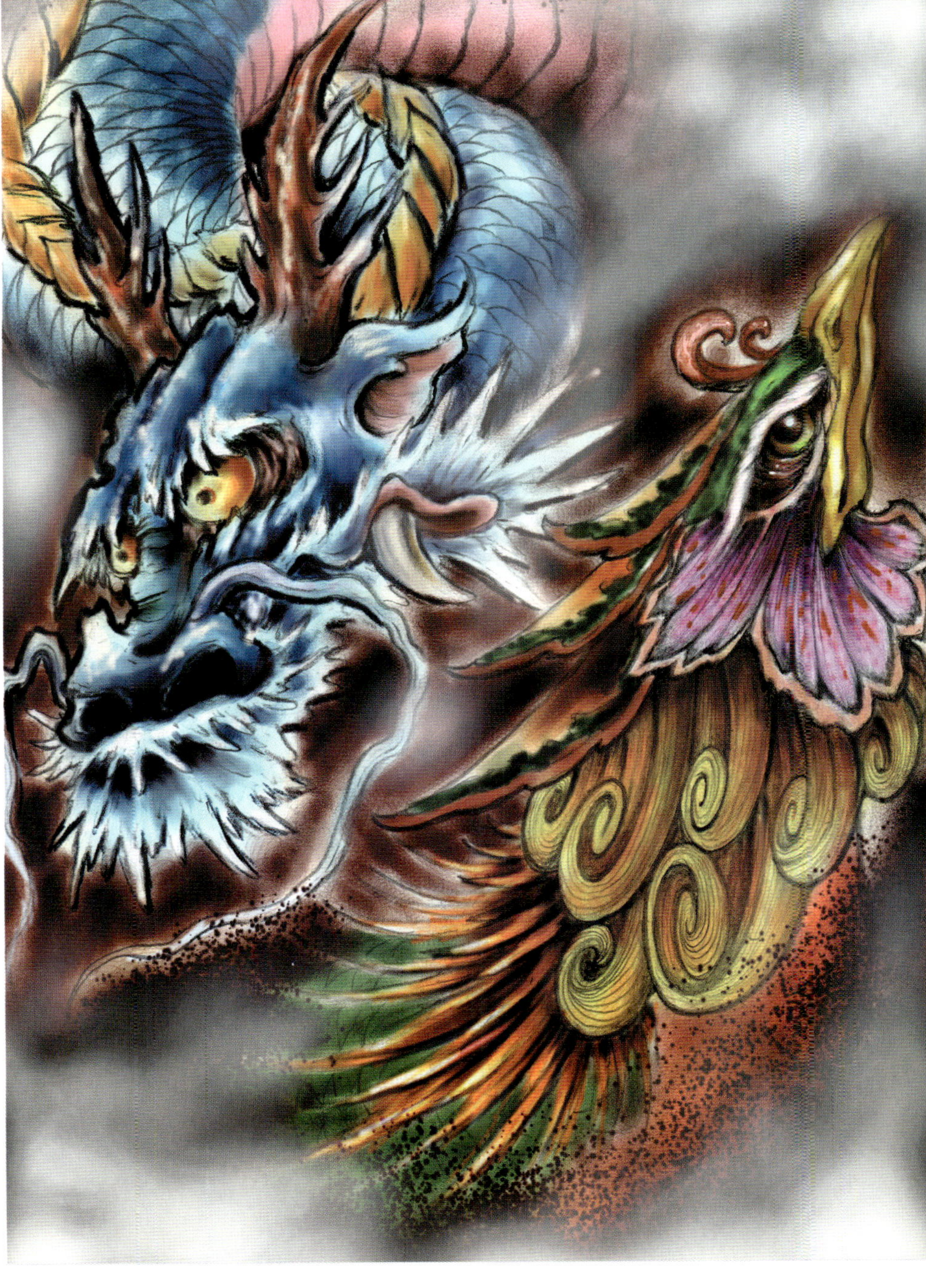

龍虎図 / Ryu Ko Zu

りゅうこあいうつ
龍虎相搏

DATA

中国音：Long Hu

覇を競う両雄

鳳凰と同じく虎もまた、龍と対で描かれることの多い獣である。ただし龍鳳図では対の概念を表す二者が「調和」しているのに対し、龍虎図には激しい「対立」の雰囲気が漂う。龍鳳図の陶磁器が好まれるのに対して龍虎図の器がほとんどないのはそのためだ（虎単体を描いた陶磁器もあまり見かけない。龍や鳳凰に比べて戦闘的なイメージが強すぎるのだろう。刀装具などでは人気のある獣なのだが）。実力伯仲する両雄が覇を競う様を「龍虎相搏つ」と表すように、両者は決して相容れず、戦う宿命にある。この意匠は客をもてなし、くつろがせるための器よりも、身近に置いて己の精神を鼓舞するための調度品——屏風や掛け軸などに向いているのだ。

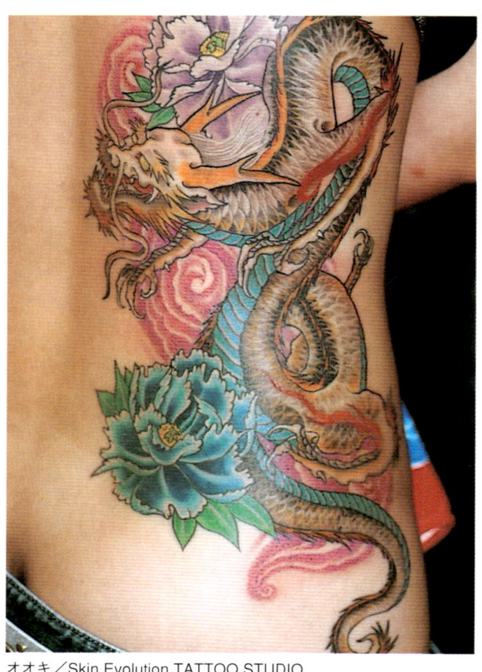

オオキ／Skin Evolution TATTOO STUDIO

苦悩する龍

能、歌舞伎、浄瑠璃などの演目として知られる道成寺の清姫伝説は、僧侶の安珍に恋焦がれる姫が妄執のあまり龍蛇と化して男を追う、激しい情念の物語である。

児童文学の傑作、松谷みよ子『龍の子太郎』（1960年）に登場する龍は、貧しさのあまり禁を破って三匹の岩魚を食べ、水神の祟りを受けた妊婦であった。龍は我が子を村人に預け、乳の代わりに目玉を渡すと、我が身を恥じて北の湖へ姿を消す。

身悶えるようにして天を舞い、激情を抑えきれぬかのように爪を振りかざし、咆哮する龍。人々はその姿に神獣の霊威を見るだけでなく、胸を突き上げる想いにのた打ち回る、人間的な苦悩をも投影していたのだ。

ART WORK　　オオキ／Skin Evolution TATTOO STUDIO

作画上のアレンジポイント
虎は泳げる事もあり水との関係も深く、龍も水から天に昇っていく事から、同等な存在として描いた。

使用画材
PMホワイト（用紙）
水性マーカー（色）

龍・ドラゴンについて
龍のオーダーを受ける時は、爪は3本爪にして日本的な龍を表現するようにしている。

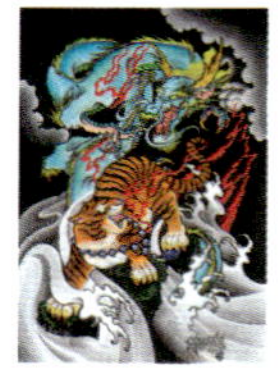

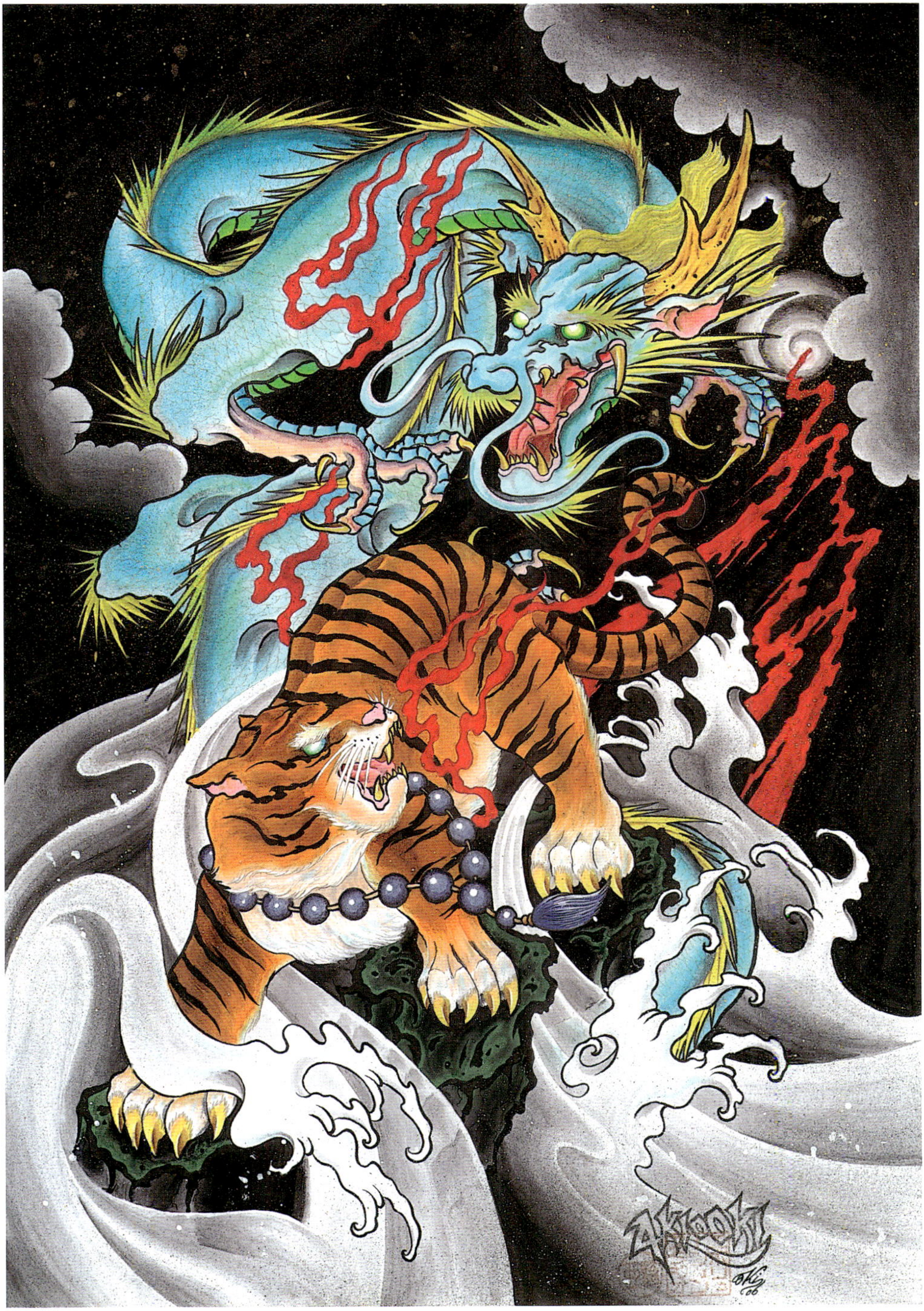

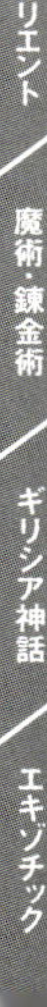
龍・飛び方と構図
龍・色彩
龍・古典的意匠
古代中国
ドラゴン退治
西欧のドラゴン
キリスト教
古代オリエント
魔術・錬金術
ギリシア神話
エキゾチック

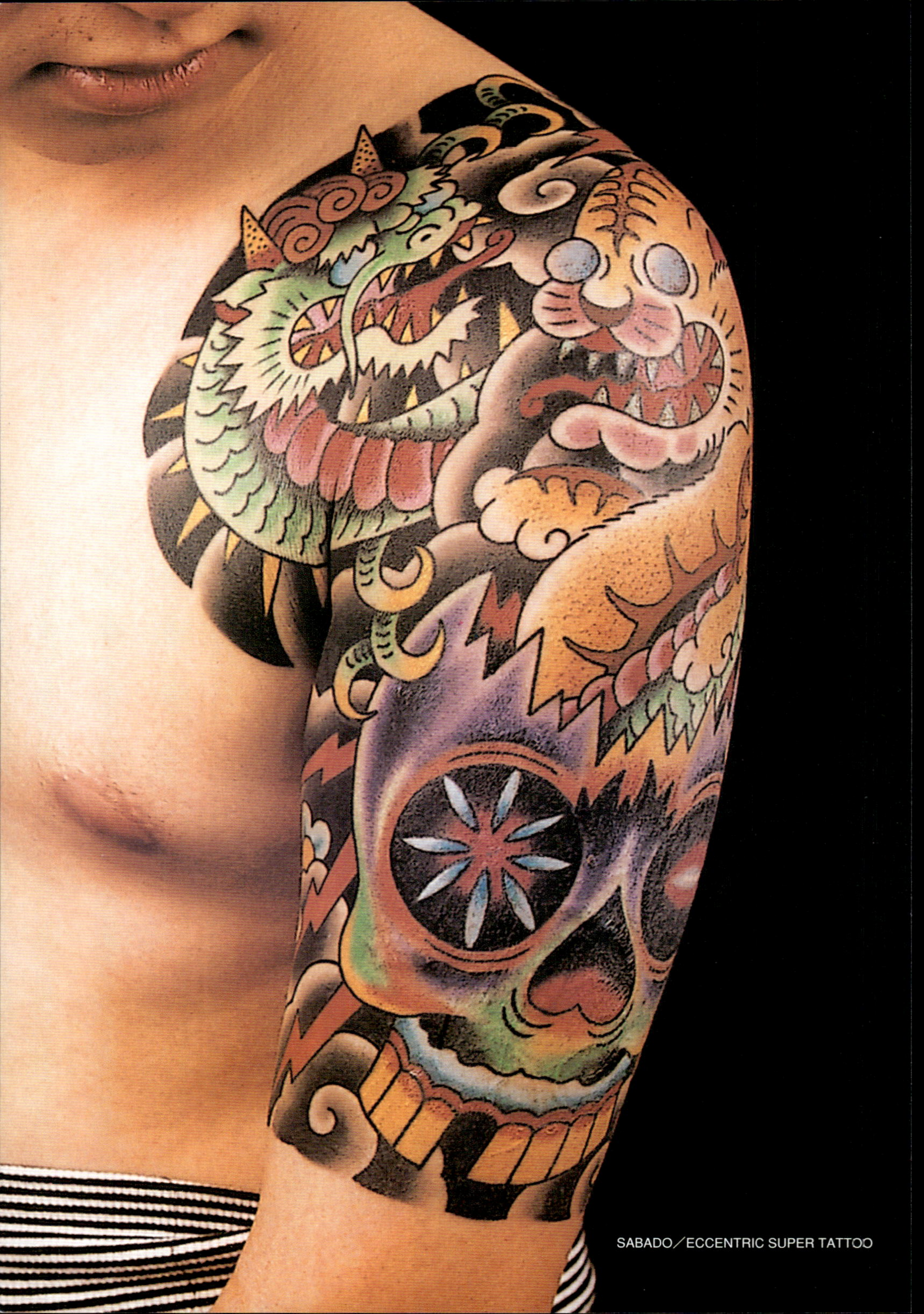

SABADO／ECCENTRIC SUPER TATTOO

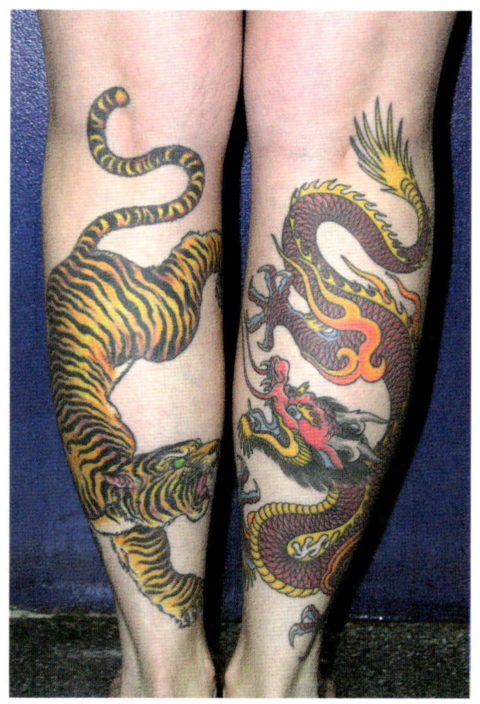

Chris O'Donnell／New York Adorned

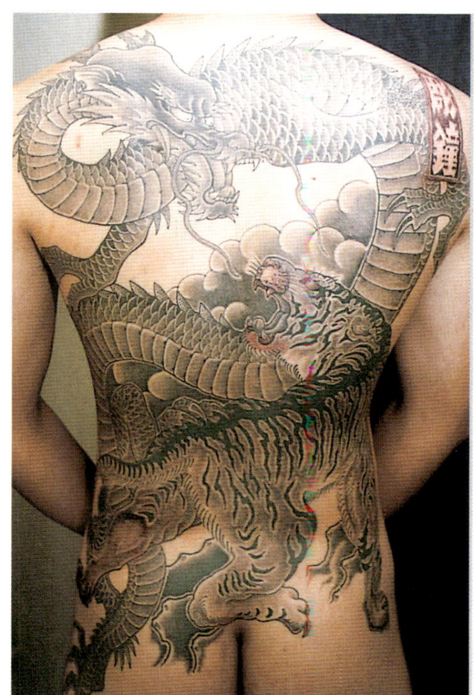

彫鐘／MIND SCAPE TATTOO

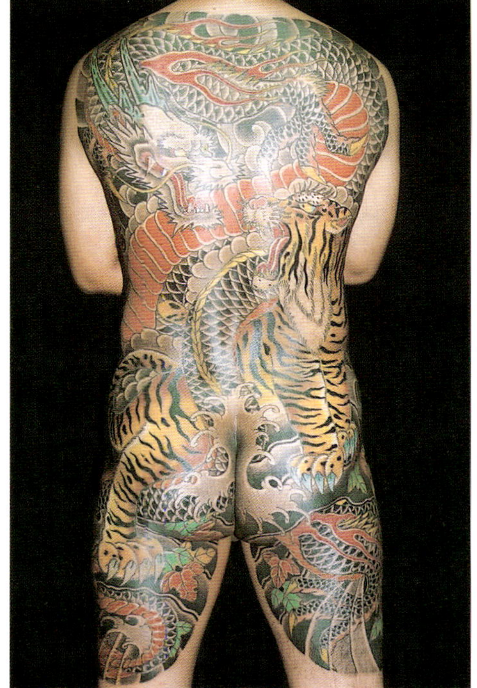

熊本彫寿

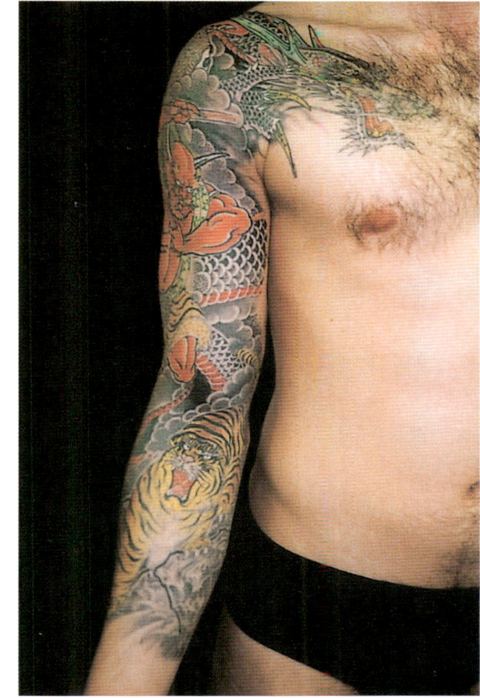

三代目彫よし

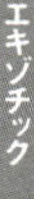

九紋龍史進 / **Kumonryu Shishin**

龍を纏う若武者

DATA
登場文献：『水滸伝』
中国音：Jiu Wen Long Shi Jin

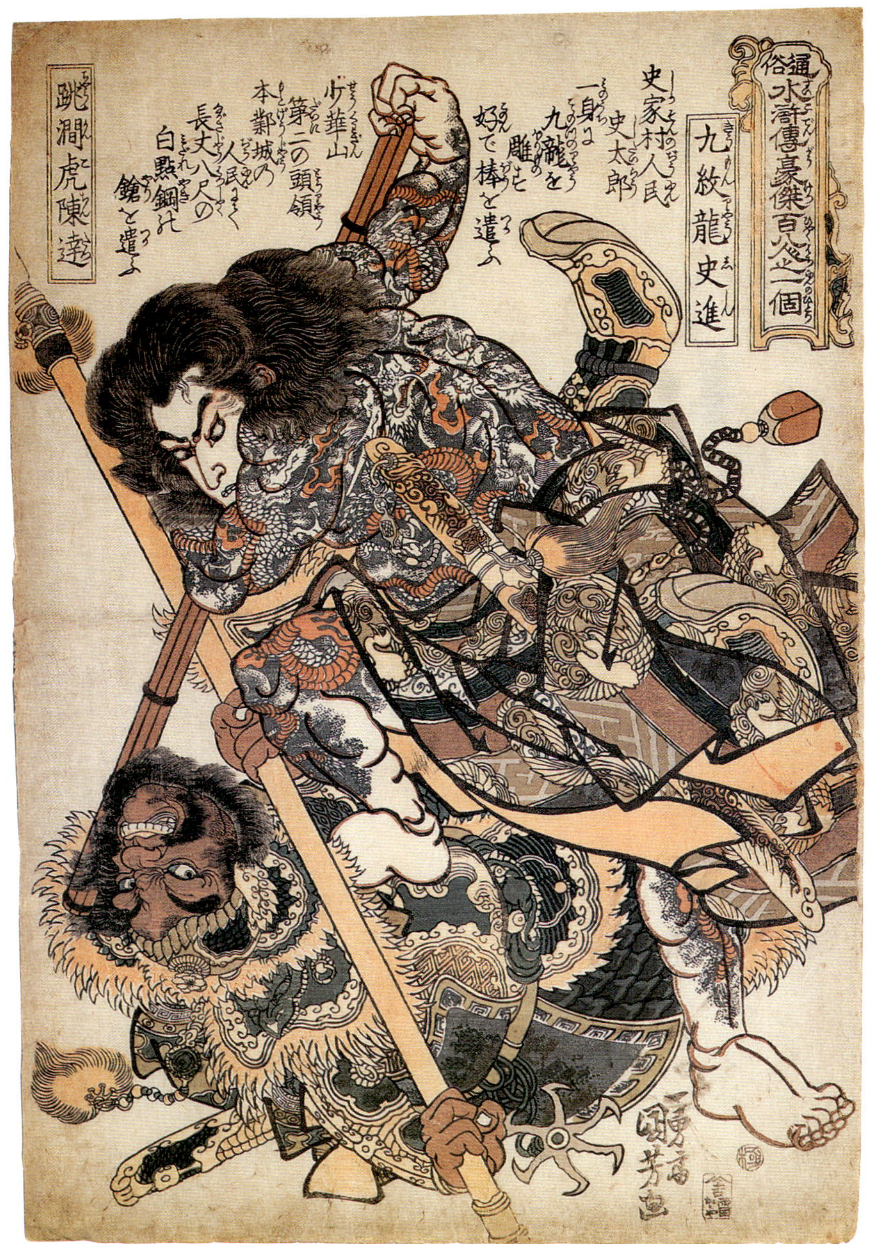

歌川国芳「通俗水滸伝豪傑百八人之一個」九紋龍史進

天微星の男

　中国四大奇書『水滸伝』に登場する、108人の豪傑の一人。梁山泊に集った男たちにはそれぞれの星が振り当てられており、史進は天微星の宿命を持つ。元は富農の若旦那であったが棒術・槍術の才に秀で、近隣の盗賊を退治するなど荒事と関わっているうちに、流浪のお尋ね者となってしまった。その後、捕らわれていたところを梁山泊軍に助けられ、彼らと行動を共にするようになる。仇名の由来は総身に彫られた九匹の龍。戦の場にあっては梁山泊でも一、二を争う働きを見せ、性格は血気盛んで義侠心に溢れたヒーロータイプ。眉目秀麗で匂い立つような男振りであるが色恋沙汰には慣れていないようで、遊女から手玉に取られるなど純情な面も併せ持つ。

二重彫り

　『水滸伝』が日本に伝来したのは江戸期のこと。19世紀に入ると人気浮世絵師たちの挿絵を用いた読本が普及し、庶民の間で人気を博すようになった。1827年頃には歌川国芳（別号・一勇斎国芳）が連作形式の浮世絵『通俗水滸伝豪傑百八人之一個』を発表。力強く優美なタッチで描かれた武者絵は我が国の刺青美術に多大な影響を与えた。このシリーズには史進や花和尚魯知深など、刺青を彫った人物が一〇八傑中十三傑登場しており、こうした彫り物入りの武者絵を刺青の図案とする「二重彫り」の流行を促した。中でも九紋龍史進像の二重彫りは「龍は水を司る」という信仰からか、若者たちの人気職種であった火消し衆の間で、特に好まれていたという。

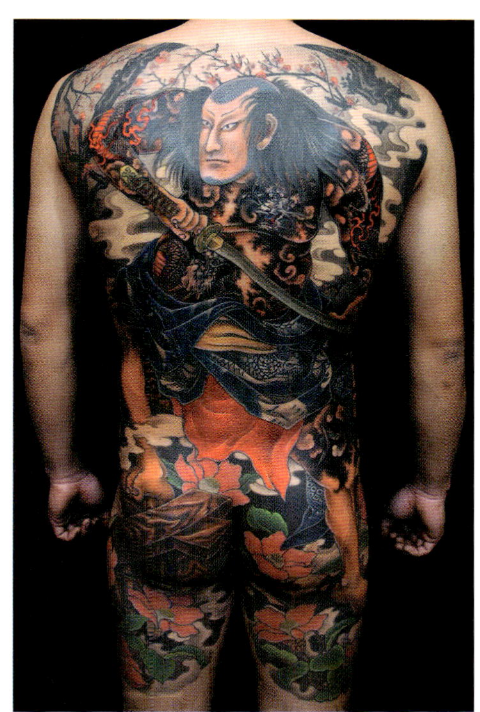

SHIGE／YELLOW BLAZE TATTOO STUDIO＋黄炎刺青処

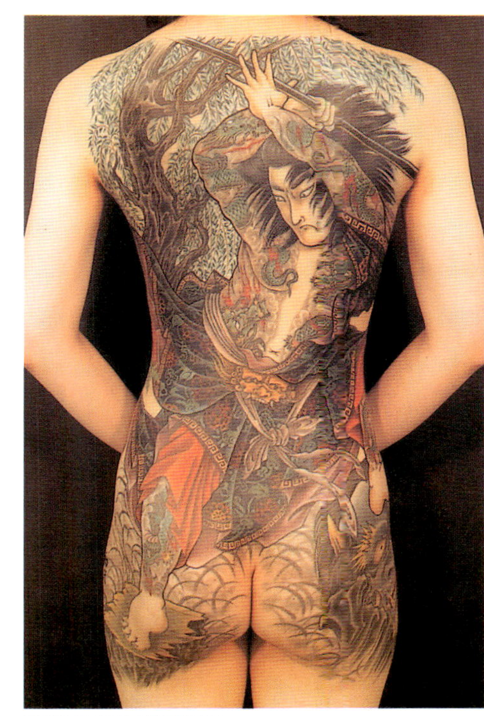

初代彫智／CARVE BRAINS

大江戸ポップスター

　現在見られるような日本伝統刺青のスタイルは江戸期の頃に成立し、鳶や火消しなど当時の江戸において最もファッショナブルであった若者集団によって、日本を代表するポップアートへと急成長を遂げていった。そのムーヴメントの中心にいた一人が稀代の奇想絵師、歌川国芳だ。全身に刺青を彫る「総彫り」が流行したのは国芳の『通俗水滸伝豪傑百八人之一個』による影響が大きかったとされているし、国芳自ら、若い伊達者たちのために刺青の下絵描きを手がけることもあった。また、火事と喧嘩を好む典型的な江戸っ子気質で、火消し衆とも交流が深かったという。国芳の武者絵。そこには江戸の若者たちが憧れた、「理想の男」が描かれている。

国芳の『水滸伝』と龍

　国芳作『通俗水滸伝豪傑百八人之一個』は現在74図が確認されており、その中で龍の刺青を彫っている豪傑は九紋龍史進、没遮欄穆弘、病大虫薛永（国芳の画では節永と表記）、白日鼠白勝の4名である。また、智多星呉用、小李公花栄、没羽箭張清、挿翅虎雷横、病尉遅孫立、矮脚虎王英、石将軍石勇などの図では衣服類に龍の装飾が見られ、入雲龍公孫勝の図には龍を召喚・使役する様が描かれている。国芳の『水滸伝』をほぼ全点、カラーで鑑賞できる書籍としては、『Of Brigands and Bravery: Kuniyoshi's Heroes of the Suikoden』（洋書。巻末の参考書籍リスト参照）などがお薦めだ。龍を纏う豪傑たちの勇壮華麗な姿を、是非堪能していただきたい。

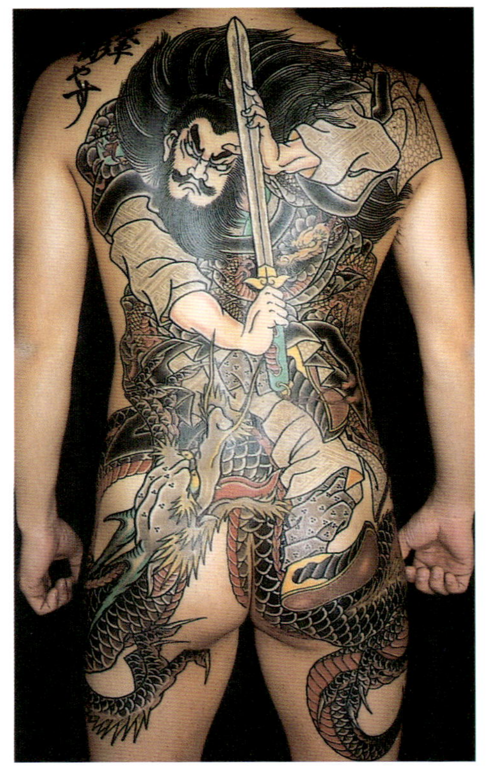

浅草彫やす

【入雲龍 公孫勝】

智多星呉用と共に梁山泊の軍師を務める道士。中国の歴史物語や武侠小説において、軍師は戦士たち以上に脚光を浴びることもある花形ポジションであった。智略を用いて敵を翻弄する後方支援型のヒーロー像は次第に誇張され、ついには風雨を操り龍や獅子を召喚する、公孫勝のような妖術使いタイプの軍師へと発展してゆく。

弟橘姫 / Ototachibana Hime

君去らず袖しが浦に立つ波の

DATA
別名： 弟橘比売命、大橘比売命、橘皇后
登場文献：『日本書紀』『古事記』

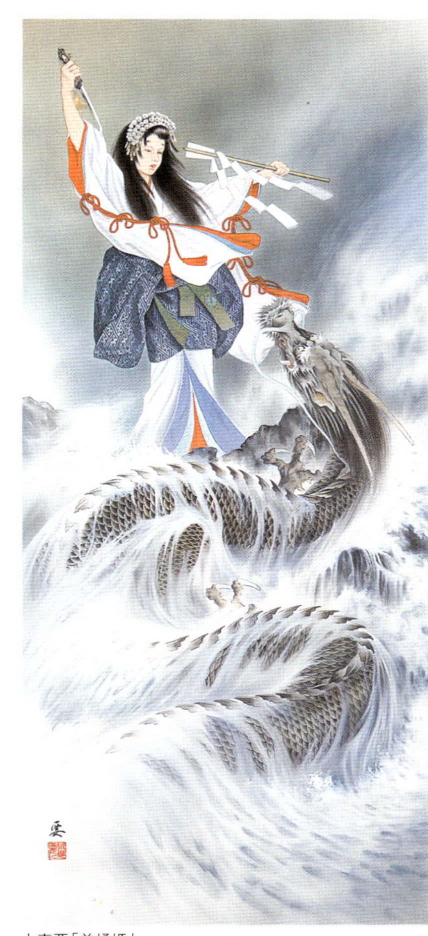

小妻要「弟橘姫」

海神に身を捧げた妃

父・景行天皇の命を受け、東方の蛮族を討つべく旅立った日本武尊。その傍らには彼の妃である弟橘姫の姿があった。道中、走水の海（現在の浦賀水道）にて一行は足止めをくうう。日本武尊の不用意な一言が海神の怒りを招いてしまったのだ。このとき自ら生贄となって海を鎮めたのが弟橘姫であった。「さねさし相模の小野に燃ゆる火の　火中に立ちて問ひし君はも」。以前、相模で火攻めにあった際に助けてくれたことへの感謝を歌にして、姫は海へと身を投じる。波は静まり、七日後、姫の櫛だけが海岸へと流れ着いた。日本の東方を「あずま」と呼ぶのは、姫の没した地を振り返っての「吾妻にや（我が妻は）……」という嘆きが元であるという。

八岐大蛇 ／ Yamata no Orochi

八峰八谷を跨ぐ巨怪

DATA

別名：八俣遠呂智
登場文献：『日本書紀』『古事記』

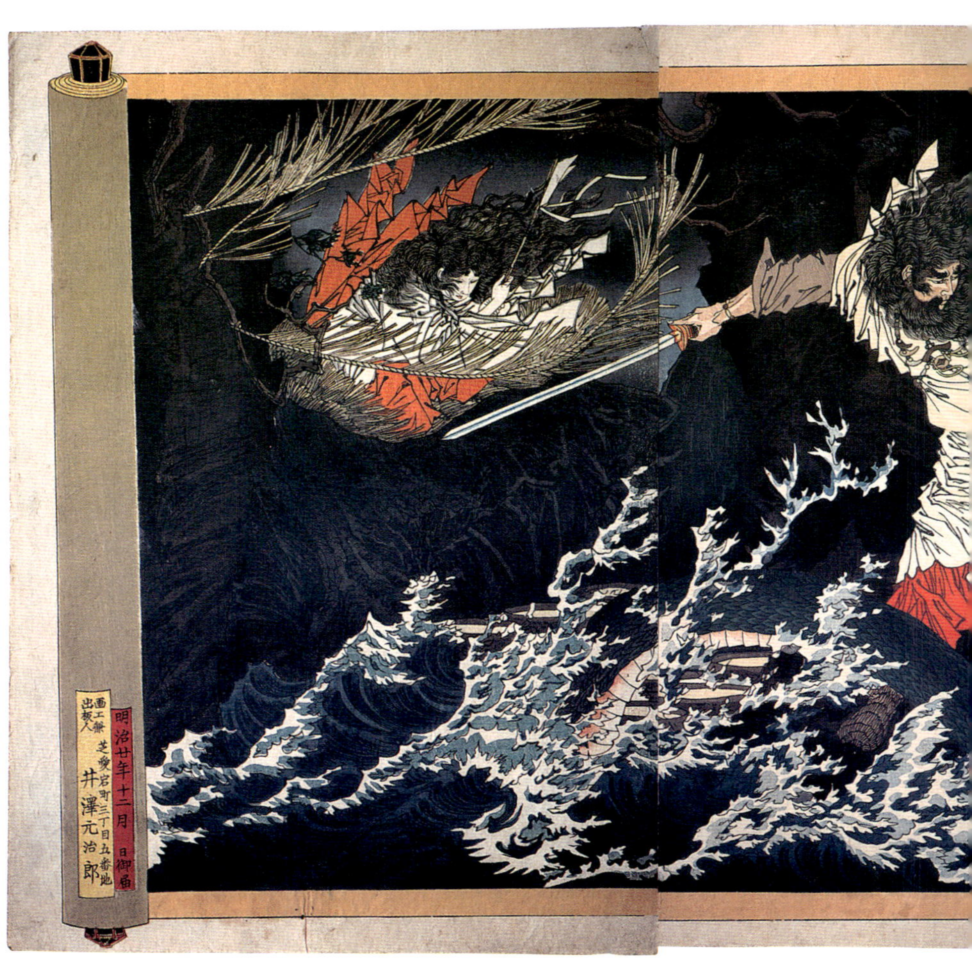

英雄と神剣

　高天原を追放された素戔嗚尊は出雲国肥河の上流、鳥髪の地にて、哀しみにうちひしがれる家族と出会った。聞けば老夫婦の愛娘、奇稲田姫が、怪物の生贄に捧げられるのだという。怪物の名は八岐大蛇。頭と尾は八つに分かれ、眼はホオズキのように赤く、腹からは常に血を滲ませているという大蛇だ。素戔嗚尊は姫との婚姻を条件に助勢を申し出た。姫の身を護るため櫛に変身させて髪へ挿し、強い酒を大量に用意させる素戔嗚尊。現れた大蛇は酒を喰らって酔いつぶれ、なすすべもなく切り刻まれてしまった。このとき大蛇の尾から出現したのが、後に草薙剣の名で呼ばれ、正統皇位の証たる三種の神器に加えられる神剣、天叢雲剣である。

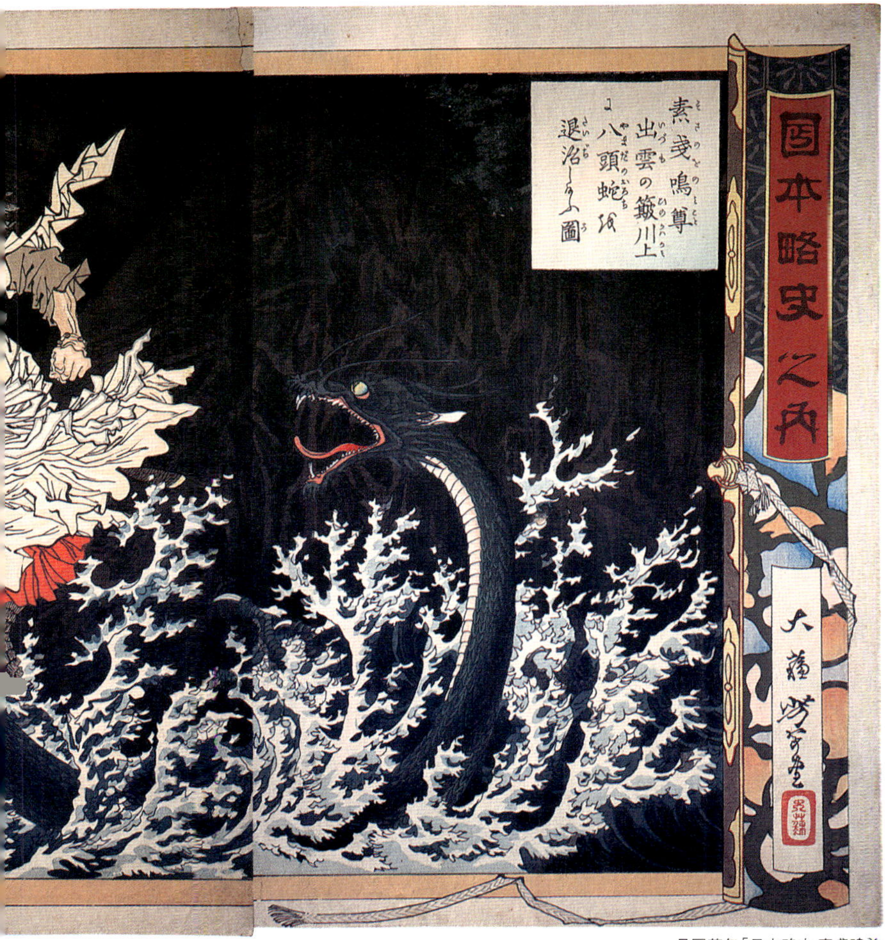

月岡芳年「日本略史 素戔嗚尊」

龍蛇を狩る王

　英雄が龍蛇を退治し、生贄の乙女と結ばれる——。こうした筋書きの物語をペルセウス・アンドロメダ型神話と呼ぶ。八岐大蛇の伝承は出雲の水神信仰から生まれたとされているが、その成立過程には大陸より伝わったペルセウス・アンドロメダ型神話が影響していたのではないかという説も有力だ。大蛇の尾から雨雲を呼ぶ神剣が現れ

たというくだりには、漢の高祖皇帝が手にしていたと伝えられる斬蛇剣との関連もうかがえる。また、一説によれば奇稲田姫は、水神に仕える稲田の巫女であったともいう。剣は王権の象徴であり、治水は王者の務めだ。これは土地の支配権が、龍蛇と呼ばれ歴史の闇へ消えていった者たちから朝廷へと移る物語なのだとも言える。

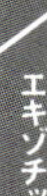

珠取姫 / Tamatori Hime

子を想い逆巻く海へ

DATA
登場文献：能楽『海人』

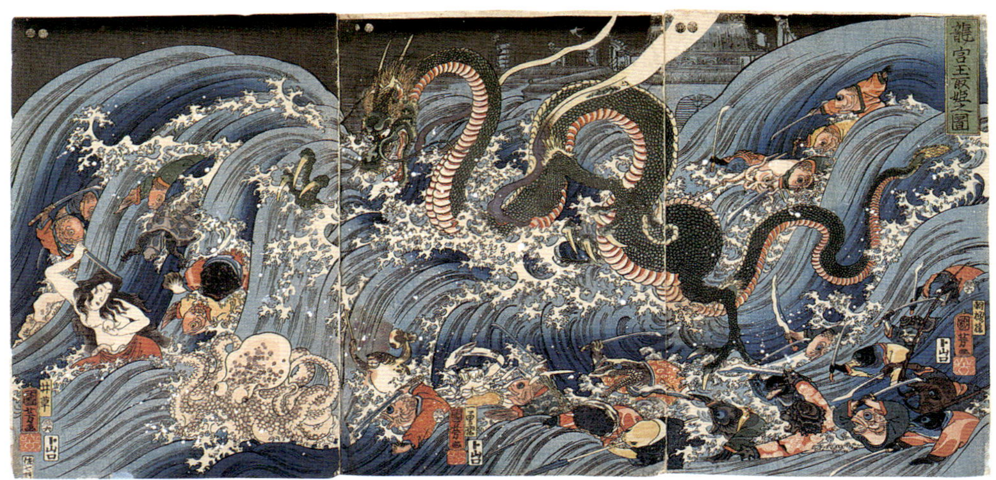

歌川国芳「龍宮玉取姫之図」

波間に消えた母

　志度の浦（香川県志度湾）まで亡母の供養にやってき
た藤原房前は、一人の海女から出生の秘密を聞かされ
る。かつて唐から贈られた宝珠の一つが、この沖で龍
に奪われた。奪回のためにやってきたのが房前の父、
藤原不比等。彼は志度で暮らすうち、海女との間に子
を儲けるが、身分違いの恋ゆえいつまでも一緒にはい
られない。「せめて房前だけでも藤原家の世継ぎとして
扱ってほしい。それを約束してくださるなら、私が宝珠を
取ってきましょう」。宝珠は奪還したものの、海女は絶命
した。龍神から逃げ延びる際に己の乳房を切り裂き、
そこに宝珠を隠していたからである。房前に全てを伝え
た海女は、海へと姿を消す。彼女の正体は、亡き母の
霊だったのだ。

小さき者の力

　以上が能の演目『海人』前半のあらすじであり、舞台
はこの後、房前による十三回忌の供養と、我が子の読
経を受け、龍女となって昇天する母──珠取姫の舞へと
移る。掲載の図版は歌川国芳の手による『龍宮玉取姫
之図』。高く逆巻く波の圧倒的な量感と、怒りも露に追
いかける龍神およびその眷属。何もかもが荒れ狂う中、
画面の片隅で短刀を振り上げる海女はあまりにも小さく、
人間の非力さを感じさせる。だがその小ささが逆説的に、
我が子のためならば龍神相手に一歩も退かぬという、子
を持つ親の大いなる愛情を表わしているのだともいえよう。

　なお、藤原不比等と海辺の民の繋がりについてはこ
の他にも、海女を養女にして文武天皇へ嫁がせたなどの
伝説が遺されている。

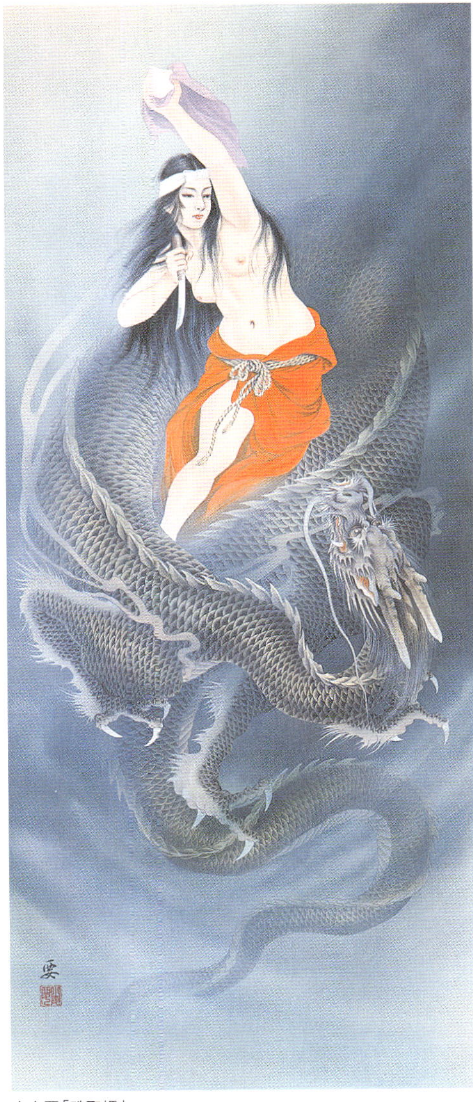

小妻要「珠取姫」

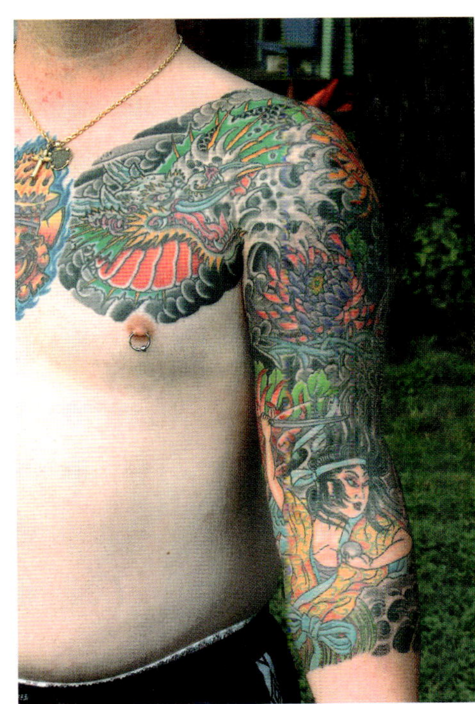

Jason Brooks／Rock of Ages TATTOO

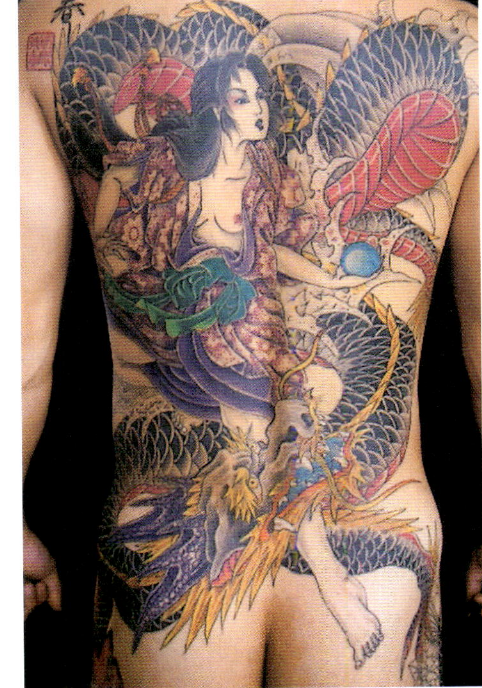

初代小春

龍宮

　珠取姫が宝珠奪還のために赴いた龍宮。古来より漁民の間では海底に龍や海神の治める世界が存在するという信仰があり、『古事記』や『日本書紀』『万葉集』などにも龍宮に関する記述が見られる。

古代中国文化における龍の姿

玉龍（ぎょくりゅう）／ Jade Dragon

中国の人々はことのほか玉（ぎょく）を珍重する。

　玉とは、広義には美麗な鉱石全般、狭義には翡翠（ひすい）（硬玉＝ジェダイトと軟玉＝ネフライト。中国で産出するのは主に軟玉）のことで、これらを彫刻研磨した工芸品を玉器（ぎょっき）と呼ぶ。そのデザインは様式に則ったシンプルな形状のものから、動植物や人物器物、物語風景、文字などといった遊び心溢れるものまで種々様々。古代においては貴人の胸元や帯を飾り、現代においてもお守り的なアクセサリーとして、また、誕生や結婚などの節目を祝う贈答品として愛好されている。

　持つ者の「徳」によって色を変えるとも伝えられ、複数を連ねて帯びれば玲瓏（れいろう）とした響きによって、目だけでなく耳をも楽しませてくれる玉器。当然のことながら、龍を象（かたど）ったものも数多く作られた。

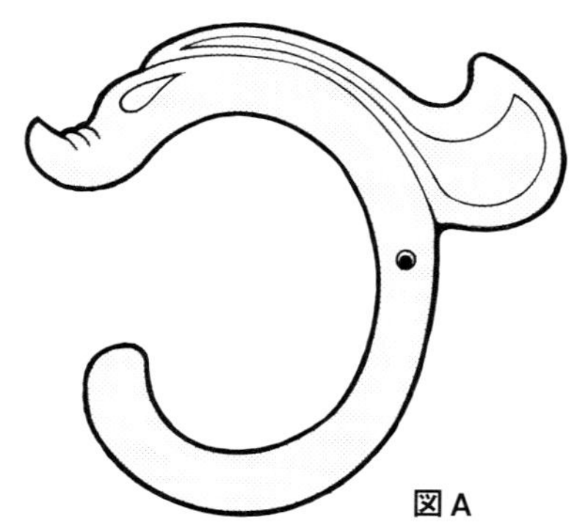

図Aの「紅山文化C字龍型玉器」は内モンゴル自治区から多く出土する品で、最古の玉龍とされるものだが、驚くべきことにその製作年代は新石器時代──およそ5〜6千年もの昔である。玉器としてだけでなく、龍を表わした工芸品全般の中でも最古の例とされる品だ。翡翠は他の鉱石と比べ、極めて割れにくいため、気の遠くなるような年月を経ても姿を保っていられるのである。

図A（紅山文化C字龍型玉器）

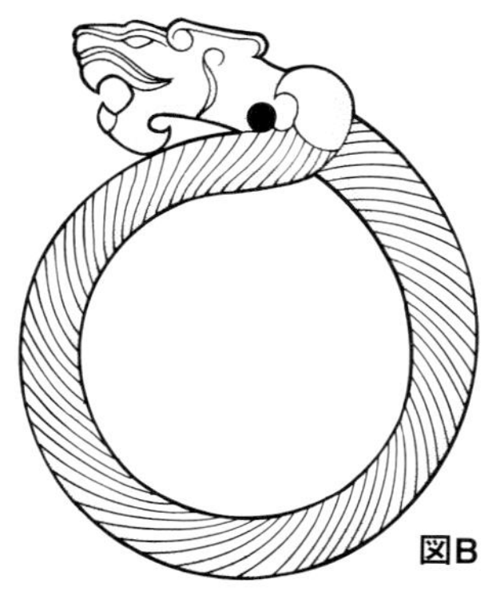

以下、ここでは東洋の龍が現在のような姿になる以前の龍型玉器を数点紹介してゆく。三停九似説に基づく龍とはまた違った、プリミティブな造形美を堪能していただきたい。

図B〜Fの5点は東周時代（春秋時代と戦国時代を合わせた、紀元前770〜前221年）に作られた玉器である。

図Bは米国クリーヴランド美術館の所蔵品で、環を閉じず尾の先端が首と重なるようなデザイン。

図B（環状龍型玉器1）

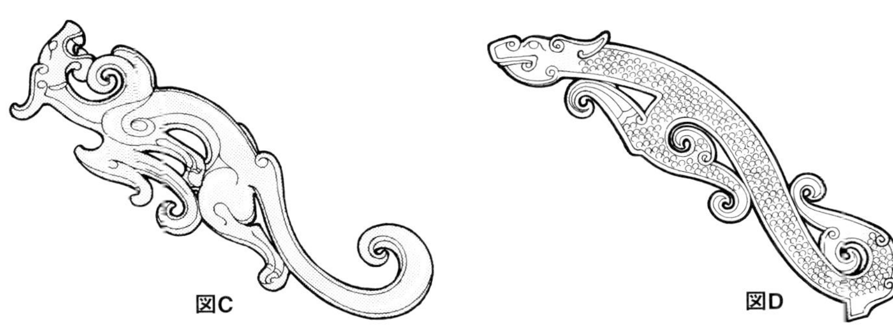

図C

図D

図CとDは帯に吊り下げる「佩」というタイプの玉器で、同じ形のものを左右一対で身につけるのが基本。また、戦国期の玉龍は図Cのように、ドット状の穀粒紋で鱗を表現したものが多い。図C（S字型玉龍佩1）、図D（S字型玉龍佩2）

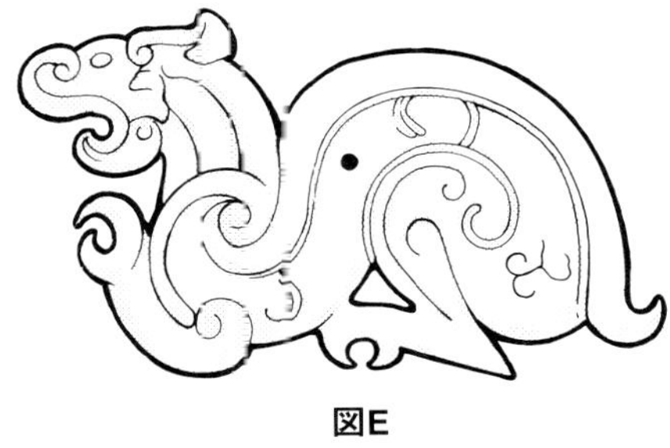

図E

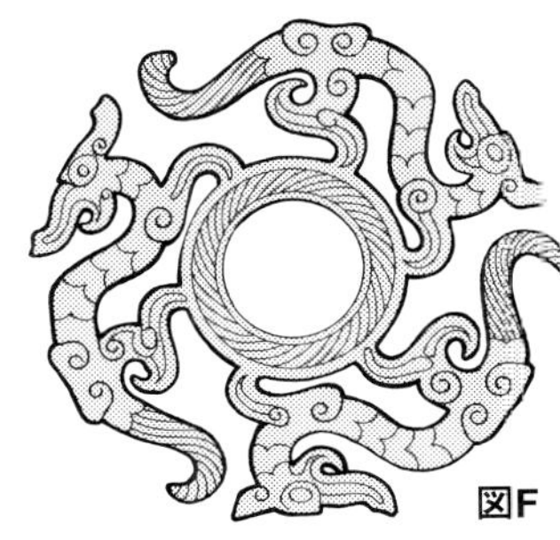

図F

春秋期に作られた図Eの首飾りも玉龍として掲載したが、これは龍ではなく猫科の動物を表わしたものではないかとも考えられている。図E（龍または神獣型玉器）

図Fは河北省平山から出土した戦国中盤期の品。後方を振り返る龍が、環の周囲に三頭配置されている。図F（玉透雕三龍環形飾）

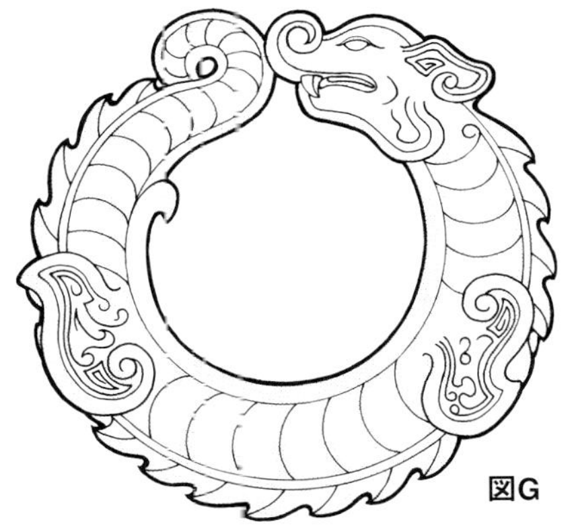

図G

図Gは大英博物館の所蔵品で、上記5点と異なり比較的新しい時代、18〜19世紀の清代後期に造られたもの。ただしデザインは、周代のものを参考にしているようだ。

図G（環状龍型玉器2）

龍の古代漢字 / Dragon's Ancient Character

　「龍」と「竜」。二字の違いに関しては一般的に、次のような説明がなされる。読みも意味も同じだが字形の異なる異体字の関係にあり、常用漢字として用いられるのは新字体の「竜」で、人名地名などに使用される「龍」はその旧字体である、と。

　では「龍」のほうが古くて「竜」はそれを簡略化したものなのかというと、意外にも答えは否である。1946年の国語改革で当用漢字表（81年に廃止され、常用漢字表に吸収された）が定められた際、それ以前に使われていた字体（旧字）に代わって簡略なほうの字体（新字）が採用された。つまり新字／旧字とは二字の成立した順序を表すものではなく、「現在一般的とされる字体／当用漢字制定以前に用いられていた字体」の区分でしかない。「龍」と「竜」についていえば、先に成立したのは「竜」のほうであり、「龍」はこれを発展させたものとする説が有力なのだ。

　図1〜3は龍（竜）を表す三種類の古代漢字と、それらをトライバル系のデザインにアレンジしたものである。

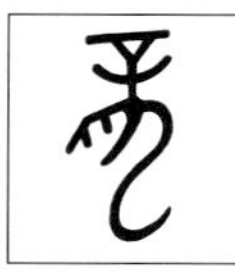

図1

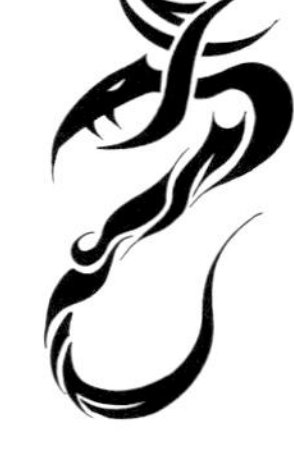

金文体による「竜」字

図1は殷・周時代の青銅器などに見られる、金文体という書体で書かれた「竜」の一例。龍は蛇をベースとして様々な動物の特徴を付加した合成獣であるが、最初に付けられたパーツは角であった。蛇の頭部にある冠状の角が「竜」字の「立」になった箇所だ。トライバル化してみると、有角の蛇を表す象形文字であったことがよく理解できる。

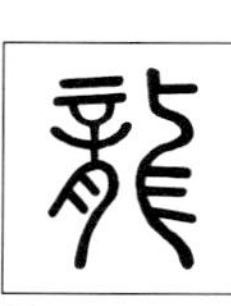

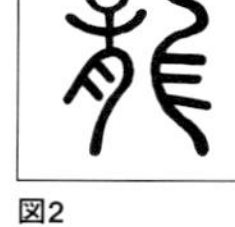

図2

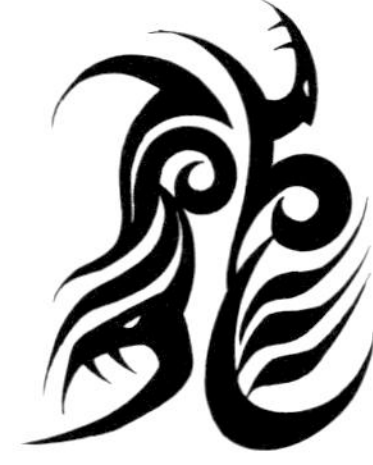

小篆による「龍」字

金文体を起源として周王朝、宣王の時代に複雑な字画を有する大篆という書体が作られ、さらに時代が下り秦王朝、始皇帝の頃になると、大篆を省略して書きやすくした小篆が誕生した。図2はその小篆体による「龍」の字で、金文体の「竜」字を発展させたものの右隣に、龍が身をくねらせ飛翔する様を付け加えている。つまりは「龍」字のほうが後代に成立したのであるが、インドの仏教経典を漢訳する際にはナーガの訳に「竜王」の表記があてられたりと、基となった「竜」字もそのまま併用され続けた。

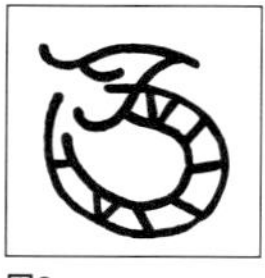

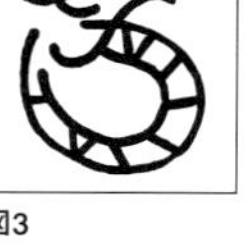

図3

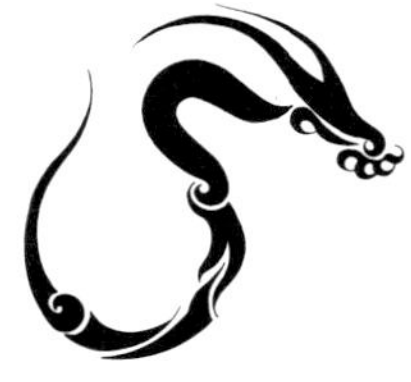

甲骨文字による「竜」字

図3は金文体よりもさらに古い、殷代の中国で占いに用いられた最古の漢字、甲骨文字による「竜」の文字。象形文字というよりも、有角蛇の姿を素朴な線でスケッチしただけのような印象を与える。甲骨文字で記されたこの「竜」字が、図1の金文体へと発展していった。ただし甲骨文字は現在発見されているもののうち二割ほどが解明されているに過ぎず、甲骨文字によるこの「竜」字は本来、有角蛇ではなく「災い」を意味していたのではないかとする説も唱えられている。

異形の古龍 / Ancient Orient Dragon

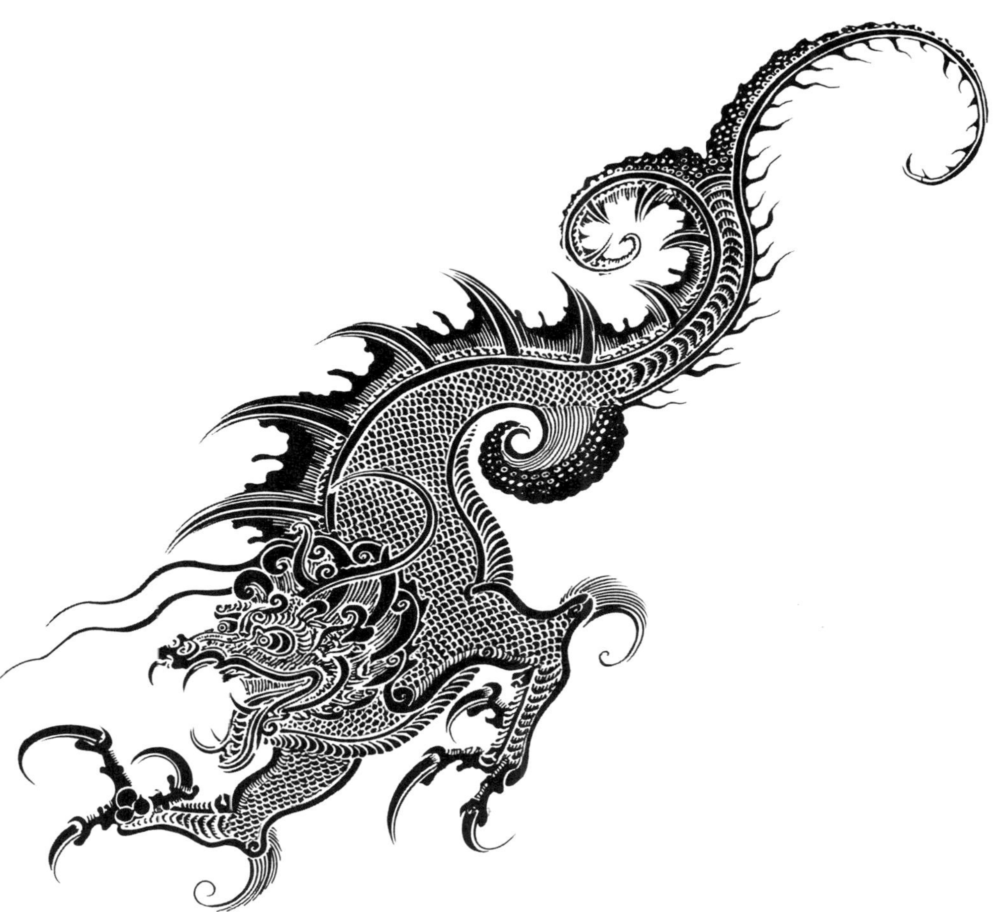

東洋龍の多様性

　ここに掲載した図版は11〜12世紀、北宋時代の中国で作られた磁州窯の名品、「白釉白地黒花瓶」（兵庫県白鶴美術館所蔵）の絵柄を平面上に展開したものである。後肢がなく尾の先端が二股に分かれたその姿は一般的な東洋龍のイメージから大きくかけ離れているが、元はといえば空想上の存在。自由な想像力によって様々な姿の龍が描かれたのは当然のことといえよう。

　殷・周時代の青銅器に表わされた虬龍文。春秋〜戦国時代の龍型玉器（122ページ参照）。漢代には馬のようなプロポーションを持つものをはじめとして現代人の目には異形と映るような龍が多数描かれ、これらは後漢末期に王符が九似説を唱えてからも、美術装飾として愛好され続けた。三停九似説に基づくものばかりが龍ではない。陶磁器、絵画彫刻、青銅器に壁画など、古い美術品にも触れてみよう。異様さの中にもオリエンタルな造形美を感じさせる、魅力的な龍たちと出会えるはずだ。

世界の龍

DRAGON IN THE WORLD

【龍蛇】

　西洋のドラゴンも東洋の龍と同じく蛇神をルーツとする場合が多く、中には北欧神話に登場するヨルムンガンドのように、龍と称されながら大蛇そのままの外見を備えたものも見受けられる。そもそもドラゴンの語源となった古代ギリシア語の「ドラコ」は大蛇、大トカゲ、ワニ、さらには鯨などの大型水棲生物全般を指す語であったのだし、ヨハネ黙示録に登場する赤龍のように「龍」と「蛇」という二通りの呼称が用いられるケースも珍しくはないのだから、この両者を厳密に区分することに大した意味などないのだといえよう。従って本書では「蛇神」と「蛇を原型とする合成獣」の双方をひっくるめて、「龍蛇」として扱うこととする。

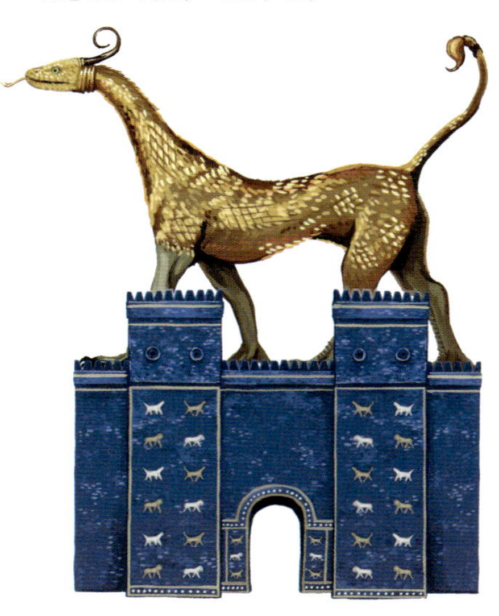

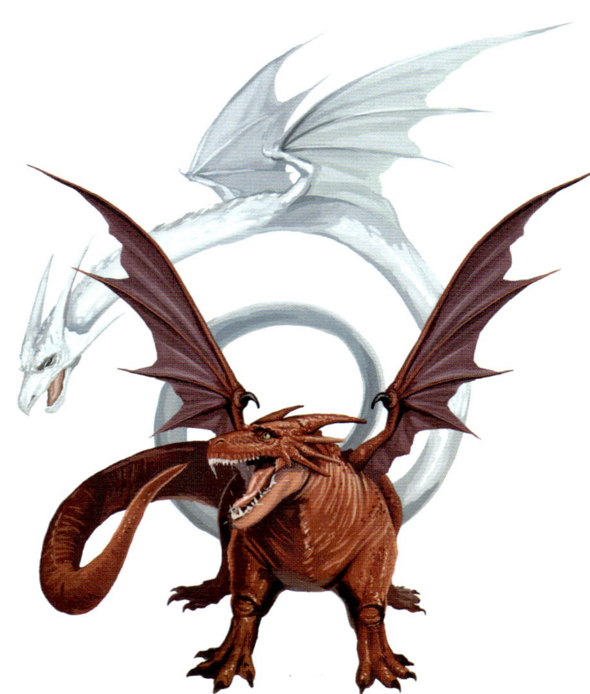

【龍とドラゴン】

　では東洋の龍と西洋のドラゴンとの違いはどこにあるのだろうか？

　よく「龍は聖獣として信仰されたが、ドラゴンは悪の象徴、あるいは悪魔そのものとされてきた」という説明がなされているのを見かけるが、これは本当に正しいのだろうか。確かに東洋の龍は聖なる瑞獣であり、皇帝の象徴として古来より敬意を払われてきた。だが東洋龍の定義を、我々のよく知る三停九似説に基づいたあの龍だけでなく、龍の幼生とされる蛟や中国神話に登場する共工、九嬰などにまで広げるならば、人畜を襲い洪水や日照りなどの自然災害をもたらす悪龍も決して少なくはなく、一概に「東洋の龍＝神聖にして善なる瑞獣」と論じることに対し疑問を抱かざるを得ない。同様に西洋のドラゴンもまた、悪魔だ害獣だと恐れられる一方で力強さの象徴ともされ、軍旗や紋章のモチーフとして好まれ続けているではないか。

　極論といえば極論であるが、つまるところ東西どちらの龍も自然を神格化した存在であるという点において、なんら違いはないのだ。龍はただ龍として、人間の思惑など超越した大自然の力そのものとしてそこに在る。龍自体には善も悪もなく、ただ龍が象徴するもの＝大自然に対する姿勢が、東洋と西洋で異なっているにすぎない。「天地自然の理に身を委ね共存してゆこう」という東洋的な自然観からしてみれば龍は聖獣となり、「発展の妨げとなる大自然と闘い、これを克服することこそが文明の本質。天地は神から人間に与えられたものなのだから、我々には知恵と文明でこれを制御支配する権利がある」とする西洋的な自然観からしてみれば魔獣になるという、ただそれだけのことでしかないのだ。

【虐げられし民の亡霊】

　西洋の龍が魔獣とされやすい理由はもう一つある。

国家間、民族間の闘争が日常茶飯事であった地域では、戦いに敗れた先住民の宗教が侵略者の宗教によって駆逐されることが珍しくなかった。蛇神信仰の多くは文明の初期発達段階に成立するものなのだが、そうした「原始的で野蛮な動物神」が、侵略者の奉じる「人の姿をした文明的で輝かしい神」によって闇の世界へ追いやられたのである。ゼウスを筆頭とするオリンポスの神々に座を追われ、魔物へと貶められた半人半蛇の土着神——エキドナやテュポンなどがその代表例だ。中には敗れ去った民族そのものが悪の蛇神へと仕立て上げられたケースもあったことだろう。たとえば討伐された製鉄民を指すとされる八岐大蛇や、反朝廷勢力の暗喩であったとされる『常陸国風土記』の有角蛇、夜刀神のように。邪神に貶められこそしなかったものの戦神テスカトリポカによって温厚な龍神ケツァルコアトゥルが追放されたとするアステカ神話の一エピソードも、実際に起こった権力抗争を神々の物語に置き換えたものとされている。

　龍蛇は「神格化された自然」であると同時に、「神格化された歴史」としての性質も備えているのだ。耳を済ませれば龍の咆哮の中に、闇へ追いやられし者たちの嘆きを聴き取ることができるかもしれない。

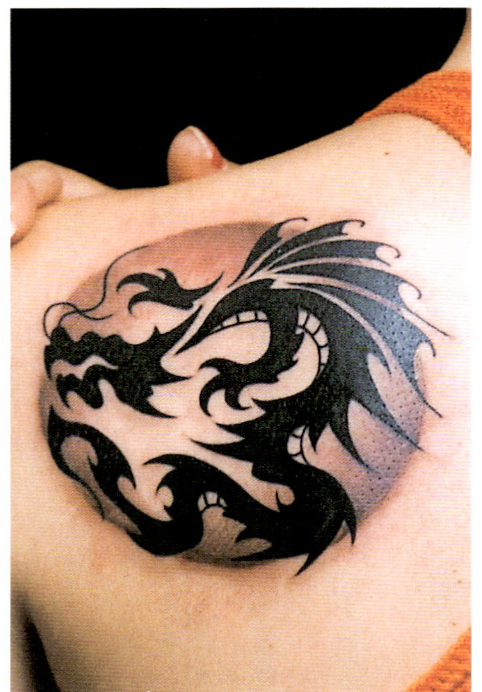

AI／2nd CAT CLAW TATTOO

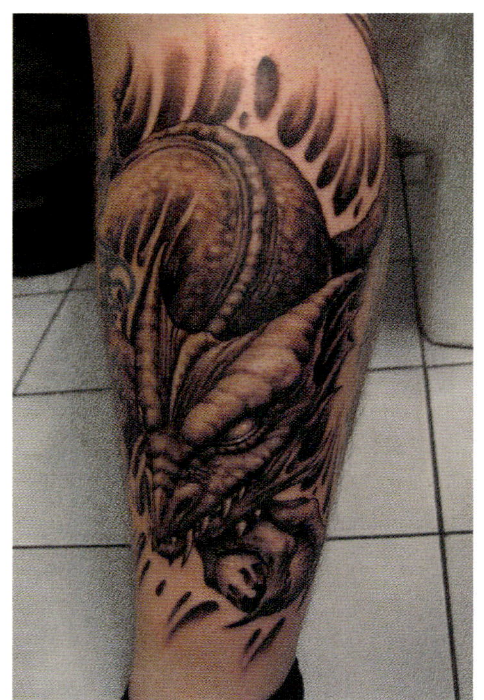

BOB TYRRELL／NIGHT GALLERY

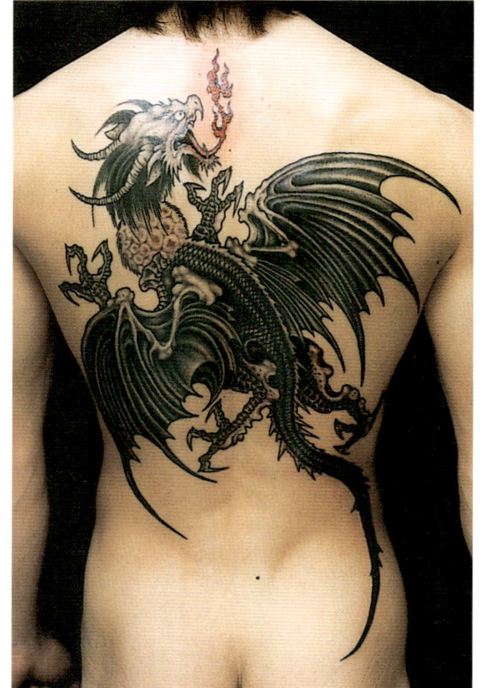

GENKO／ECCENTRIC SUPER TATTOO

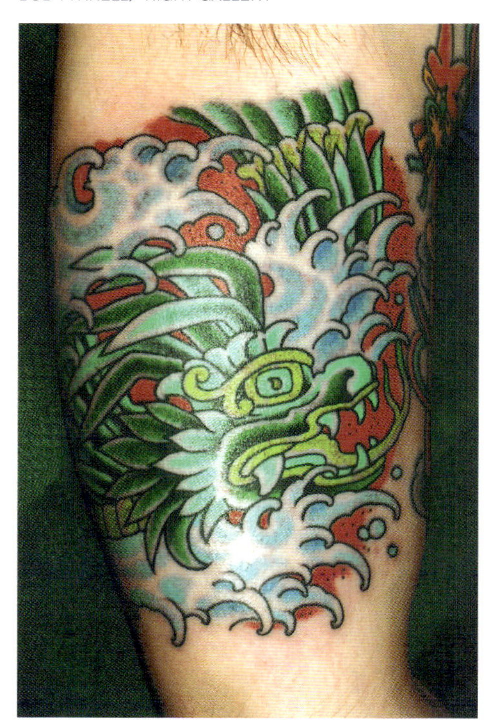

Jason Brooks／Rock of Ages TATTOO

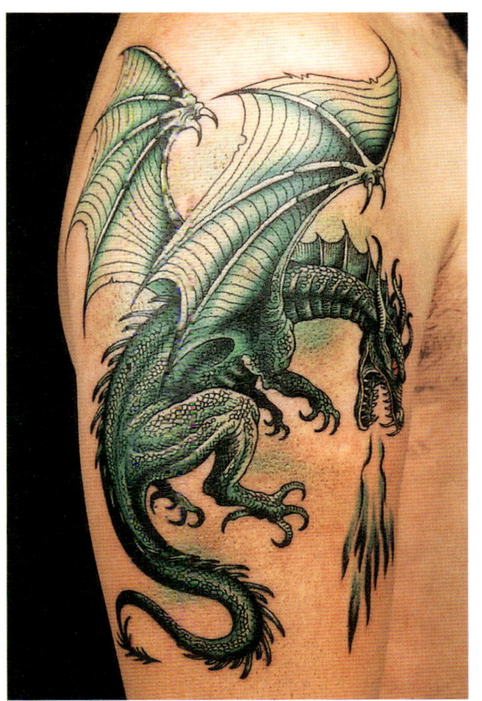

SABADO／ECCENTRIC SUPER TATTOO

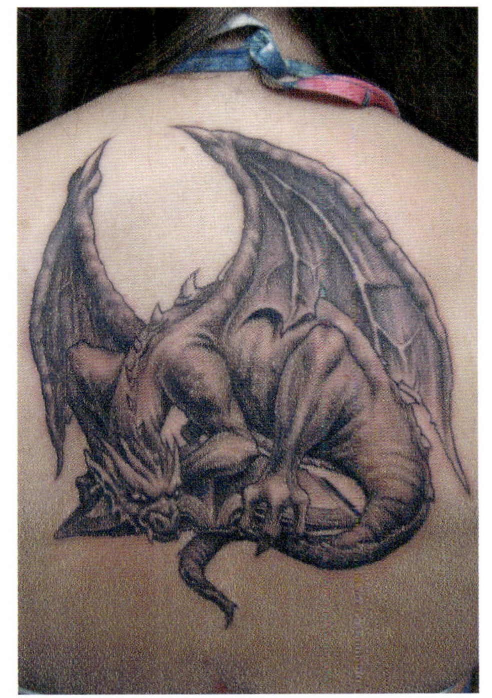

BOB TYRRELL／NIGHT GALLERY

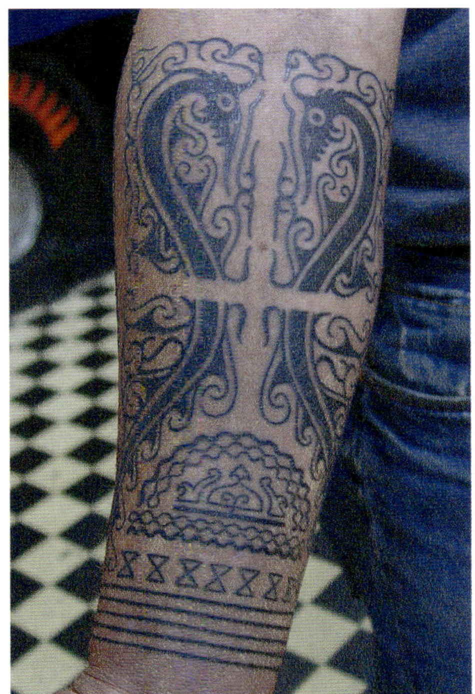

KATE／CHAPEL TATTOO

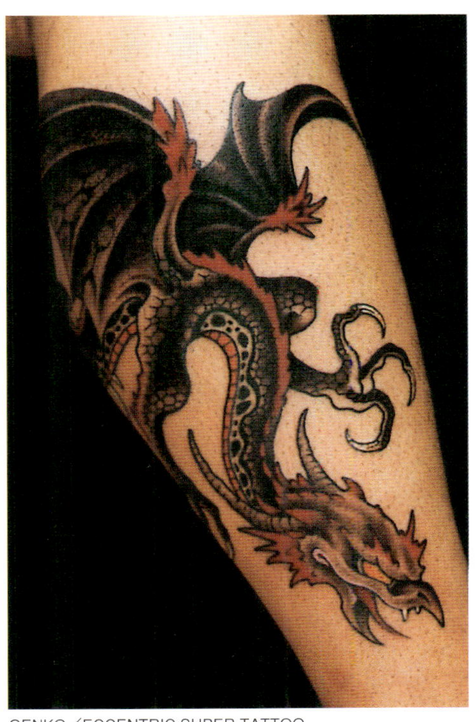

GENKO／ECCENTRIC SUPER TATTOO

ファフニール / **Fafnir**

ドラゴン・ファンタジーの源流

DATA

登場文献：『エッダ（註1）』『ヴォルスンガ・サガ（註2）』『ニーベルンゲンの歌』『ニーベルングの指輪』など

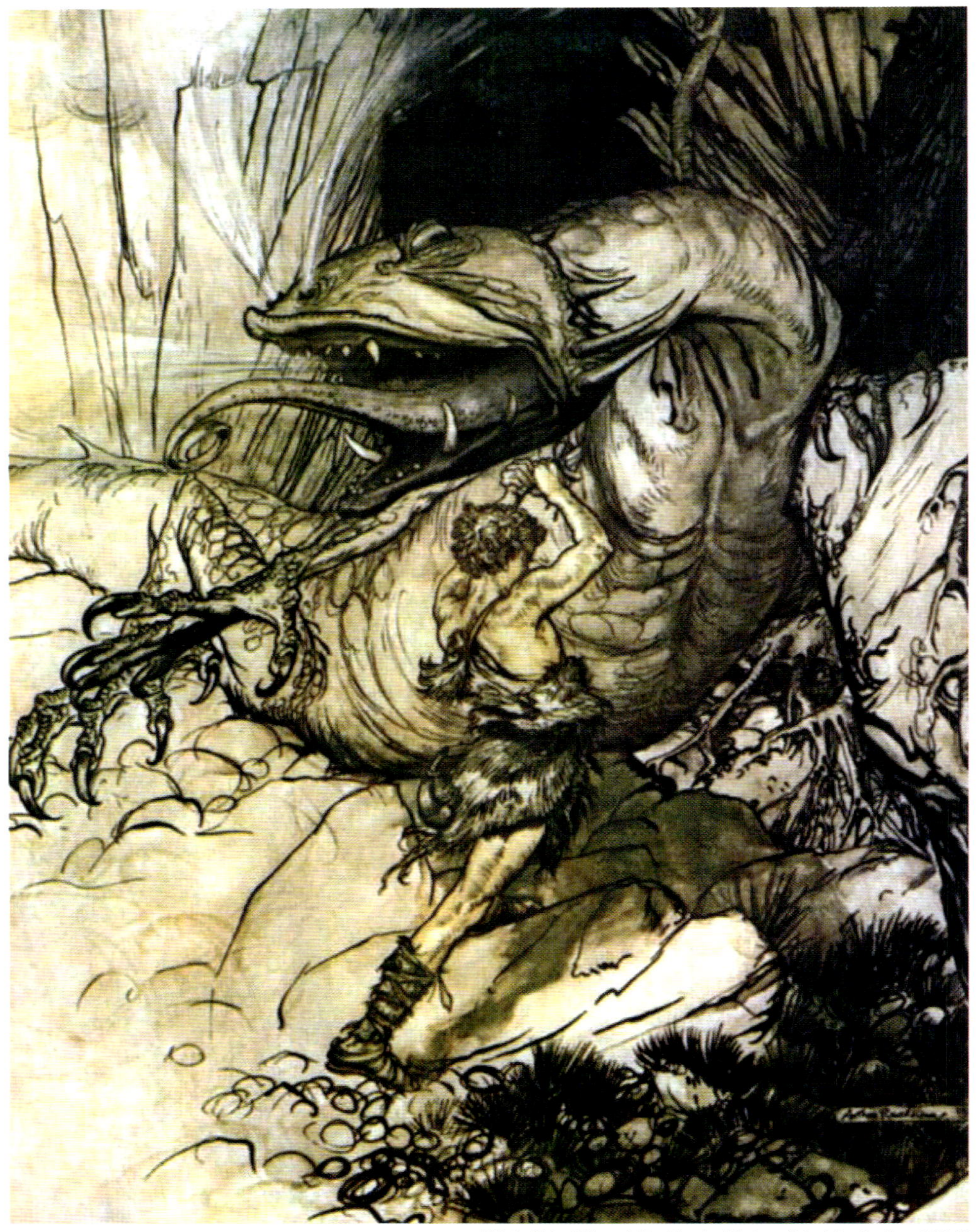

Wilhelm Richard Wagner's "Der Ring des Nibelungen" by Arthur Rackham 1910-12

聖剣と呪われた秘宝

　戦神オーディンの血を引くヴォルスング一族。その生き残りであるシグルドは早くに父を亡くし、小人族の鍛冶屋レギンに育てられた。ある日シグルドは、レギンから聖剣グラムを手渡される。シグルドの実父が愛用していた品で、真っ二つに折れていたのをレギンが修復したのだ。養父はこの聖剣で、魔龍ファフニールを討つよう命じた。龍の正体はレギンの兄。かつて彼らの父はニーベルング族のアンドヴァリという小人から、呪われし黄金の宝を入手した。ファフニールは呪いに惑わされて父を殺し、以来、龍に変身して宝を守り続けているのだ。

　龍退治の前に実父の仇討ちへ出かけ、その後グニタヘイズの洞窟へ赴いて、見事ファフニールを倒すシグルド。この時浴びた返り血で、彼は剣をも通さぬ不死身の肉体を得る。全身を血に染めた勇者に向けて、瀕死の龍は助言を与えた。「あの財宝には手を出さぬことだ。ニーベルングの呪いは持ち主を必ず不幸にするのだから。それとレギンを信用してはならない。兄の私を裏切ったように、養子のお前も裏切るだろう」。

裏切りと旅立ち

　血に濡れた剣を拭っているところへレギンが現れた。養父はシグルドの武勇を称え、兄への復讐が成就したことを喜んでいたが、シグルドの胸中には彼への不信感が芽生えはじめていた。義理の息子が命がけで戦っている間、この男はずっと物陰に隠れていたのだ。悪びれる様子もなく、龍の心臓を食べたいから炙ってくれと頼むレギン。焼きあがったら起せと命じて、そのまま昼寝してしまう。焼き加減を確かめようとしたシグルドは指を火傷し、慌てて口に含んだ。指先についた脂を舐め取った瞬間、龍の魔力が身体に流れ込み、彼は動物たちと会話する力を得た。小鳥たちの声が言葉となって届く。「なんと愚かな若者だろう。あの鍛冶屋は息子を殺して、財宝を独り占めするつもりだというのに」。

　ファフニールの忠告は正しかったのだ。裏切りを知ったシグルドは眠る養父の首をはねて秘宝を入手し、そのまま冒険の旅に出た。ニーベルングの呪いはやがて、彼に死をもたらすだろう。剣でさえ切れぬ鋼鉄の肌であったが、龍の血を浴びた際、背中に一枚の葉が貼り付いていて、そこだけは生身のままだったのだ。

英雄は語り継がれる

　北欧神話の英雄、シグルドの龍退治譚は、後世のファンタジー作品に多大な影響を与えた。家宝の聖剣を小人の鍛冶屋が修復するくだりなどは、『指輪物語（註3）』のアラゴルンが振るう剣、アンドゥリルを髣髴とさせるではないか。その他にも洞窟に棲み宝を守る龍、戦乙女や貴婦人とのロマンスといった魅力的な要素に溢れ、今も人々の心をとらえて離さない。彼の冒険は神話集『エッダ』やこれらを一つの物語にまとめた『ニーベルンゲンの歌（註4）』（作者不詳）、ワーグナー作のオペラ『ニーベルングの指環（註5）』などに描かれているが、文献によって人物設定や相関関係、アイテム名にかなりの相違があるので混乱しないよう注意したい。

　例えばシグルドの振るう魔剣グラムは、『ニーベルンゲンの歌』ではバルムンク、『ニーベルングの指環（註5）』ではノートゥングとなっているし、シグルドの名前が現代ドイツ語読みのジークフリートになっているものもある。ここに掲載した図版は、英国の画家アーサー・ラッカムが書籍版『ニーベルングの指環』の挿絵として描いたものだ。

註1）エッダ（Edda）：12世紀古ノルド（北欧）語で書かれた韻文詩集。

註2）『ヴォルスンガ・サガ』（Volsunga Saga）：英雄伝説。また、12世紀以降アイスランド等で成立した長編文学集の総称を『サガ』という。

註3）指輪物語（The Lord of the Rings）：J・R・R・トールキン作　ファンタジー作品。1954年〜1955年の間に出版された。

註4）ニーベルンゲンの歌（Das Nibelungenlied）：中世ドイツ最大といわれる英雄叙事詩。ドイツが生んだ最高文学作品の一つに数えられる。

註5）『ニーベルングの指環』（Der Ring des Nibelungen）：『ニーベルンゲンの歌』を元に作られ、創作期間に26年を費やしたといわれる。4つの楽劇を通じて1つの物語を表現している。

ヨルムンガンド / Jormungand

滅びを告げる蛇

DATA

別名：ミッドガルズオルム（Midgardsorm）

登場文献：『詩のエッダ』『スノリのエッダ』

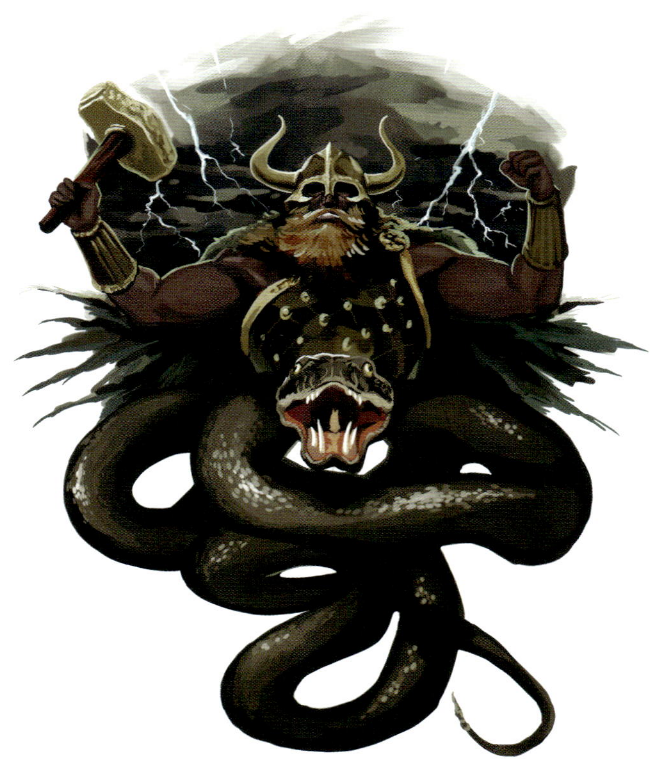

追放された忌み子

北欧神話に登場する悪神ロキの息子で、魔狼フェンリルを兄に、冥界の支配者ヘルを妹に持つ。神国アスガルドの生まれであるが、不吉な予感を抱いた主神オーディンの手で海へ捨てられ、途方もなく巨大な蛇へと成長した。世界樹ユグドラシルを中心として円形に広がる人間界、ミッドガルド。その周囲には海が広がり、海底に横たわるヨルムンガンドが己の尾を咥え、世界を取り囲んでいるのだという。「ミッドガルドの蛇」という別名はここに由来し、己の尾を咥えるイメージはウロボロスに影響を与えた。オーディンたちアース神族の敵対者で、性格は極めて邪悪。この大蛇が眠りから目覚め、咥えた尾を離すとき、神々の終末戦争「ラグナロク」が始まる。

宿命の対決

ヨルムンガンドとライバル関係にあるのが、戦槌ミョルニルを振るう豪放磊落な赤髭の雷神、トールである。両者は過去に2回対決していた。最初に出会った場所は巨人王ウトガルザ・ロキの館で、このときは巨人王の魔法で大猫に化けたヨルムンガンドにトールがからかわれ、地団駄を踏まされている。2度目の対決はトールの復讐戦で、大海からヨルムンガンドを釣り上げてやろうとするものの、怯えた従者に邪魔をされ失敗。遠い未来に起こるラグナロクで両者は宿命の再会を果たし、ヨルムンガンドはトールの戦槌によって、トールはヨルムンガンドの毒によってそれぞれ致命傷を負い、相討ちに終るのだと予言されている。

ドラゴン退治

ヴリトラ／Vritra

神々に仇なす龍

DATA

別名：アヒ
登場文献：『リグ・ヴェーダ』
『マハーバーラタ』など

裏切られた悪龍

　古代インドの叙事詩『リグ・ヴェーダ』に登場する悪龍で、ヴリトラは「障害」、別名のアヒは「冬の巨人」の意。神々を憎む邪悪な仙人によって創り出され、闇のように黒い肌と黄色く輝く眼、鋭い牙を備えている。この悪龍を倒したのは、雷神インドラ（仏教の帝釈天に相当）であった。インドラはヴリトラに友好的なふりをして義兄弟の契りを結ぶが、裏では策を巡らせていた。美しい女神をあてがって骨抜きにし、聖仙ダディーチャの骨を材料として、工芸神トゥヴァシュトリに必殺の武器を造るよう依頼していたのだ。完成した武器「ヴァジュラ」を手にしたインドラはついに決起。唯一の弱点である口の中へ一撃を放ち、ヴリトラを討ち取った。

ヴァジュラ

　ヴァジュラについてはその威力が描写されているだけで、具体的な形状は一切記されていない。これが人々の想像力を刺激し、剣や槍などの武器からさらにはダイヤモンドまでもがヴァジュラと呼ばれるようになった。現代では一般的に、密教法具の金剛杵を指すとされているが、インドの宗教画に描かれるインドラ像は3つの頭に4本の牙を持つ聖象アイラーヴァタに乗り、長柄武器と、刃が波打った一対の短剣を装備したものが多い。インドラの策略は卑怯といえば卑怯であるが、これを非難する者はいなかった。人々にとってはそうまでしなければ殺せないヴリトラの強大さと、それを一撃で屠るヴァジュラの威力のほうが印象的だったのである。

133

ウェールズの赤龍 / Welsh Red Dragon

受け継がれる誇り

DATA

登場文献：『マビノギオン』
『ブリテン列王史』など

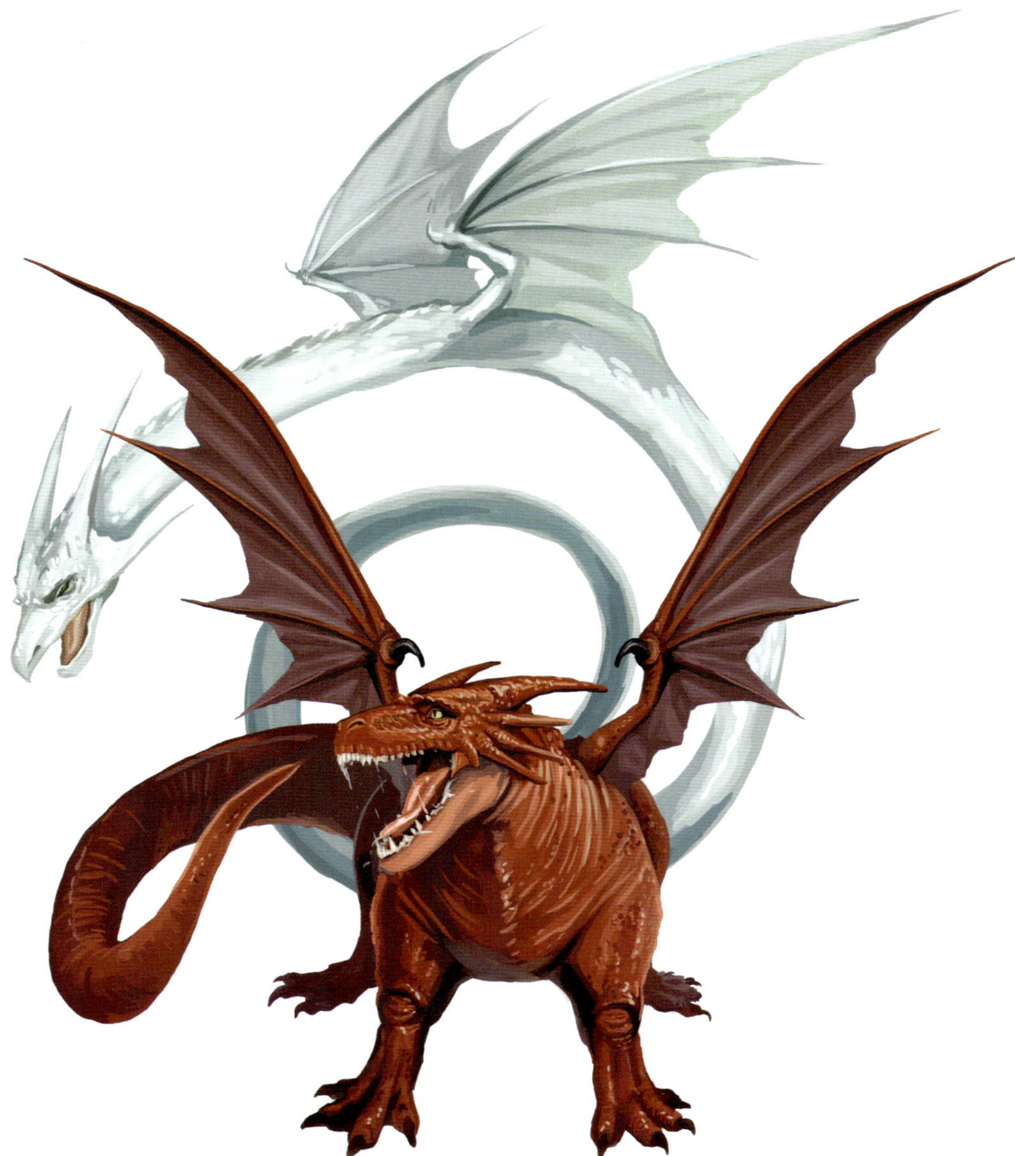

魔術師マーリンの予言

　時は5世紀半ば、所は英国ブリテン島。ケルト人の王ヴォーディガンは、怪現象に悩まされていた。サクソン人（ゲルマン系民族の一部）の侵略に備えて城砦を築こうとしていたのだが、何度積み上げても石垣が崩れ、工事が進まないのである。ある時、王の前に不思議な少年が現れてこう告げた。「地下に泉があり、泉には大きな石の箱が二つ沈んでおり、箱の中には古の王によって封じられた、赤い龍と白い龍が眠っています。この龍たちが暴れるせいで地盤が揺らぐのです」。現場を掘ってみると、具たして少年の言う通りであった。箱から舞い上がり、上空で戦い始める二匹の龍。「あの赤龍は我らケルトの未来を象徴しています。サクソン人の白い守護龍と戦っていますが、やがて敗北するでしょう」。少年は名をマーリンといった。後に大魔術師となり、アーサー王の相談役を務めた人物である。

　マーリンの予言通り、その後ブリテン島はサクソン人に支配され、ケルトの民は島西部のウェールズ地方や、アイルランド、スコットランドなどへ追われていった。

龍は歴史を語る

　小アジアの戦闘で東洋の龍を知ったローマ人がこれを軍旗のデザインに取り入れたのは2世紀頃のこと。ローマと敵対していたサクソン人は彼らの赤龍旗を真似て、白い龍を旗印とした。ローマは当時の属国であったブリテン島に赤龍旗を持ち込んだが、サクソン人の侵入を受けて5世紀初頭に島から撤退。その後、ローマよりも遥か以前からこの地に住んでいたケルト人が軍旗を受け継ぎ、赤い龍は反ゲルマン・反サクソンの意志を示す民族的象徴となっていった。

　現在、ウェールズは英国を構成する連合王国の一つとなっているが、真の意味で「国」足りえているかどうかは微妙なところである。1248年にイングランドへ併合され、1536年にウェールズ統合法が施行されてからは事実上、イングランドの一地方として、行政や使用言語などの面でも支配下に置かれているからだ。しかしウェールズの人々は独自の議会や国歌、言語を持ち、祖先から受け継いだ赤龍旗を「国旗」に掲げている。赤龍の物語はこの地に住む人々の歴史そのものだ。そしてその物語は千年以上の時を経てもなお、結末を迎えていない。

【翻る赤龍の旗】

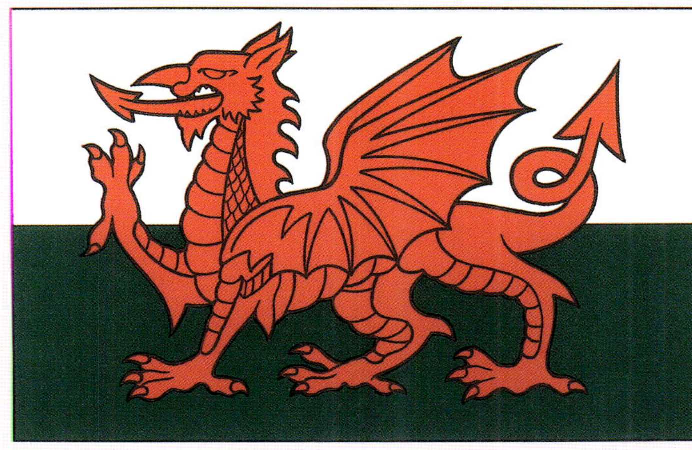

　上図はウェールズの赤龍旗。女王エリザベス2世がこれを国旗として認めたのはごく最近、1956年のことだ（正式にはウェールズ大公領旗。1301年以来、プリンス・オブ・ウェールズの称号はイングランド王位継承権第1位の者—現在はチャールズ英国皇太子—が得ることになっている）。

観光土産を中心として衣類や雑貨、アクセサリーなど、赤龍旗をあしらった商品が多数販売されており、ウェールズ・ラグビーチーム「レッド・ドラゴンズ」の応援にもこの旗が用いられている。

ワイヴァーン／Wyvern

天翔る翼龍

DATA
別名：ワイバーン、ワイヴァン。Wivernとも。

紋章意匠として誕生

フランスの伝承に登場する有翼蛇ヴィーヴルや、ドイツの飛龍リンドブルムが英国へ伝わって変化したものだが、ワイヴァーン自体は背景となる神話や伝承を持っていない。これらの龍を原型として、紋章デザインの意匠とするために考案された龍、それがワイヴァーンだ。西洋の紋章は他人のものと混同されないよう各意匠の呼び名が厳密に定められており、ドラゴンはドラゴン、ワイヴァーンはワイヴァーンと、はっきり区分されている。二本脚で前肢はコウモリ状の翼になっており、体躯はやや小型で尾の先端が矢尻型に尖っているというのが基本形。強い敵意、挫けぬ戦意、敵に対する慈悲無き攻撃などを象徴し、戦時中の紋章や軍旗などに使用された。

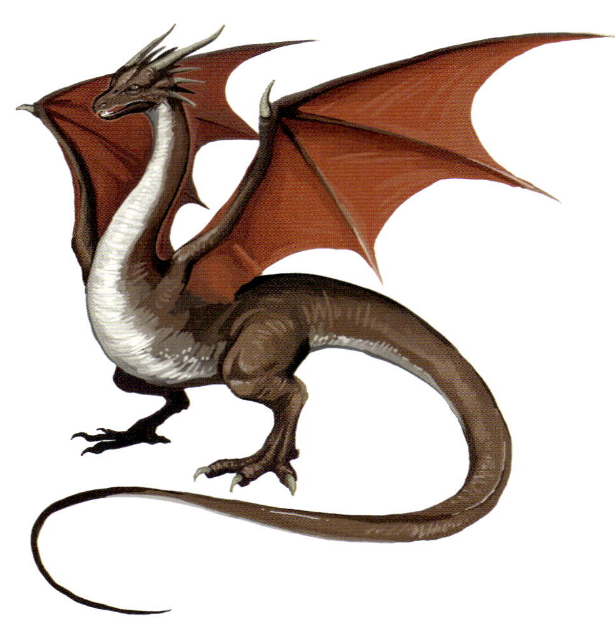

騎士のパートナー

近世から第1次世界大戦以前までの各国軍隊には、龍騎兵＝ドラグーン（Dragoon）という兵科があった。銃を武器とし、馬上戦と歩兵戦の両方をこなす騎兵のことだ。銃器類が龍の吐く炎を連想させためため（初期には実際に、ドラゴンと呼ばれる銃を使用していた）であるが、このネーミングに想像力をかきたてられたファンタジー愛好家たちは、「龍に乗る騎士」という意味での龍騎兵（龍騎士とも）を考案。ワイヴァーンは自由に空を舞う機動力を備え、一般的なファンタジー系ドラゴンよりも小型で騎乗が容易なサイズであることから、龍騎兵の乗り物として人気を博すようになった。騎士を背に乗せ、火を吐いて共に戦う姿には、なるほど、ロマンがある。

ART WORK　Kato／THE TATTOO SHOP

作画上のアレンジポイント
今回は紋章になるようなデザインを自分なりのスタイルで、アイラブジャパンを表現してみた。

使用画材
インク、水彩絵の具、墨、パステル

龍・ドラゴンについて
羽のついた龍は、日本では水を司る龍という意味。五十肩にもめげず、よく頑張ったなぁ、俺。

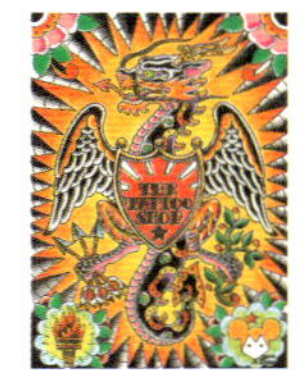

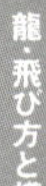

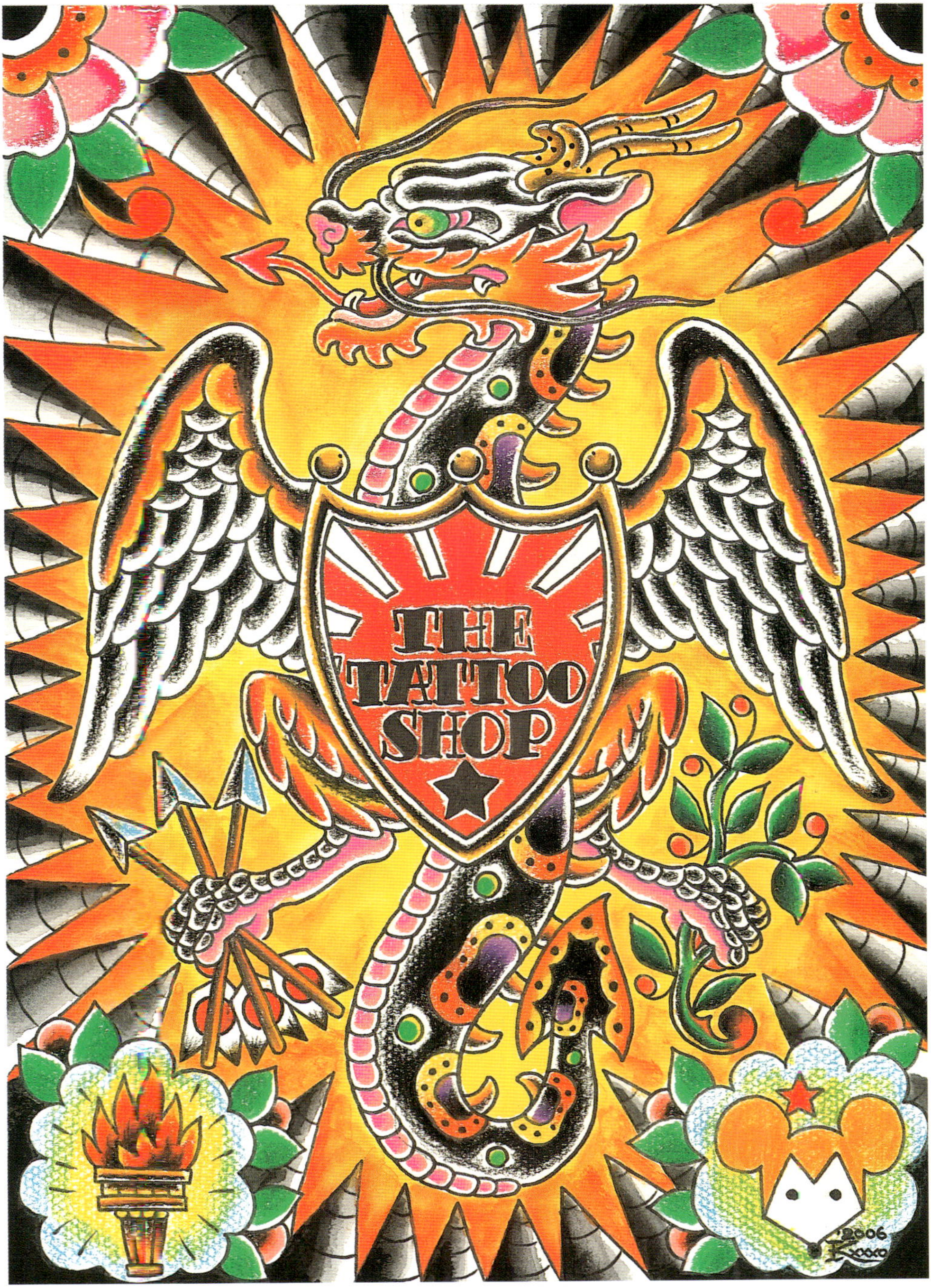

THE
TATTOO
SHOP
'2006

黙示録の龍 ／ Apocalypse Dragon

神格化された歴史

DATA

登場文献： 新約聖書
『ヨハネの黙示録』

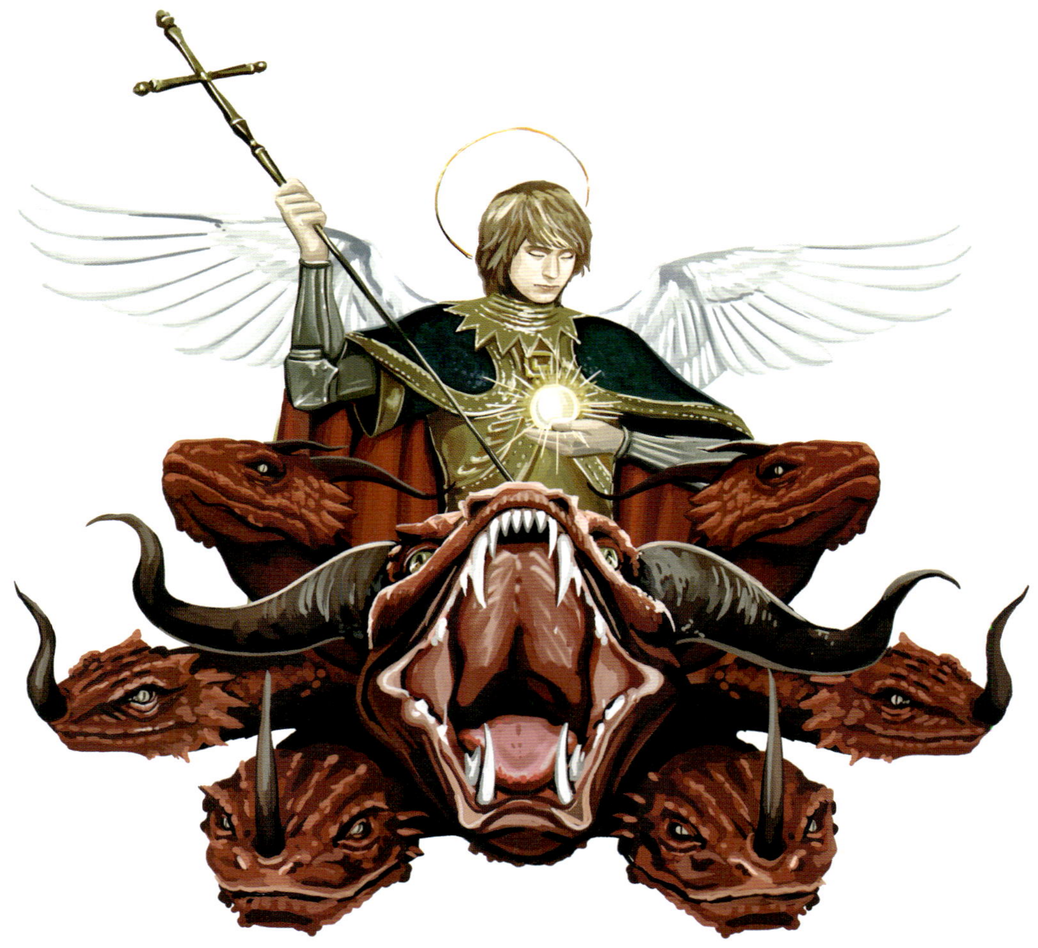

七頭十角の赤龍と二匹の獣

〈また、もう一つのしるしが天に現れた。見よ、大きな、赤い龍がいた。それに七つの頭と十の角とがあり、その頭に七つの冠をかぶっていた〉

〈この巨大な龍、すなわち、悪魔とか、サタンとか呼ばれ、全世界を惑わす年を経たへびは、地に投げ落とされ、その使いたちも、もろともに投げ落とされた〉

上記の文は新約聖書『ヨハネの黙示録』（口語訳）第12章の、第3節と第9節からの引用である。神の敵対者であるこの赤龍は、第1節に描かれたもう一つの印、「太陽を着て足の下に月を踏み、十二の星の冠をかぶる女」を追うようにして現れた。赤龍の狙いは「日をまとう女」よりもむしろ、彼女が産んだ「未来の王」にあるようだ。赤龍に加えて海からは七頭十角に十の冠を頂く「第一の獣」が、地中からは子羊状の二本角を持つ「第二の獣」が現れた。有名な「獣の数字＝666」を人々の身に刻印するのは、この「第二の獣」だ。サタンの化身である赤龍は天の軍勢に討ち返され、地上には再臨したキリストによって千年王国が築かれるという。

黙示録の解釈

『ヨハネ黙示録』が成立したのはドミティアヌス帝時代の紀元96年頃。聖書研究者たちの間では現在、終末預言の書を装って当時の社会情勢、すなわちローマ帝国によるキリスト教への迫害を記したものではないかとする説が有力だ。第17章では天使からヨハネに向け、怪物たちの持つ意味について謎解きのヒントが与えられるのだが、これによれば「七つの頭」は七つの丘の上にそびえ、アウグストゥス以降七代の皇帝によって治められた国＝ローマのことだと解釈できる。十角が象徴する「十人の王」に歴代皇帝七人に、ネロの死後に起きた後継者争いで次々と即位しては倒れた三人を加えたもの。また、ヘブライ語では全ての文字に数字が振られており、ヘブライ語表記したネロの名を数値に変換すると666になる。ただし「第二の獣」が象徴するのはネロではなく、ネロの再来と恐れられたドミティアヌスであるようだ。成立年代をごまかし、ネロ在位中に書かれた預言書と思わせるための策である。多くの神話・伝承において龍は「神格化された自然」の役割を担うが、これに対して黙示録の龍は「神格化された歴史」なのだといえよう。

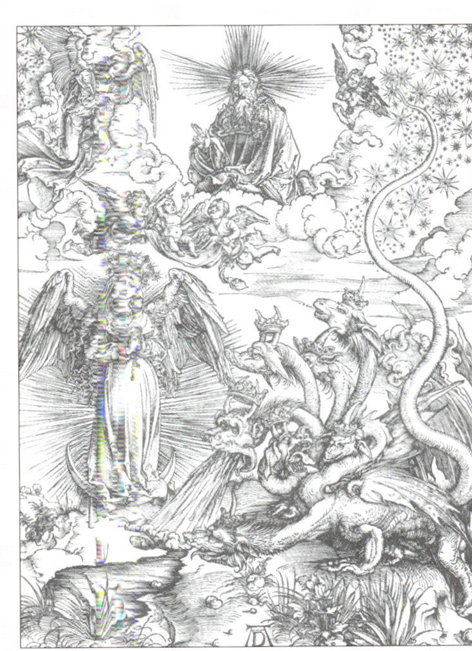

【宗教絵画における赤龍】

左の図版はアルブレヒト・デューラーによる連作銅版画「The Revelation of St. John」の第10作。キリスト教美術では七頭十角龍の敵として、「日をまとう女」や大天使ミカエル、天使の軍勢を登場させることが多い。
この他、映画『レッド・ドラゴン』作中でタトゥー・デザインにアレンジされた『大いなる赤龍と日をまとう女』（ウィリアム・ブレイク作）なども有名。

アルブレヒト・デューラー『太陽をまとう女と七つ首の龍』
"The Woman Clothed with the Sun and
the Seven-headed Dragon" by Albrecht Dürer (1497-98)

聖ゲオルギウスの龍退治／St. George and the Dragon

赤十字の騎士

DATA

登場文献：『黄金伝説』第56章　ギリシア語形ゲオルギウス（Georgius）。英語圏での呼称はジョージ（George）。

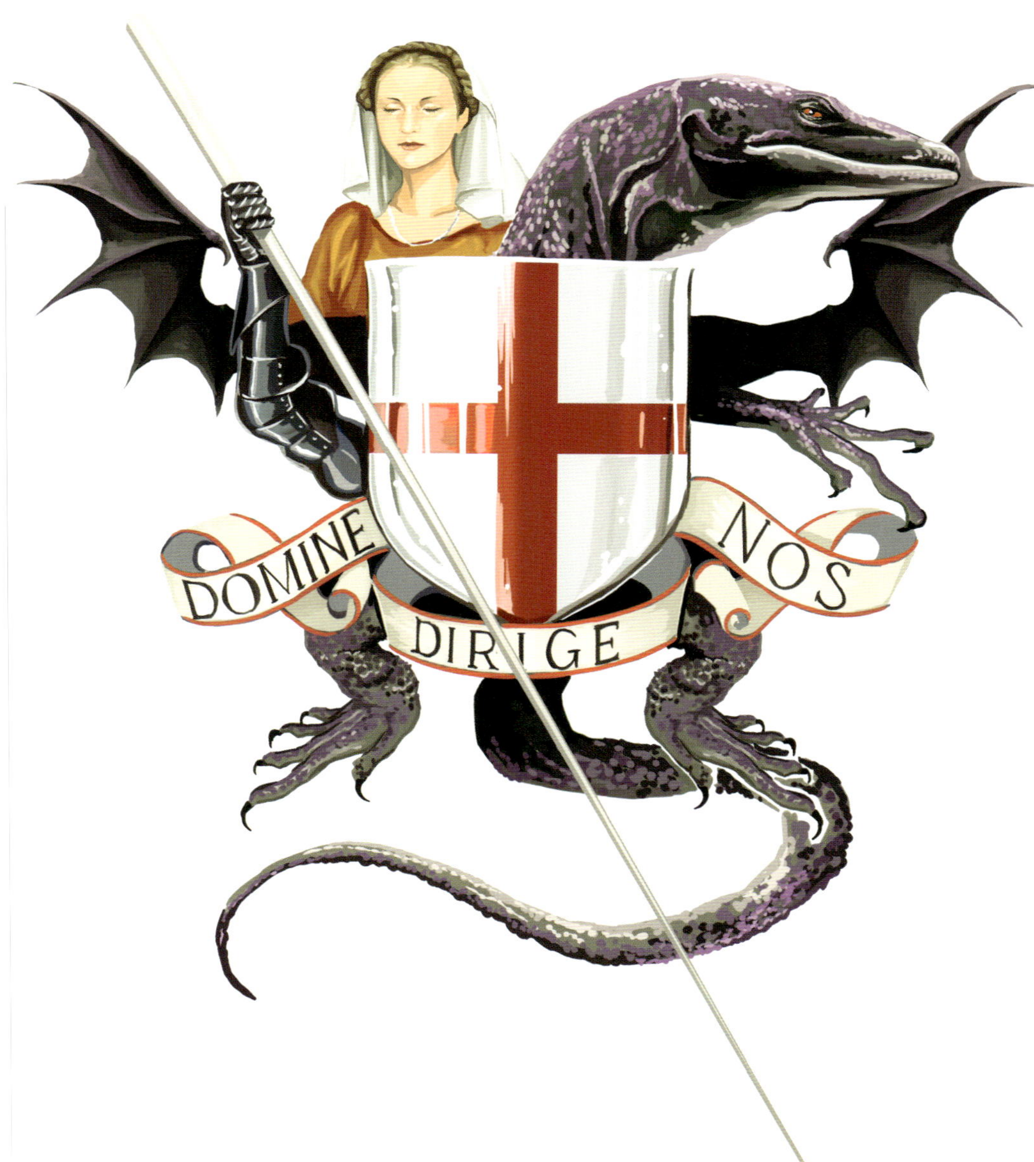

龍退治の意外な報酬

　聖人と教会行事についての物語をまとめた『黄金伝説』（Legenda Aurea）には、龍退治の物語が数多く収められている。龍を連れた魔術師と聖マタイの戦い。十字架で龍を調伏した聖女マルタ。それらの中で最もよく知られているのが、聖ゲオルギウスの龍退治譚だ。

　3世紀末頃のこと。カッパドキア生まれの騎士ゲオルギウスはリビアの都市シレナ近郊の沼で、悲嘆に暮れる貴婦人と出逢った。聞けば沼には毒龍がいて、人々はその怒りを鎮めるため、くじ引きで選ばれた者を生贄に捧げ続けているのだという。「シレナの王女である私でさえも、掟を破ることはできません。ついにくじを引き当ててしまいました」。ならば私が救おうとゲオルギウスが誓ったその瞬間、沼から龍が現れる。自慢の槍で叩き伏せ、王女の帯を龍の首に結わくゲオルギウス。瀕死の龍を連れて、彼らは街へと帰還した。驚く民衆にゲオルギウスは言い放つ。「こうして私が通りがかったのはまさしく神の思し召し。キリスト教に改宗せよ。あなた方が洗礼を受けるなら、龍を殺してしんぜよう」。

セント・ジョージ・クロス

　大司教ヤコブス・デ・ウォラギネが『黄金伝説』を著したのは13世紀のこと。聖ゲオルギウスへの尊崇自体は4世紀頃から行われていたが、ペルセウス・アンドロメダ型神話の影響がうかがえるこの龍退治譚はルネサンス美術の画家たちを魅了し、ラファエロやカルパッチョらによって多数の名画が生み出された。

　聖ゲオルギウスはイングランドの守護聖人であり、同国の国旗は彼の紋章であった銀（白）地に赤の十字＝セント・ジョージ・クロスを元としている。この旗にスコットランドのセント・アンドリュー・クロス（青地に白のX十字）とアイルランドのセント・パトリック・クロス（白地に赤のX十字）を組み合わせたものが、英国のユニオンジャックだ。また、ロンドン中心部、シティ特別行政区の紋章も聖ゲオルギウスにちなんでおり、白地赤十字の盾を両側から龍が支えるデザインとなっている。本稿掲載イラストのスクロール（巻物）部に記された「Domine, Dirige Nos.」のモットーはこの市章から引用したもので、「主なる神よ、我等を導きたまえ」（Lord, Direct Us.）の意だ。

【絵画作品における毒龍】

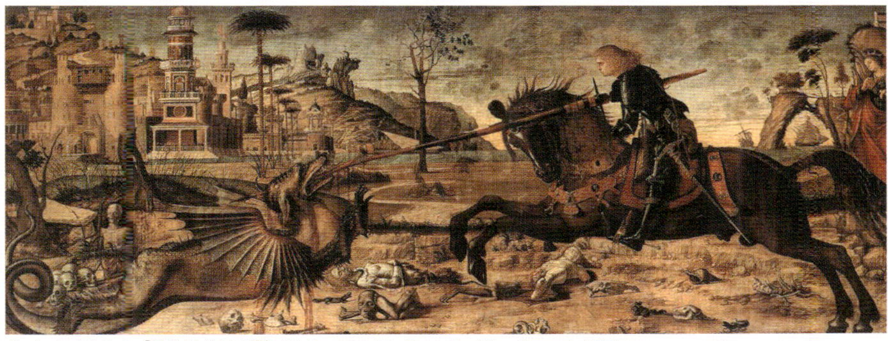

ヴィットーレ・カルパッチョ「聖ゲオルギウスと龍」　"St. George and the Dragon" by Vittore Carpaccio (1502)

　上に掲載した図版は初期ルネサンス、ヴェネツィア派の画家、ヴィットーレ・カルパッチョの作品。聖ゲオルギウスの龍退治譚を描いた絵画ではこのように、戦う両者の他にシレナの王女を登場させるのが一般的である。

　龍の大きさはこの作品でも比較的小柄で、馬と同等か、山羊を少し上回る程度。映画やゲームの超巨大な龍を見慣れている現代人と異なり、当時の西欧人にとってはこれぐらいが、リアルに感じられるサイズの上限だったのだろう。悪に対する善の勝利を表現するために馬上から見下ろせるサイズに設定しなければならなかったというのも、龍が小さく描かれた理由の一つである。

ティアマト ／ **Tiamato**

死して天地を産み出す者

DATA
別名：ティアマット
登場文献：『エヌマ・エリシュ』

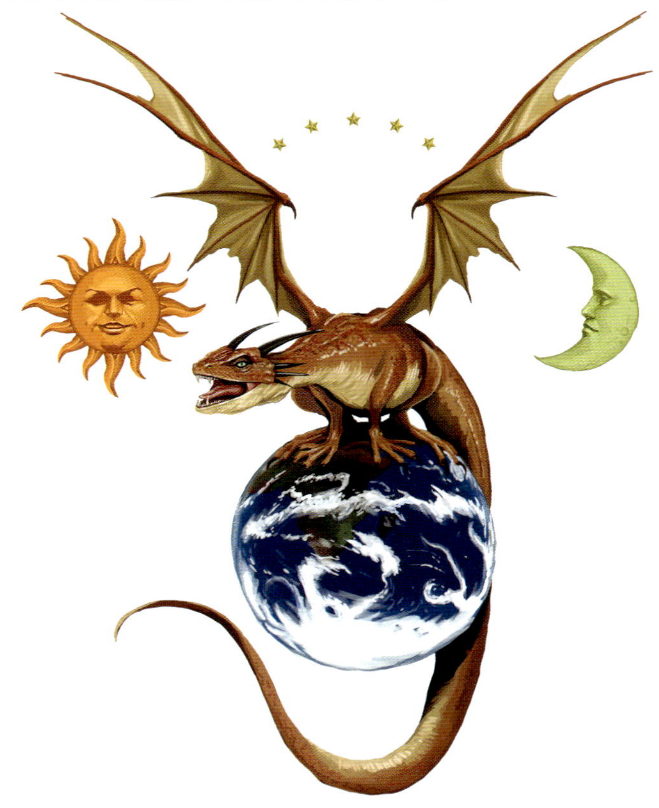

混沌と秩序

　シュメール人の創世神話に登場する龍の女神。固有の名を記された龍としては世界最古のものとされている。混沌の原始宇宙には、淡水を司る男神アプスと海水を司る女神ティアマト、この両者に仕える霧の小人ムンムーしか存在していなかった。ティアマトたちから産まれた神々は権力の座を欲し、彼女の孫世代にあたる英雄神マルドゥックをけしかける。ティアマトは戦いのため龍に化身し、ムシュフシュやバシュムなどの怪物を産み出すが、ついに敗れ、身体を二つに引き裂かれてしまう。骸の半分は上方へ張り付けられて天に、もう半分は下方へ置かれて地になり、砕かれた頭蓋骨は星々となった。混沌世界の終末と、秩序が支配する天地の誕生である。

暗き淵

　秩序に打ち滅ぼされる混沌──ティアマトはそのような役割を担わされた龍の原型といえるだろう。旧約聖書「創世記」によれば天地創造以前の世界は水が深く淀んだ場所、「淵」のようであったと描写されている。この淵はヘブライ語原典に記された「テホーム」という単語の訳で、ティアマトを語源としているのだ。なお、粘土板文書『エヌマ・エリシュ』には、ティアマトの姿に関する描写が無い。龍とされているのはシュメール人の美術などに、胴の長い東洋龍タイプのティアマト像が描かれているからだ。蛇の下半身を持つエキドナ型の女神とする説もあり、また、現代のファンタジー作品ではどっしりとした体躯を持つ西洋型の龍に造形する例が多い。

ムシュフシュ / Mushussu/Mushus

金色の複合獣

DATA
別名：ムシニス、シリシュ
登場文献：『エヌマ・エリシュ』

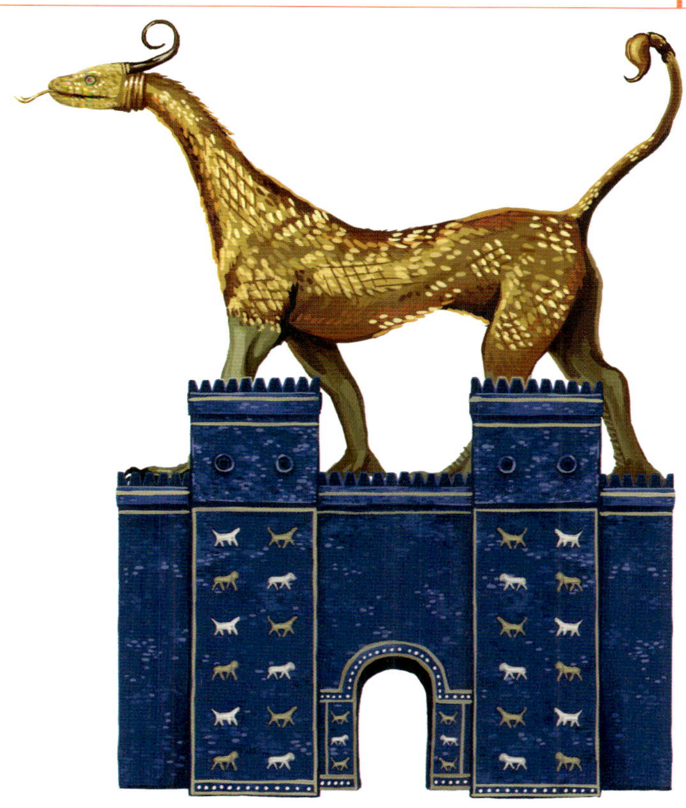

神に仕える聖獣

　古代メソポタミアのアッカド王朝に起源を持つ龍。アッカドでは嵐と戦いの神ティシュパクの乗り物や、神殿守護者といった役割を与えられていたが、バビロニア神話ではティアマトが対マルドゥク戦のために産んだ11頭の魔物の一つとなり、主が敗れてからはマルドゥクの乗騎になったとされている。この他にもオリエント地方の様々な神話に登場し、多くの神に仕えた。名はシュメール語で「怒れる毒蛇」の意。首と胴は金色の鱗に覆われており、前脚は獅子で後肢は鷲、蛇に似た頭部には渦を巻く一対の角が生え、尾の先端はサソリ状という、数種類の動物をミックスしたような姿を持つ。鳥の翼を生やした図像も、いくつか遺されているようだ。

都市の守護者として

　ムシュフシュ単体について述べた神話はほとんど伝えられていない。いずれの時代、いずれの地域の神話においても彼は神々の従者として、脇役を演じてきた。しかし民衆からは高い人気を得ていたようだ。ムシュフシュ像は都市や人々を災厄から護る瑞祥紋様として好まれ、建築装飾などに用いられていた。中でも有名なのがバビロニアのイシュタル門（ベルリンのベルガモン博物館所蔵。元の門があったイラクには現在、レプリカが建っている）だ。ラピス・ラズリのような深い青で彩られたこの華麗な門には、どことなく愛嬌のあるムシュフシュが金色の立体タイル画で何頭も描かれている。住民にとっては、生活を見守ってくれる親しい存在だったのだろう。

ウロボロス ／ Ouroboros

時間を内包する者

DATA
別表記：Uroboros

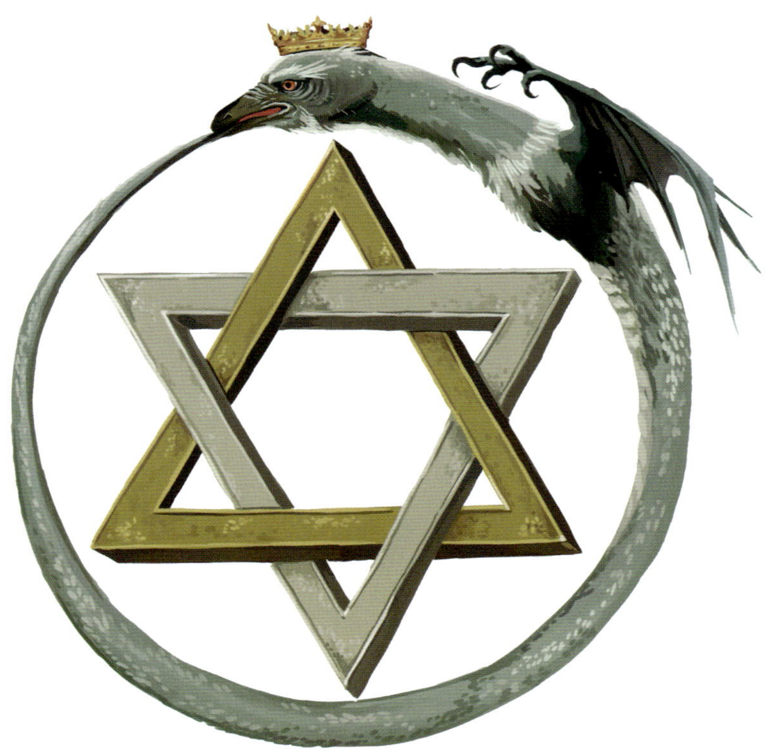

永遠の循環

　龍もしくは蛇が身体を丸め、自身の尾を咥えるこの意匠は、北欧神話のヨルムンガンドを原型として、古代ギリシアで誕生した。名は古代ギリシア語で「尾を喰らう者」の意。神話や伝承をバックボーンに持つ一般的な龍と異なり、永劫回帰や完全不滅、陰陽一体などの概念を示すために考案された、象徴図形の一種である。己の尾を咥えて環を作るだけならば犬猫にも可能だが、ウロボロスがこのような生物として描かれることとなった背景には、龍というよりも龍の原型である蛇の持つ、脱皮の習性が関わっている。洋の東西を問わずあらゆる地域において、蛇は古来より、古い身体を脱ぎ捨てて新たな生命を得る、不死の象徴とされてきたのだ。

異端から異端へ

　キリスト教では蛇や龍を悪魔と見なし、忌み嫌っているのであるが、旧約聖書『民数記』22章の記述や、紀元前2〜1世紀に作られた人身蛇足のヤハウェ像などを見ると、どうやら古代ユダヤには原始的な蛇信仰があったのではないかと推測される。この蛇信仰は初期キリスト教から異端視された分派、グノーシス派へと受け継がれた。彼らはウロボロスの意匠を、キリストの死と再生を象徴するものとして崇拝。時代が下るとウロボロスは永遠と完全を追求する神秘思想──錬金術との結びつきを強めてゆく。異端のグノーシス派から、同じくカトリック教会に弾圧された錬金術へ。このような経緯がウロボロスの魔術的な雰囲気を、一層濃いものにしている。

サラマンダー / Salamander

炎の精霊

DATA

別名：サラマンドラ、サラマンデル
登場文献：プリニウス『博物誌』等

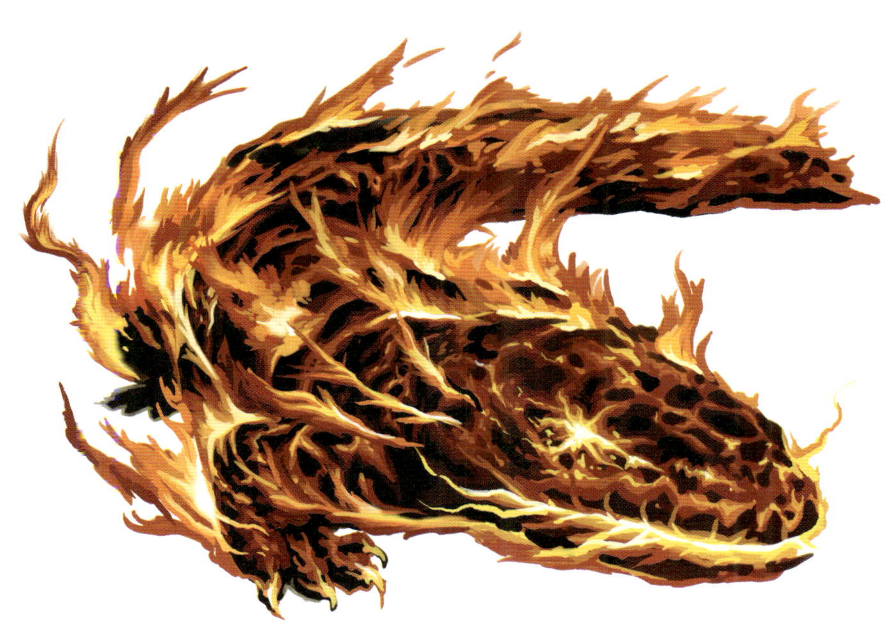

未確認生物から精霊へ

　ヨーロッパに古くから伝わる架空生物で、中世まで実在すると信じられていた小型の龍。全身が特殊な粘液に覆われ、火中へ投じても死なず、逆に火を消してしまうと考えられていた。中世になると精霊的な性格が強まり、炎の中に棲み、炎を呼吸し、身を焼くことで不死鳥のように再生するという設定が加わる。現代のファンタジー作品では火炎がそのまま龍の形になった、エネルギー生命体のようなサラマンダーも登場。不燃性の糸で繭を作るとされ、中世の悪徳商人たちは、ただの石綿を「サラマンダーの繭から作った耐火布」と偽って販売していた。人気商品だったようで、教皇アレクサンデル3世などの有名人も、この詐欺商品を所有していたという。

愛される小龍

　キリスト教では火中にじっとたたずむサラマンダーを「忍耐」の象徴としていた。好意的な意味を付与されたこの神秘的な生物は中世ヨーロッパ、特にフランスで人気を集め、フランス国王フランソワ1世の紋章や、仏国フォンテンブロー市、ル・アーブル市の市章などに採用されることとなる。これらの紋章に見られる中世のサラマンダー像は、焚き火のような炎の中にうずくまる、太めのトカゲに似た姿であることが多い。ちなみに「謎の耐火生物」であったサラマンダーを「世界を構成する四元素（火水風土）の一つ、火を司る精霊」へと格上げしたのは、錬金術師をはじめとする、17〜18世紀の魔術研究家たちである。

145

ペルセウスと海龍 / Perseus V.S. Sea Dragon

龍と英雄と囚われの王女

DATA
登場文献：アポロドーロス『ビブリオテーケー』

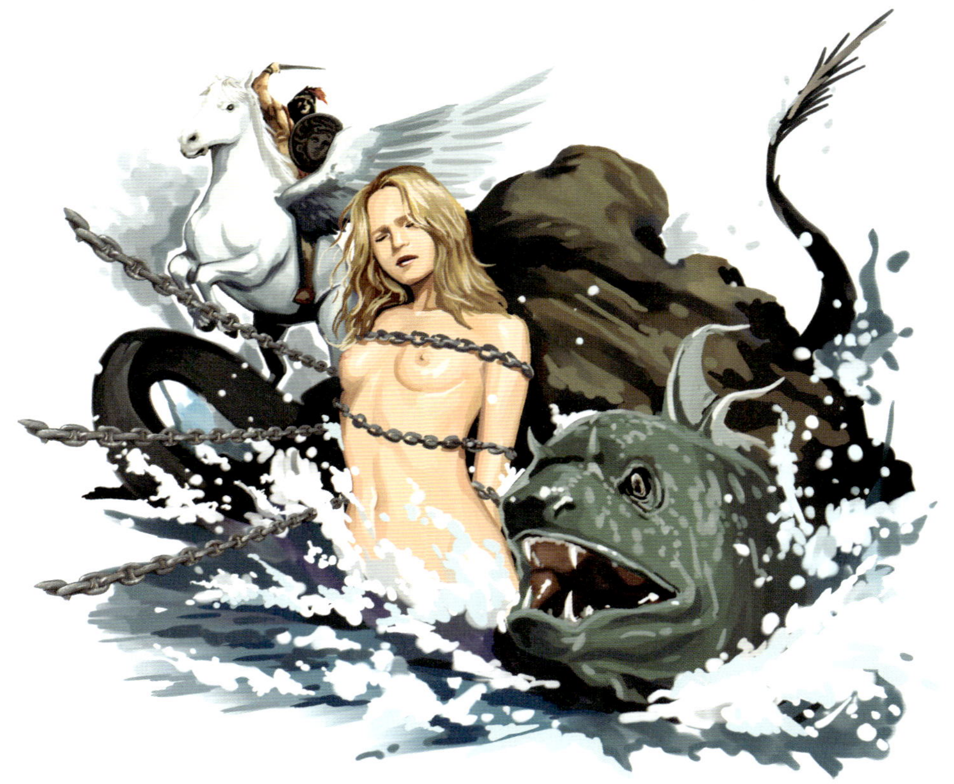

生贄の王女

　母に言い寄るポリュデクテス王の命令で、蛇髪の魔物メデューサを討ち取った英雄ペルセウス。この冒険で入手した天馬ペガサスにまたがり帰途につく彼はエチオピアの海岸で、岩に繋がれた美姫を目にした。彼女の名は王女アンドロメダ。聞けば母カシオペアが「我が美貌は神々にも勝る」と自慢したせいで国が海龍に襲われ、これを鎮めるため生贄に差し出されたのだという。憤慨したペルセウスは海龍退治を決意。自慢の剣と、見る者を石化させるメデューサの首を武器に海龍を打ち倒し、見事勝利を収めた。この一件でアンドロメダと結ばれた彼はその後、ポリュデクテス王から母を救い出し、祖国アルゴスに凱旋して王位に就く。

アンドロメダ型神話

　英雄が悪龍の魔手から乙女を救う――このような物語を俗に、アンドロメダ型神話と呼ぶ。多くの神話において、龍は英雄が英雄たりえるために乗り越えねばならぬ試練、英雄を誕生させるためのやられ役を演じてきた。民を救うため。自然力の象徴たる龍を人の力でねじ伏せるため（龍には水神的な性格を持つものが多く、治水は古代の王にとって必要不可欠な才能であった）。英雄が龍と戦う動機は様々であるが、美しい女性を救うためというのは王者の使命感からくる「立派な動機」よりも、民衆の心に強く訴えかけるものがある。このシチュエーションで結ばれない男女がいるだろうか。龍はまた、恋愛物語を盛り上げる恰好の刺激剤でもあったのだ。

テュポン / Typhon

怒りの暴風神

DATA
登場文献：『神統記』等
別名：ティフォーン、
　　　テュポエウス等

旧支配者の忘れ形見

　エキドナの夫で、一説ではタイフーンの語源になったともされている不死身の魔神。天に達するほどの巨体を誇り、広げた両腕は東西の果てにまで届いた。両脚は太股から先が蛇の尾となってとぐろを巻き、首や肩からは百頭の龍が生えていたという（古代の美術品では、人間型の頭部に描かれることも多い）。母は大地の女神ガイア。父親はガイアと同じ旧神族＝ティターンの一柱で、冥府よりもさらに下層の奈落を司る神タルタロス。別の伝承によればエキドナも同じ父母から産まれたとされている。ティターン族や巨人族、各地の土着神などを打ち破って主神の座についたゼウスを滅ぼすために生み出された、生まれながらの復讐者。

消えゆく者たち

　ギリシア神話の主神ゼウスは、父クロノスをはじめとするティターン族を駆逐することで権力の座を得た。オリンポス神とティターン族の、10年にもわたるこの戦い——ティタノマキアと呼ばれる抗争は、自然神を信仰するギリシア土着の宗教が、征服者であるギリシア人の宗教に取って代わられる様を描いているという。ティタノマキアに敗れた旧支配者たちが、復讐のために生み出した魔神、テュポン。その力は凄まじく、一度はゼウスを打ち破ったものの、策略によって剛力を奪われ、最後にはシチリア半島エトナ火山の下へ封じ込められてしまった。不死であるテュポンは今も地の底におり、その怒りがエトナ火山の噴火や地震を引き起こすのだという。

エキドナ／Echidna

凄艶なる太母

DATA

登場文献：『神統記』等

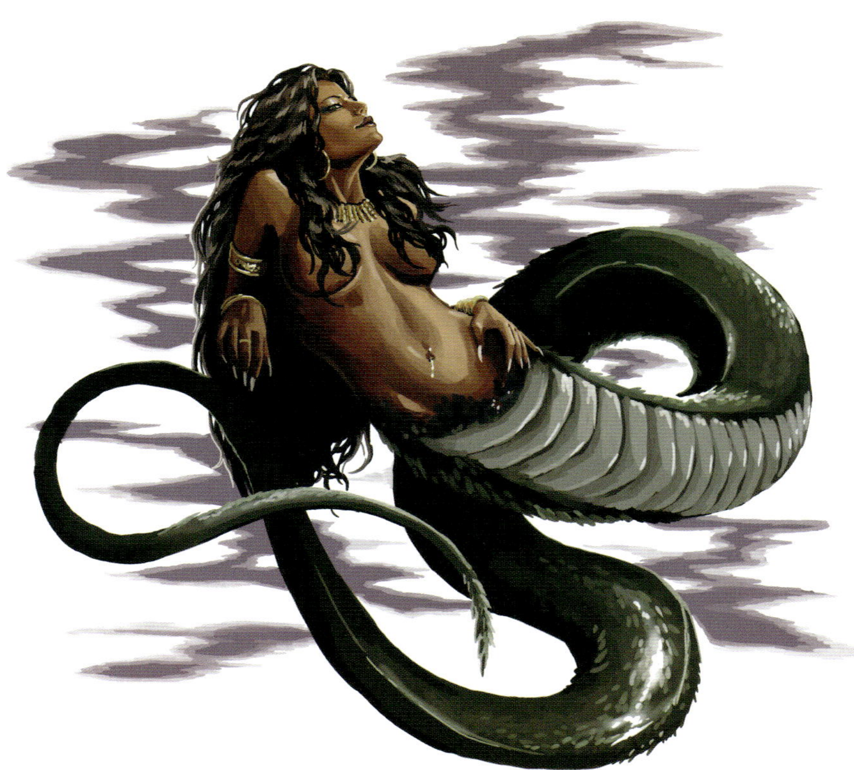

怪物たちの母

　暗い洞窟に潜む半人半蛇（龍）の美女。出自については諸説あるが、神々の系譜を記した叙事詩『神統記』（ヘシオドス作）によれば、父はメドゥーサ（蛇髪の魔物ゴルゴン三姉妹の一人）の息子クリュサオル、母は泉と森を司る女神族オケアニデスの一人、カリロエとされている。人身龍頭の台風神テュポンを夫とし、ケルベロスやヒュドラ、キマイラなどの魔物を産んだ。また、息子の一人である魔犬オルトロスとの間にも、ネメアの獅子やスフィンクスなどの子をもうけている。ギリシア神話に登場する魔物のほとんどが、彼女の子であるといってよい。名は「マムシ」の意。ペレポネソスの集落で家畜を襲っていた際、百眼の魔神アルゴスに撲殺された。

貶められた旧神

　元々は地中海一帯で信仰されていた、豊穣と多産を司る土着の地母神である。が、ゼウスのような「人間型の神」だけを信仰する古代ギリシア人によってこの地方が制服された際、彼女たち異形の神々は闇へ追いやられ、魔物と蔑まれるようになってしまった。息子のオルトロスとさえ交わる淫蕩さも、エキドナが排斥された理由の一つと思われる。古代ギリシア人は同性愛や幼児性愛さえも容認する大らかな民族であったが、近親相姦に対しては嫌悪感を抱いていたからだ。しかし、ただひたすらに子を産み増やすその姿には、善悪を超えた美しさがある。原始的で力強い、人が獣と同じ存在だった時代の「偉大なる太母」。そんな印象を受けはしないだろうか。

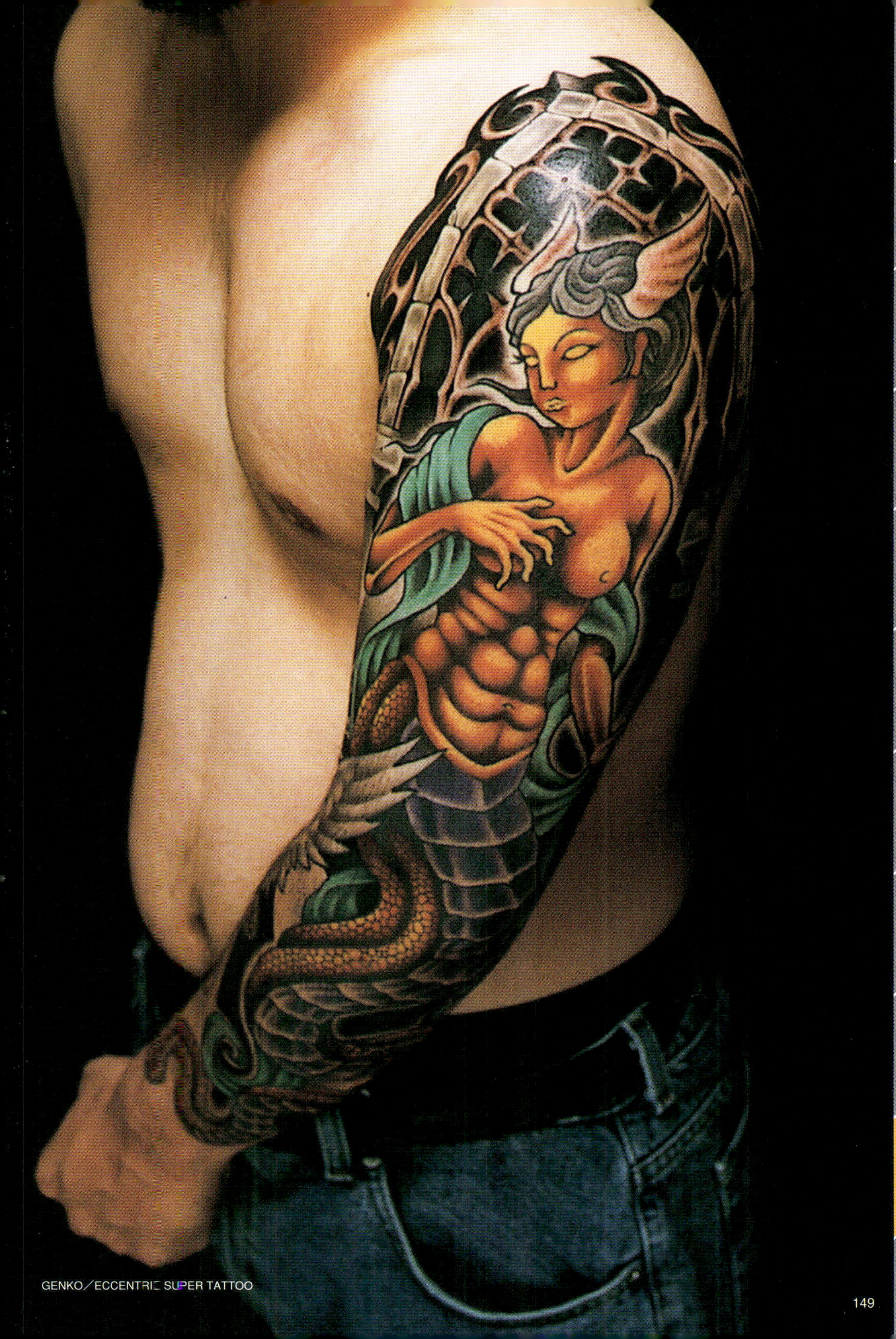

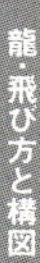

GENKO／ECCENTRIC SUPER TATTOO

ヒュドラ / **Hydra**

猛毒の九頭龍

DATA
別名：ヒドラ、ハイドラ

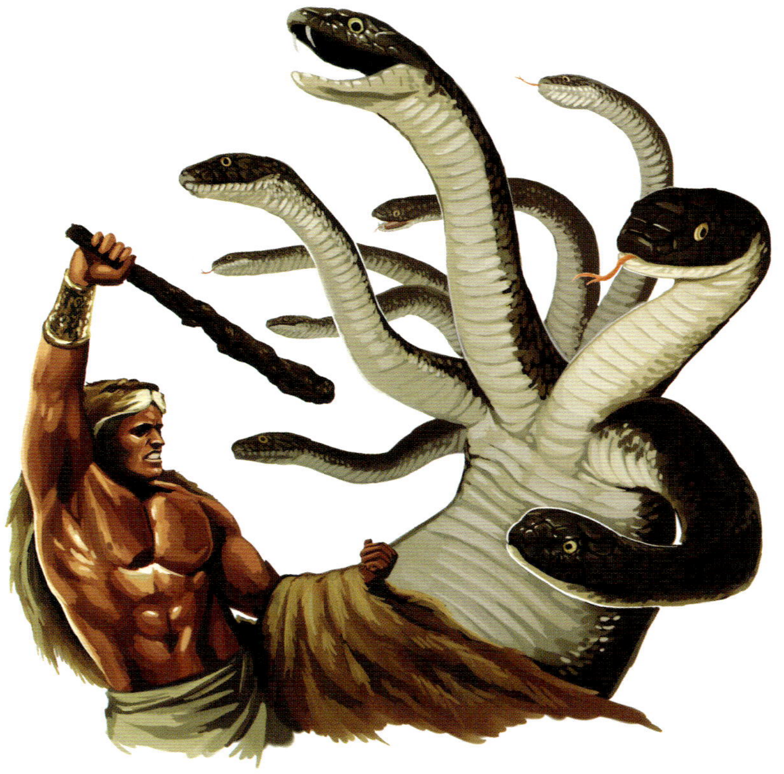

不死身の怪物

　テュポンとエキドナから産まれた魔物の一頭。ギリシア南部のレルネ沼に棲息（せいそく）し、大木ほどもある胴が途中から9つの頭（5〜100まで諸説あり）に枝分かれしている。不死の力を持つのは中央の首だけだが他の8首も強い生命力を備えており、1つの首が死ぬと新たに2つの首が誕生。また、吐息や血液、全身を覆う粘液には猛毒が含まれており、このためレルネ沼を水源としていたアルゴス市は深刻な水不足に悩まされていた。その不死性から「不屈」の象徴ともされ、中世西洋ではヒュドラをモチーフとした紋章も多く作られている。これらの紋章に見られるヒュドラ像は3〜7つの首を持ち、脚のない怪蛇タイプの他、翼や四脚を備えたものも多い。

ヘラクレスとの戦い

　英雄ヘラクレスが成し遂げた12の偉業。その第2番目がレルネ沼のヒュドラ退治である。沼の周囲へ火を放ってヒュドラを誘い出し、猛然と挑みかかるヘラクレス。身を爛（ただ）れさせる猛毒は、第1の冒険で入手した「ネメアの獅子」の毛皮によって防ぐことができた（ちなみにこの獅子もテュポンとエキドナの子で、ヒュドラの兄弟にあたる）。が、自慢の棍棒（こんぼう）で頭を殴り潰すたび、新たな頭が倍の数だけ生えてしまう。従者イオラオスが松明（たいまつ）で傷口を焼き、再生を阻止。不死の力を持つ中央の首だけはどうしても倒せなかったため、大岩の下敷きにして封印した。ヘラクレスはこの戦いでヒュドラの血を入手し、毒矢の材料として、後の冒険に役立てたという。

ケツァルコアトゥル ／ Quetzalcoatl

天に舞う緑の龍神

DATA
別名： 白のテスカトリポカ、ククルカン、エヘカトルなど

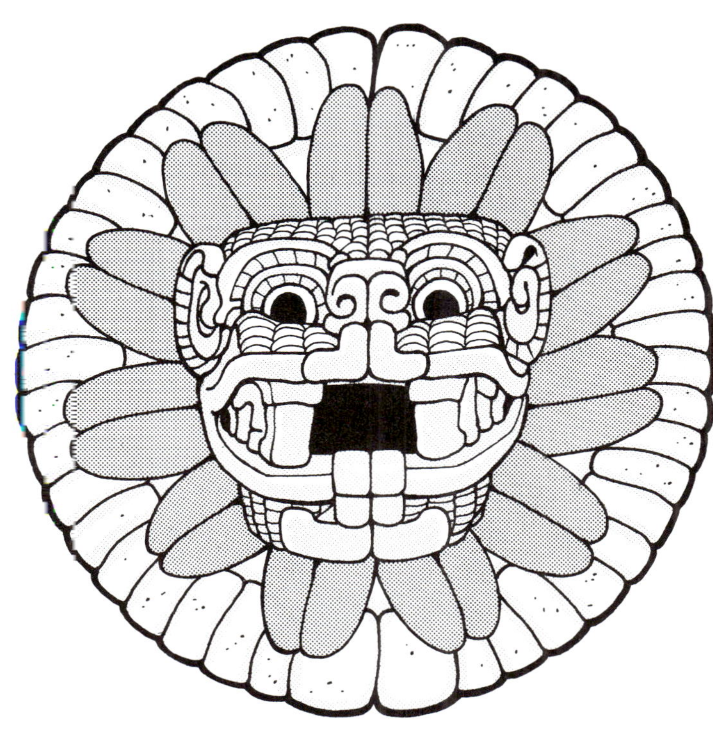

人類に恵みをもたらす神

　名は「羽毛のある蛇」の意。ケツァルは美しいエメラルドグリーンの羽毛を持つ実在の鳥、絹羽鳥（キヌバネドリ）の一種で、コアトゥルが蛇を指す。名前通りの特徴を備えた龍型の神獣として描かれる也、白い肌に黒髪と髭をたくわえた人間型で表わされることも多い。本稿のイラストはテオティワカン遺跡の壁面彫刻をモデルとしている。

　トルテカ、アステカ、マヤなどメソアメリカ全域の古代文明に影響を及ぼした神で、時代により様々な神と習合されていったため神格がやや複雑化している。多くの呼び名や化身を持つのはそのためだ。基本的には平和を愛する心優しい神とされ、人類に農耕技術や火の扱い、祭祀（さいし）の方法などを教えたと伝えられている。

白と黒の兄弟

　アステカ神話によれば、ケツァルコアトゥルは創造神オメテクトリとオメシワトルを父母とし、赤青白黒からなるテスカトリポカ4兄弟の1柱、白のテスカトリポカとして誕生したという。温厚なケツァルコアトゥルに対して黒のテスカトリポカは戦争と破壊を好む荒々しい神であり、世界が滅亡と再生を繰り返す長い長い歴史の中、この両柱は激しい戦いを繰り広げてきた。

　アステカ神話では「黒のテスカトリポカがケツァルコアトルを陰謀（おとしい）に陥れ、この地から追放した」と伝えているが、これは戦闘的な民族であった彼らが軍神崇拝を広め、平和志向の蛇神崇拝（農耕と関係している）を下位に置こうとした歴史を現している。

リヴァイアサン ／ Leviathan

大海原の主

DATA
別名：レヴィアタン、ラハブなど
登場文献：旧約聖書「詩篇」
「ヨブ記」「イザヤ書」など

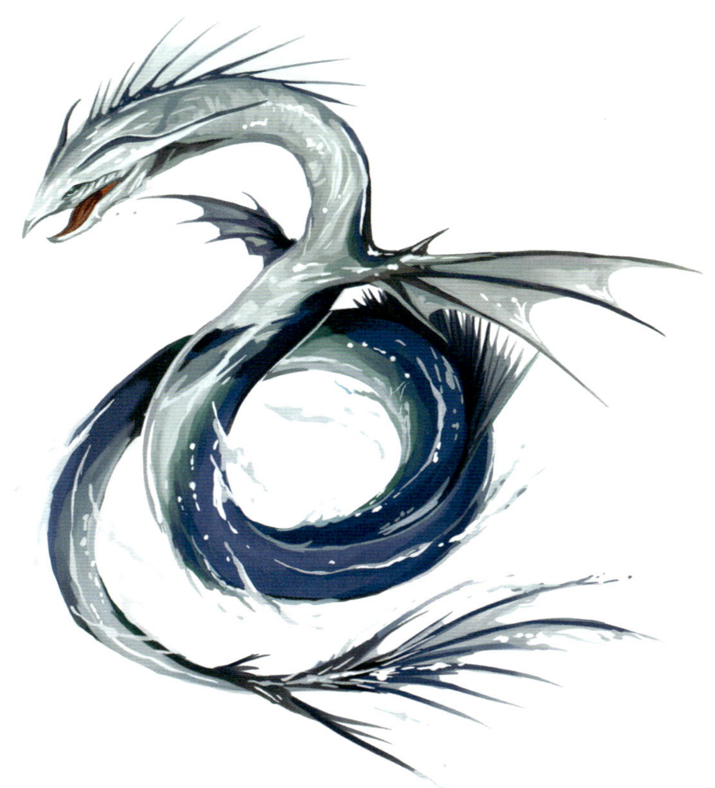

驕れる王

　古代オリエントの神話に起源を持つ海龍で、ユダヤ教・キリスト教の敵として旧約聖書にもその名を記される海龍。オリエント神話では豊穣神バールの敵である多頭龍ロタン（他の神話ではラハブ、シャーリートとも）として登場し、旧約聖書では天地創造の第5日目、神によって雌雄一対で創造され、海王の座を与えられたと記されている。が、繁殖力の高さと無尽の貪欲さから他の海洋生物を絶滅させかけたため、神はこの龍の頭を砕き、野獣たちの餌食にしてしまった。ギュスータヴ・ドレなどの手による宗教画では一般的な西洋型の龍として描かれているが、近年のファンタジー作品などでは、海や水のイメージを全面に押し出したデザインのものが多い。

大自然への恐怖

　古代オリエント神話でも旧約聖書でもリヴァイアサンは常に、神に敵対する者として描かれる。西洋の龍はティアマトのように「荒れ狂い猛威を振るう自然。文明によって支配されるべき自然」の象徴であることが多いのであるが、リヴァイアサンも同様に、人の手に負えぬ自然力を体現しているのだといえよう。中世の船乗りたちはリヴァイアサンの実在を信じていた。それを暗く底知れぬ大海原への恐れから生まれた、単なる妄想と笑うことはできない。文明の灯によって地上から闇が駆逐された現代でも、大部分が未調査のままである海は、最後の魔境として存在し続けているからだ。人の本能は未知なるものを恐怖し、その恐怖が龍を生み出す。

ジャバーウォック／Jabberwock

正体不明の何か

DATA
別名：ジャヴァウォック、ジャバウォッキーなど
登場文献：ルイス・キャロル『鏡の国のアリス』

"Jabberwocky" by John Tenniel〈1871〉

不条理詩の傑作

〈あぶりの時　こゝーヴしならか／まはるかの中に環動穿孔／すべて妄君ぼろ鳥のむれ／やからのラースぞ咆嘯したる〉（岡田忠軒訳。角川文庫版より）。

『鏡の国のアリス』冒頭近くに挿入される不条理詩「ジャバーウォックの詩」は、謎の怪物が名を持たぬ主人公によって退治される物語で、古典的な英文叙事詩のパロディーとなっている。文中に登場する不可解な語は作者ルイス・キャロルの発案による造語で、例えばあぶり（Brillig）は肉を焙りはじめる夕暮れ時のこと。全体の音韻は美しいのに意味はさっぱり解らないという不思議な印象を与える詩で、このことから「Jabberwocky」は「不条理・ナンセンス」を意味する語ともされている。

龍になったジャバーウォック

顎と爪を武器にしていること、燃えるような瞳をしていることなどが述べられてはいるものの、ジャバーウォックの具体的な姿については、詩の中でまったく触れられていない。読者に解るのは数種類の怪物の名と、少年らしき何者かが剣で怪物を倒したということだけだ。キャロル公認の挿絵画家ジョン・テニエルがジャバーウォックを龍の姿に描いたのは、この劇中詩がオーソドックスな龍退治譚に似た構成を持つためだろう。実際、「森に潜み剣で倒される不可解な何か」という怪物像は龍を想起させやすい。テリー・ギリアムの映画『ジャバウォッキー』のポスターには、テニエルの挿画をアレンジして彩色したものが用いられている。

ヴァイキングの龍工芸 / Viking's Dragon Art

8〜11世紀にかけて、巧みな操船技術と鬼神の如き戦闘力によってヨーロッパを席巻した北ゲルマン民族、ヴァイキング。血と破壊を呼ぶ略奪者、戦いを無上の喜びとする獰猛な民族と呼ばれた彼ら海の戦士はまた、その荒々しさからは想像もつかぬほど繊細な工芸品を生み出す、優れたアーティストでもあった。日用品から武器、さらには軍船にいたるまで、彼らはありとあらゆる品物に、複雑精緻な紋様装飾を施す。神秘性と勇猛さを感じさせる龍のモチーフは、特に人気が高かったようだ。以下にヴァイキングの遺したドラゴン・アートの中でも、逸品との呼び声が高いものを4種紹介する。

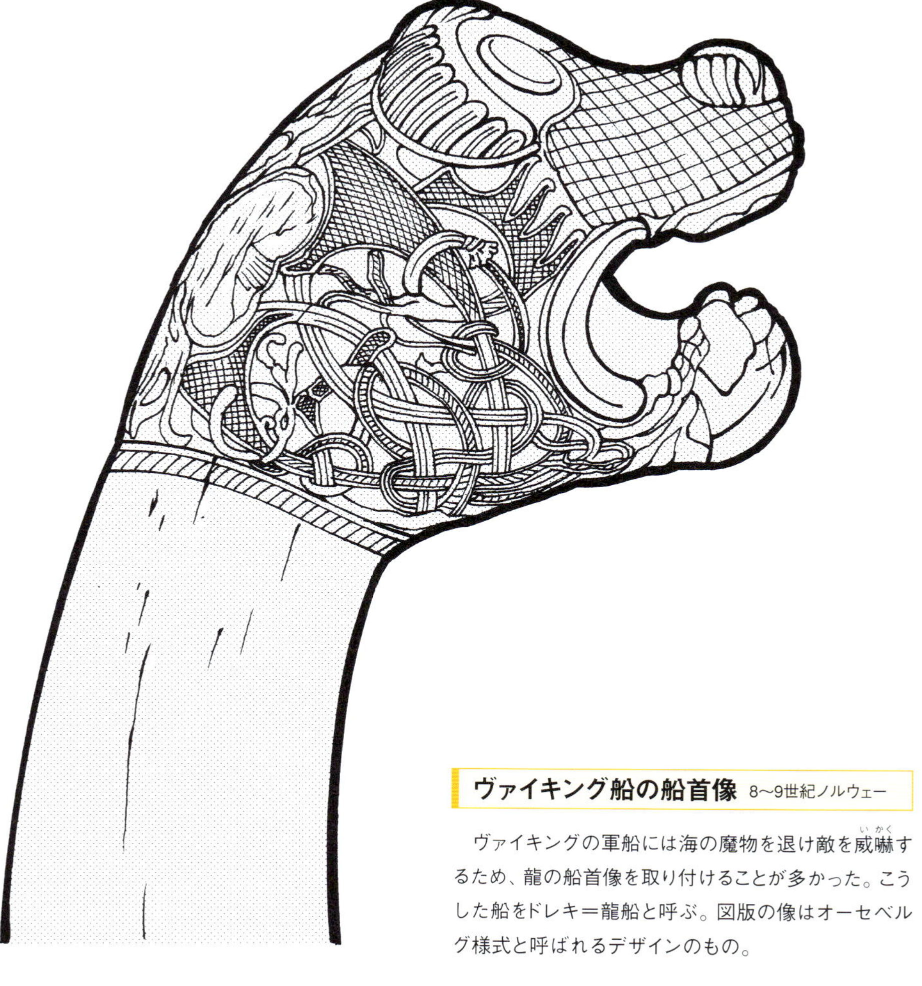

ヴァイキング船の船首像 8〜9世紀ノルウェー

ヴァイキングの軍船には海の魔物を退け敵を威嚇するため、龍の船首像を取り付けることが多かった。こうした船をドレキ＝龍船と呼ぶ。図版の像はオーセベルグ様式と呼ばれるデザインのもの。

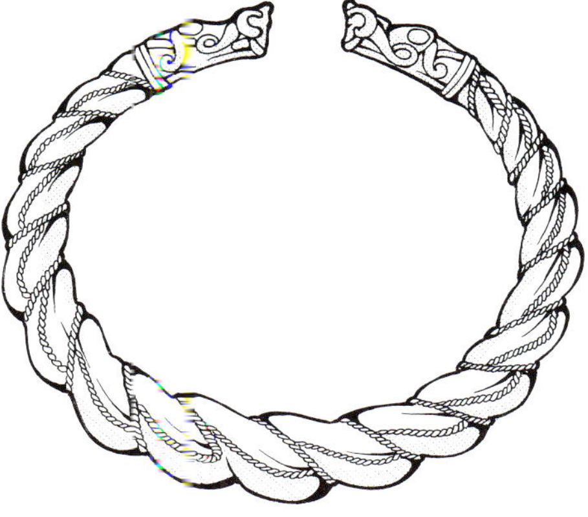

双頭龍の銀製バングル　9世紀スウェーデン

　男たちの間ではバングルやベルトのバックルといっ
たU字型の金属製装身具を龍の身体に見立てて、双頭
龍の形にデザインしたものが好まれていた。胴部分に
も図版のような三つ編み状のツイストや組紐紋様など、
凝った装飾が施される。

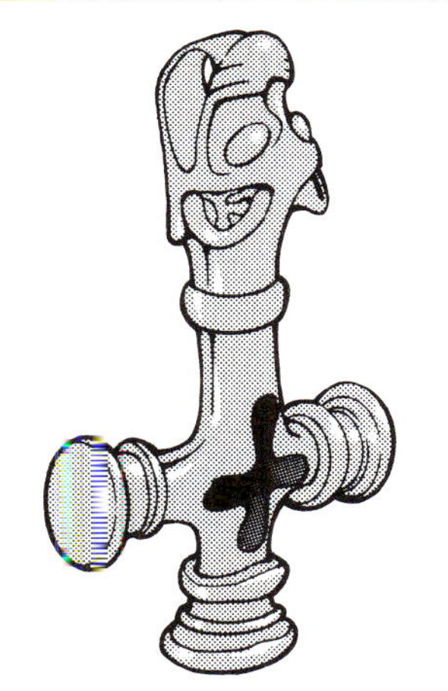

雷神槌型の龍頭十字架　10世紀アイスランド

　雷神トールの振るうT字型ハンマー「ミョルニル」を象
ったペンダントは、キリスト教伝来以前の北欧において
最も身近な宗教的アクセサリーであった。図版のペン
ダントはミョルニルと十字架の中間的な形態をしており、
龍の口が紐通しになっている。

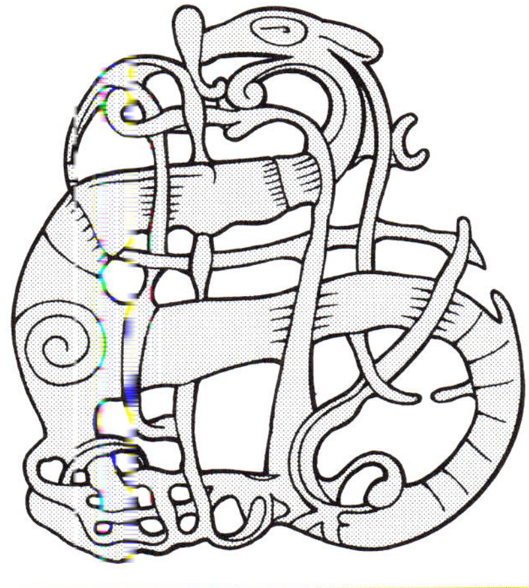

龍のペンダント　10世紀ノルウェー

　長い身体を複雑に絡ませた動物紋様は古くから見ら
れるもので、時代によって様式が異なる。古いものか
ら順に、S字連鎖を基本とするイェリング様式、絡み方
が複雑化したマンネン様式とリンゲリーク様式。そして
リンゲリーグ様式をさらに洗練させた、図版ペンダント
のウルネス様式。鳥や獣など動物全般が組紐状の姿で
描かれるため、中には龍と判別しにくいものも多い。

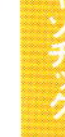

TATTOO DESIGN BOOK
STUDIO INDEX

国内

浅草彫やす
東京都台東区西浅草2-14-13 マンション西浅草502
☎ 03-3843-3444　URL: http://www.horiyasu.com

YELLOW BLAZE TATTOO STUDIO ＋黄炎刺青処／岩崎成格（SHIGE）
神奈川県横浜市中区石川町1-15-6 SAZAビル♯601
☎ 045-662-7807　URL: http://www.yellowblaze.net/

池袋初代彫俊
東京都豊島区池袋1丁目16番36号 西山ビル406号
☎ 03-3983-7562
北海道札幌市中央区南10条西11丁目2番22号 ハイツエコー201号
☎ 011-531-3037

INTER SECTION／HAN
東京都渋谷区恵比寿西1-25-11
☎ 03-3463-1054　URL: http://www.han-tattoo.com

H.G.TATTOO／初代彫元Ⓡ
福岡県福岡市南区中尾1-1-23-403
☎ 092-541-8938　URL: http://www.horigen.com

8BALL TATTOO STUDIO／HORIGYN、YASHIN、 HORITAKE、その他ゲスト
愛知県名古屋市西区名駅2丁目4-3-1F
☎ 052-562-1175　URL: http://8ball.tattoo.jp

ECCENTRIC SUPER TATTOO／ SABADO、GENKO
愛知県名古屋市中区大須3-5-49
☎ 052-262-3246　URL: http://www.eccentric.jp

CARVE BRAINS／初代彫智
新潟県新潟市笹口3-16-1 原常ビル3F
☎ 025-249-2260　URL: http://homepage3.nifty.com/carve-brains/

CAT CLAW TATTOO／HORINAO、RITSU
京都市中京区伊勢屋町354 伽羅ビル3F
☎ 075-229-4840　URL: http://www.catclaw-tattoo.com

2nd CAT CLAW TATTOO／hiro、AI
京都市中京区朝倉町543-2F
☎ 075-211-1584　URL: http://www.catclaw-tattoo.com

COOL STAR TATTOO SHOP／RYOSUI
北海道札幌市中央区南3条西8丁目12番
☎ 011-272-1180　URL: http://www.coolstartattoo.com

熊本 彫寿
熊本県熊本市　☎ 090-5288-1792

Cotton Pickin'／HIROYUKI
秋田県秋田市東通6-1-31
☎ 018-837-2887　URL: http://www.cotton-pickin.com

56TATTOO STUDIO／渋谷彫雅 岸
東京都渋谷区神南1-5-14 三船ビル209
☎ 03-3476-2276　URL: http://56.tattoo.jp

三代目彫よし
神奈川県横浜市西区伊勢町3-123
☎ 045-231-3187（月〜水曜日）
神奈川県横浜市中区花咲町1-2 天野興業ビル202
☎ 045-253-9184（木〜金曜日）　URL: http://www.ne.jp/asahi/tattoo/horiyoshi3/

THE TATTOO SHOP／Kato、DAI
東京都目黒区大橋2-3-20-2F
☎ 03-5452-2639　URL: http://www.spotlight-studio.com

初代小春
富山県魚津市東尾崎5460-32
☎ 0765-31-7798　URL:http://www.geocities.jp/koharufamily/

初代北凰
兵庫県神戸市中央区南本町通5丁目1-21-206
☎ 078-222-0662　URL: http://www.shodai-hokuoh.com/

初代彫ひと
神奈川県川崎市川崎区小川町3-3
☎ 044-245-9998　URL: http://www.horihito.com

信州 初代彫金
長野県長野市稲葉122-2
☎ 026-226-1023（イレズミ）　URL: http://www.horigane.com

Skin Evolution TATTOO STUDIO／オオキ
栃木県小山市神鳥谷5-2-19 南風原2F-B
☎ 0285-22-0223　URL: http://www.skinevolution.com

THREE TIDES TATTOO／ TSUKASA、MUTSUO、NAMI、彫末那（CHRIS-TRÉVINO）、ADRIAN-LEE、MATT-SHAMER、PACO-EXCEL、JASON-KANDEL、ADAM-BARTON、GREZ、AMANDA-TOY、RUDY-ERITSCH、DANIEL-ALBRIGO、CHRIS-O'DONNELL、RON-ERHART
大阪市西区南堀江1-8-5-2F
☎ 06-6535-6227　URL: http://www.threetides-tattoo.com

TATTOO TRIBE／NAOKI
愛知県名古屋市千種区星が丘山手115番地丹所ビル2F
☎ 090-1413-6888　URL: http://tribe.tattoo.jp

CHOP STICK TATTOO 本店／TON、KOZURU、NATTSU
大阪府西心斎橋 2-17-9-3F
☎ 06-6213-7099　URL: http://www.chopsticktattoo.org

CHOP STICK TATTOO 2号店／GAKKIN、WATARU、NISSACO
大阪市中央区西心斎橋1-6-17中川ビル3F
☎ 06-6251-0655　URL: http://www.chopsticktattoo.org

TOMMY'S FIRE TATTOO STUDIO／HIDEROW
広島県広島市中区袋町1-27 第一広共ビル3F
☎ 082-240-0518
URL: http://www.geocities.jp/moo0oo0oom/hiderow.html

Dropout,inc／KOBAYASHI、YOHEI、
SHIGETOSHI、TETSUO、AYA
宮城県仙台市青葉区北目町3-3 JBS 第2萬栄ビル2F
☎ 022-722-2324　URL：http://www.dropout-inc.com

NEO-JAPANESE TATTOO／JAKOH
愛知県春日井市
☎ 090-7853-4128　URL：http://www.neojapanese.jp

HYPER DRAGON／RYOJI
高知市追手筋1-9-15 山一ビル5F
☎ 088-872-4108　URL：http://www.geocities.jp/tanuking56/

FATE ARK／YAS
宮城県仙台市青葉区中央2-10-8 東3番町 BLDG 3F
☎ 022-722-0322　URL：http://www.fateark.com

文身雕房 S.U.L／龍門文身 文身師 獅龍
新潟県新潟市笹口3丁目16-13 1F
☎ 025-243-6750　URL：http://www.shiryutattoo.com

文身道練成屯所／初代彫鯉
愛知県豊橋市向山台町1-27 ハイツ向山6-D
☎ 0532-56-6231　URL：http://www5e.biglobe.ne.jp/~horikoi/

HOCUS POCUS TATTOO／MAKOTO
DAISEI、KANAE
静岡県静岡市葵区七間町18-1 ピボット静岡3F
☎ 054-221-0167　URL：http://hocuspocus.tattoo.jp

MIND SCAPE TATTOO／彫鐘
愛知県岡崎市
☎ 0564-28-6095　URL：http://mindscapetattoo.com

LEON FAMILY／Leon
愛知県刈谷市小垣江町本郷下24
☎ 0566-28-7666

<h2>海外</h2>

Aaron Bell／Slave To The Needle
508 NW 65th Street Seattle, WA 98117
☎ 206-789-2618　URL：www.sleavetotheneedle.com

BOB TYRRELL／NIGHT GALLERY
P.O Box 84577 Bloor West P.O Toronto,ON M6S 1P3 CANADA
☎ 416-013-2198　URL：www.bobtyrrell.com

Chad Koeplinger／American Graffiti
1219 19Th St Sacramento.Ca 95814
☎ 530-753-1948　URL：www.destination-unknown.us

Jakob, Kate／CHAPEL TATTOO
155 Chapel Street Prahran 3181 In Australia
☎ +61 3 9521 1203　URL：www.chapeltattoo.com

Chris O'Donnell／New York Adorned
47 2nd Avenue New York, Ny 10003
☎ 212-473-0007　URL：www.codnyc.com

Dave Fox／Studio One Tattoo, Olde City Tattoo
Studio One Tattoo 234 Chester Pike Norwood, Pa 19074
☎ 610-586-4640
Olde City Tattoo 44 S.2nd St. Philadelphia, Pa 19106
☎ 215-627-6271　URL：www.evilballs.com

Doc Forest
Blommensbergs Vigen 161, T-bana Örnsberg.
☎ 08-651-03-55　URL：www.docforest.com

Henning Jorgensen／Royal Tattoo
I.L Tvedesvej 3A EDE Helsingor.Denmark
☎ +45-4920-2770　URL：www.royaltattoo.com

Jason Brooks／Rock of Ages TATTOO
2310 South Lamar Suite#105 Austin,Texas
☎ 512-804-1213　URL：http://www.rockofagestattoo.com/

Jason Kundell／Art Work Rebels
1755 Market Street,San Francisco,CA 94103
☎ 415-552-4297　jason@artworkrebels.com

Joe Capobianco／HOPE Gallery
817 Chapel Street New Heaven, Ct 06510
☎ 203.752.0564　URL：www.joecapobianco.com

Joel Long／Bolder Ink
2735 Iris Ave Boulder,Colorado 80304
☎ 303-444-7330　URL：www.bolderink.com

Jo Harrison／MODERN BODY ART
183 Corporation St, City Centre, Birmingham. B4 6RG, UK.
☎ 0121-236-0753　URL：www.modernbodyart.co.uk

KLEM／Samuel O'Reilly's Tattoo Parlour
1108 Mission St.Santa Cruz,CA 95060
☎ 831-425-7690　URL：www.horiklem.com

LEO／Naked Trust Tattoo
Mullner Hauptstrasse 20 A-5020 Salzburg-Austria
☎ +43662-432948　URL：www.nakedtrust.com

Luke Atkinson／Checker Damon Tattoos
Alarichstr.21 70469 Stuttgart
☎ 49-0-711-81-62-86　URL：www.checker-demon-tattoos.de

MONGA／ALOHA TATTOOS
Travessera De Gracia 100（08012）Barcelona Espana
☎ 934-161-232　URL：www.alohatattoos.com

Jason Loui, Mike Shea, Erick Lynch／
Redemption Tattoo
2285 Mass.Avenue,Cambridge,Ma
☎ 617-576-0097　URL：www.jasonloui.com

Mike Bellamy, STEVE BOLTZ／
RED ROCKET TATTOO
46 West 36Th.Street 2Ndfloor（Between 5Th&6Th Avenue）
☎ 212-736-3001　URL：triplextattoo.com

Rudy Fritsch／ORIGINAL CLASSIC TATTOO
Via Diaz 22/e 3400 Trieste ITALY
☎ +39-040-313130　URL：http://www.originalclassictattoo.com/

SCOTT SILVIA, TIM LEHI／
BLACK HEART TATTOO
☎ 415-431-2100　URL：www.blackhearttattoosf.com

Shad 彫月影
9 Rue Felix Delhasse 1060 Bruxelles-Belgium
☎ 0032-479-440-362　URL：www.tattoobyshad.com

TIN-TIN／TIN-TIN TATOUAGES
37,Rue De Douai 75009 Paris France
☎ 33-01-40-23-07-90　URL：www.tin-tin-tattoos.com

参考書籍一覧

【龍の研究】

『龍の起源』
荒川紘／著　紀伊國屋書店　ISBN: 4314007265

『龍の百科』新潮選書
池上正治／著　新潮社　ISBN: 4106005794

『龍のファンタジー』
カール・シューカー／著　別宮貞徳／訳　東洋書林　ISBN: 4887213786

『世界の龍の話』世界民間文芸叢書別巻
竹原威滋・丸山顕徳／編　三弥井書店　ISBN: 4838290438

『ドラゴン』Truth Fantasy 56
久保田悠羅とF.E.A.R.／著　新紀元社　ISBN: 4775300822

『幻獣ドラゴン』Fantasy World 1
苑崎透／著　新紀元社　ISBN: 4915146286

『龍の伝説』
水野拓／著　光栄　ISBN: 487719343X

『ドラゴン―反社会の怪獣』
ウーヴェ・シュテッフェン／著　村山雅人／訳　青土社　ISBN: 4791754980

『アジアの龍蛇―造形と象徴』アジア民族研叢書
アジア民族造形文化研究所／編　雄山閣出版　ISBN: 4639011253

『龍とドラゴン―幻獣の図像学』イメージの博物誌13
フランシス・ハックスリー／著　中野美代子／訳　平凡社　ISBN: 4582284132

『ドラゴン学―ドラゴンの秘密完全収録版』
ドゥガルド・A・スティール／編　今人舎　ISBN: 4901088343

『龍伝説』
林義勝／文・撮影　NHK出版　ISBN: 4140804858

【美術・デザイン】

『古代文字字典―甲骨・金文編』
城南山人／編　マール社　ISBN: 4837312586

『紋章学辞典』
森護／著　大修館書店　ISBN: 4469012599

『日本・中国の文様事典』
視覚デザイン研究所　ISBN: 4881081500

『ヨーロッパの文様事典』
視覚デザイン研究所　ISBN: 4881081519

『ヨーロッパの文様』世界の文様1
小学館　ISBN: 409587001X

『中国の文様』世界の文様3
小学館　ISBN: 4095870036

『Of Brigands and Bravery: Kuniyoshi's Heroes of the Suikoden』
Inge Klompmakers／著　Hotei Pub ISBN: 907482255X

【物語・宗教・民族】

『北欧神話』
H・R・エリス・デイヴィッドソン／著　米原まり子・一井知子／訳　青土社　ISBN: 4791751914

『北欧神話』岩波少年文庫550
パードリック・コラム／著　尾崎義／訳　岩波書店　ISBN: 4001145502

『オリエント神話』
ジョン・グレイ／著　森雅子／訳　青土社　ISBN: 4791752597

『ニーベルンゲンの歌　前編』
相良守峯／訳　岩波文庫　ISBN: 4003240111

『ニーベルンゲンの歌　後編』
相良守峯／訳　岩波文庫　ISBN: 400324012X

『エッダ―古代北欧歌謡集』
谷口幸男／訳　新潮社　ISBN: 4103137010

『ギリシア神話』
アポロドーロス／著　高津春繁／訳　岩波文庫　ISBN: 4003211014

『ギリシア神話　上』
呉茂一／著　新潮文庫　ISBN: 4101224013

『ギリシア神話　下』
呉茂一／著　新潮文庫　ISBN: 4101224021

『新約聖書　新共同訳』
共同訳聖書実行委員会　日本聖書教会／訳　日本聖書教会　ISBN: 4820232258

『ヴァイキング―海の王とその神話』知の再発見双書27
イヴ・コア／著　谷口幸男／監修　創元社　ISBN: 4422210777

『ケルト人― 蘇るヨーロッパ〈幻の民〉』知の再発見双書35
クリスチアーヌ・エリュエール／著　鶴岡真弓／監修　創元社　ISBN: 4422210858

『図説ケルトの歴史―文化・美術・神話をよむ』
鶴岡真弓・松村一男／著　河出書房新社　ISBN: 4309726143

『写真でわかる謎への旅　メキシコ／マヤ＆アステカ』
辻丸純一／構成・写真　土方美雄／文　雷鳥社　ISBN: 484413325X

『アステカ・マヤの神話』
カール・タウベ／著　藤田美砂子／訳　丸善ブックス　ISBN: 4621060449

『インド神話入門』
長谷川明／著　新潮社　ISBN: 4106019531

『道教の本』Books Esoterica 4
学習研究社　ISBN: 405600031X

『陰陽道の本』Books Esoterica 6
学習研究社　ISBN: 4056000816

『東洋神名事典』
山北篤／監修　新紀元社　ISBN: 4775301233

『西洋神名事典』
山北篤／監修　シブヤユウジ／画　新紀元社　ISBN: 4883173429

『鏡の国のアリス』
ルイス・キャロル／著　岡田忠軒／訳　角川文庫　ISBN: 404211802X

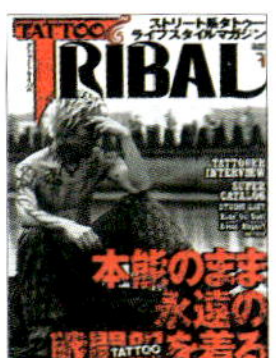
Vol.1

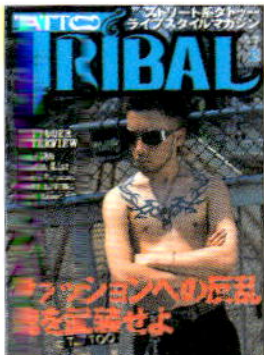
Vol.2

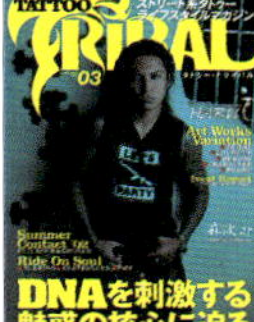
Vol.3

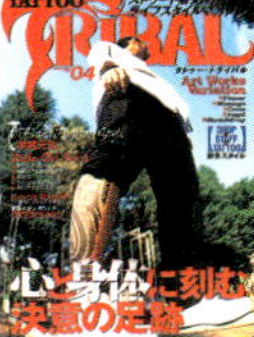
Vol.4

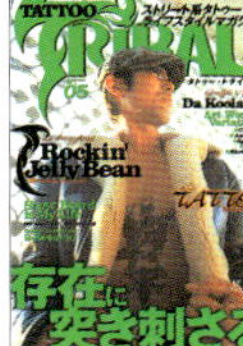
Vol.5

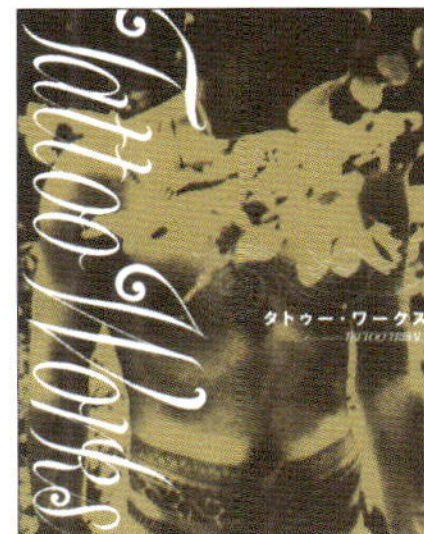
Tattoo Works

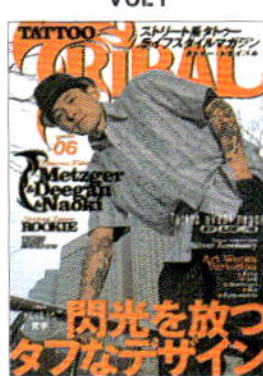
Vol.6

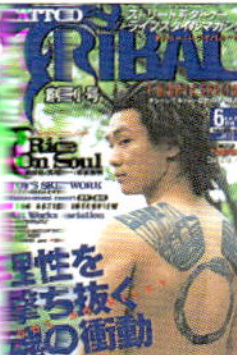
Vol.7

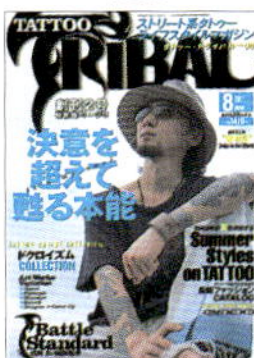
Vol.8

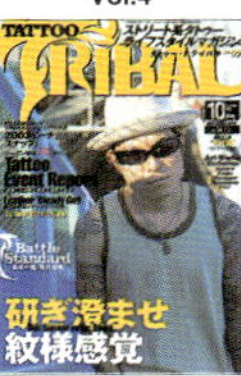
Vol.9

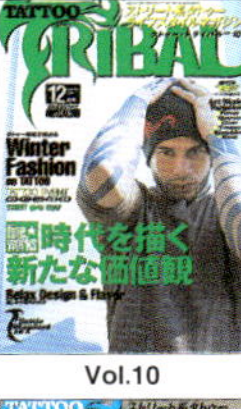
Vol.10

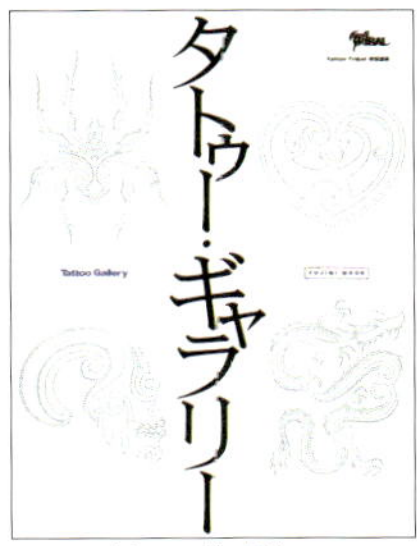
タトゥー・ギャラリー

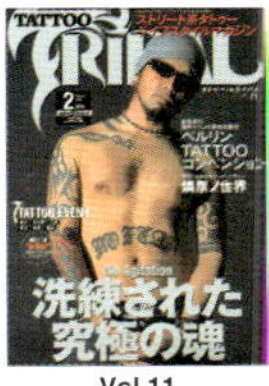
Vol.11

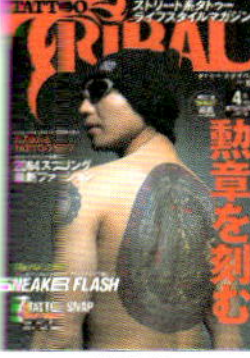
Vol.12

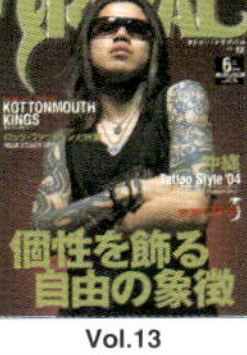
Vol.13

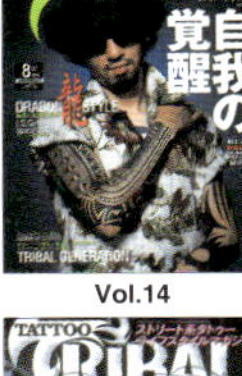
Vol.14

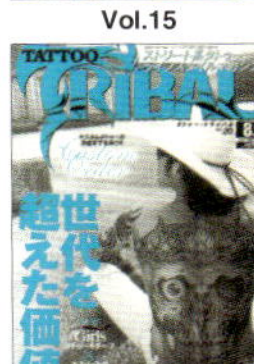
Vol.15

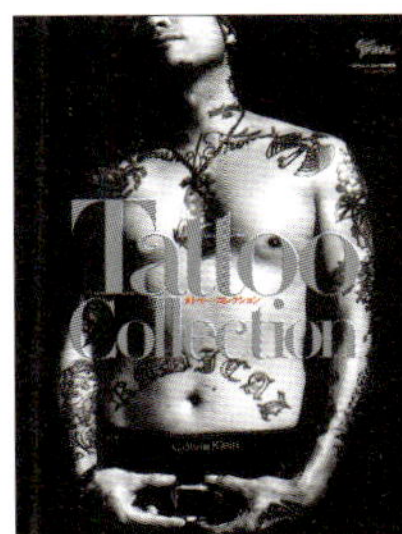
Tattoo Collection

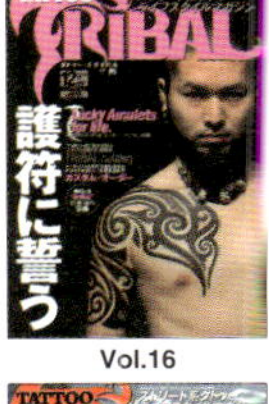
Vol.16

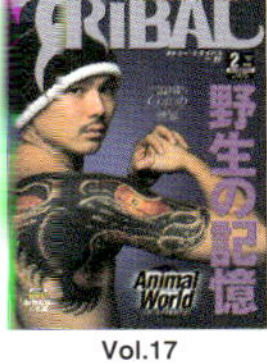
Vol.17

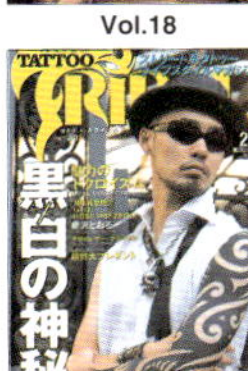
Vol.18

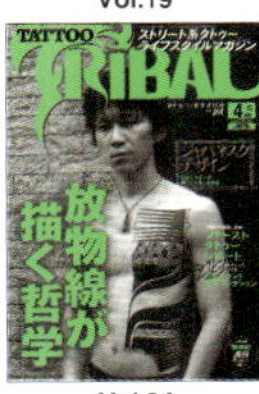
Vol.19

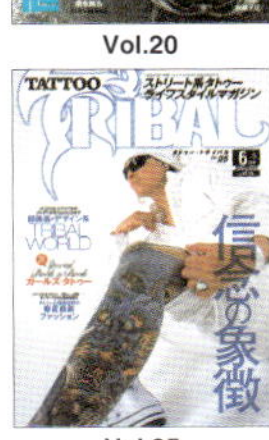
Vol.20

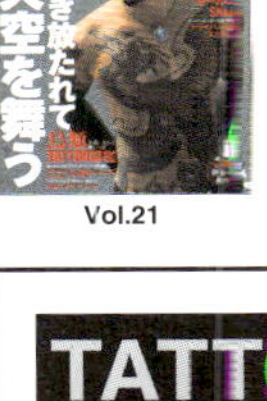
Vol.21

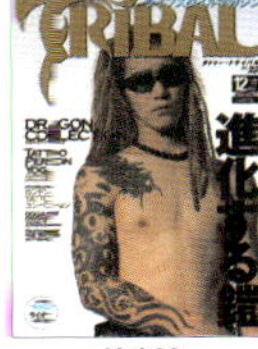
Vol.22

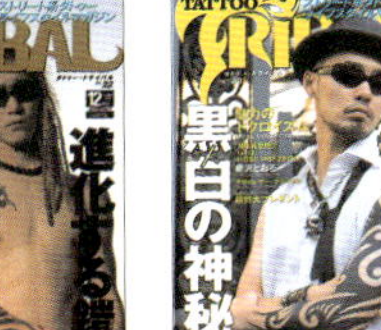
Vol.23

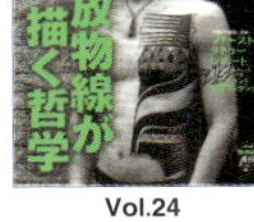
Vol.24

Vol.25

タトゥーを図柄別に紹介する、本誌「TATTOO TRIBAL」で人気のコーナー "Art Works Variation" をまとめたアートブック。龍・トライバル・スカル・蝶・花・鳥…など、モチーフ数は30以上。掲載タトゥー点数がなんと1000点を超えるボリュームは必見!!

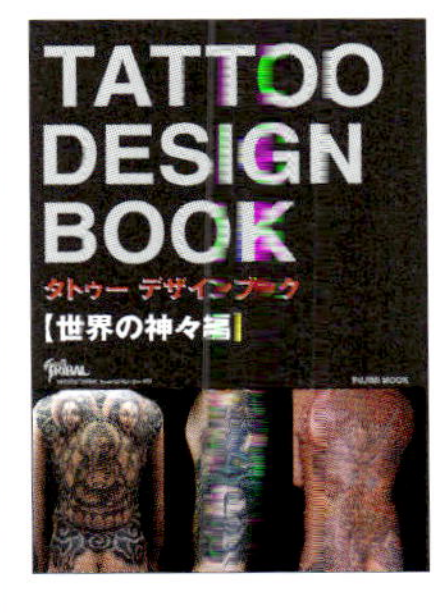

シリーズ第1弾 絶賛発売中!

「世界の神々編」
ISBN4-89421-636-1

ヒンドゥー教、キリスト教、仏教……タトゥーデザインのヒントになる世界の神々を図版・写真満載で分かりやすく解説した図鑑的一冊。

「TATTOO TRIBAL」バックナンバー、「Tattoo Works」、「タトゥー・ギャラリー」、「Tattoo Collection」、「TATTOO DESIGN BOOK」を購入希望の場合は下記いずれかの方法でお申し込みください。

1 書店注文: お近くの書店に直接お申し込み下さい。送料は不要です。

2 ブックサービス (代引システム): 直接弊社までお電話にてお申し込み下さい。購入金額が1,500円未満の場合は500円、1,500円以上お買い上げの場合は200円の手数料がかかります。※なお、品切れの場合はご容赦ください。

宛先・お問い合わせ先

〒160-0022 東京都新宿区新宿2-15-14 辰巳出版グループ 販売部
富士美出版「TATTOO TRIBAL」係
TEL: 03-5360-8064

TATTOO DESIGN BOOK
【龍・ドラゴン編】

TATTOO TRIBAL Special Number #02

STAFF

Writer
紀田伊輔／Isuke Kida

illustrator
高見育子／Ikuko Takami（P19、P122〜P125、P151、P154〜155）
サイトウユウスケ／Yusuke Saitoh（世界の龍）

translator
Hayato Ishiguro

book design
Kentaro Nagai

editorial staff
穂上　愛／Ai Hogami
渡邊晋次／Shinji Watanabe
渡部成二／Seiji Watanabe
井塚宏美／Hiromi Izuka
野々下莉恵／Rie Nonoshita

editorial assistant
江口綾香／Ayaka Eguchi

Special Thanks
蕙　俊彦
小妻　要
東京藝術大学大学美術館

本書は2006年4月までに本誌「TATTOO TRIBAL」の為にアーティストの方々から送っていただいた写真と、本書「TATTOO DESIGN BOOK〜龍・ドラゴン編」発刊にあたり新たに送っていただいた写真を掲載したものです。写真の色合いは印刷の具合によって実際の色調と異なる場合がございます。実際の色合いは各スタジオへ直接足を運んで確認していただきますようお願い申し上げます。
「TATTOO DESIGN BOOK〜世界の神々編」P.79 仏教の項におきまして、作品名に誤りがありました。「熊本彫寿・文殊菩薩」と掲載の作品は「熊本彫寿・勢至菩薩」が正しい表記です。ご本人様をはじめ、関係者各位に大変ご迷惑をお掛け致しましたことを、ここにお詫びして訂正させていただきます。

編集後記

TATTOO DESIGN BOOK【世界の神々編】を上梓して半年あまり。前作が世界中の神様を広く紹介したのと比べると、今回の【龍・ドラゴン編】はその姿を求めて深く深く踏み込んだ。しかし、相手は空想の存在といわれる龍。姿を見失うこともしばしばだった。
刺青・タトゥーにおいて人気のモチーフであるその姿は、昇り、降り、黒、赤、様々な姿形で肌の上を飛び、鎮座する。しかし、自由に造型される3次元の彫刻、キャンバスや画材を選び描く絵画と違い、背中、腕、脚といった指定された部位に刺青・タトゥーとして彫り込む時、その制約はとても大きい。それでいて、作品のひとつひとつが芸術的なのは、刺青師、タトゥーアーティストの方々による、創意工夫の賜物だと思う。
本書において紹介しきれなかった数多くの芸術的な『龍』があるのと同様に、作品を掲載できなかった多くの刺青師の先生方やアーティストの方々が、日本はもとより世界中にいる。今後も更に本書の内容が充実するよう、努力していきたいと思う。

TATTOO TRIBAL編集部／『TATTOO DESIGN BOOK』STAFF一同

2006年6月25日発行
発行人　佐々木哲哉
編集人　渡邊晋次
発行所　富士美出版株式会社
〒160-0022　東京都新宿区新宿2-15-14
販売部　☎03-5360-8064
編集部　☎03-5360-8962
© FUJIMI PUBLISHING CO.,LTD.2006
Printed in Japan
本誌掲載の記事、写真・図版の一部及び全体の無断 転載・複写を禁じます。
http://www.TG-NET.co.jp